粤港澳台文化创意产业发展报告（2011）

Regional Development Report 2011
The Culture Creative Industries
in Guangdong, Hong Kong, Taiwan and Macao

深圳大学文化产业研究院

主　编／丁　未
副主编／邱琪瑄

社会科学文献出版社
SOCIAL SCIENCES ACADEMIC PRESS (CHINA)

序　言

在本书完稿之际，正值十七届六中全会审议通过了《中共中央关于深化文化体制改革、推动社会主义文化大发展大繁荣若干重大问题的决定》，其中有"加快文化产业发展，推动文化产业成为国民经济支柱性产业"的重要内容[①]，可谓恰逢其时。

我们之所以选择粤港澳台四地作为文化（创意）产业区域研究的对象，是因为一方面从大都市经济圈的发展角度看，粤港澳台四地因地理邻近性、文化同根性等因素在经济、文化等方面已经建立起了紧密的区域合作关系。大珠三角城市圈的概念早就包括了毗邻广东珠江三角洲的香港和澳门，可以说改革开放30多年，广东从农业省成为中国第一经济强省离不开香港的引领作用，香港被形象地喻为珠三角发展的"发动机"；港澳地区由于历史原因形成的开放体系，使之成为与欧美发达国家和全球经济联系相对密切的部分，是连接中国内地与世界的重要门户，因此，目前包括了香港和澳门的大珠三角城市圈被认为是中国市场化及国际化程度最高的大都市经济圈。台湾与广东也有着特殊的关系：除了地缘关系、客家文化等因素外，在经济合作上广东是中国大陆台商投资最多、对台贸易最发达的省份，与此同时，广东也是台湾进出口大陆的主要口岸和大陆赴台旅游人口最多的省份。粤港澳台四地的经济总量合计约1.3万亿美元GDP总值，大致相当于东盟十国的经济总量。[②] 可以说，四个地区处于当前全球经济最健康、最活跃的发展地带，成为全球关注的投资热点，也是亚太地区和环太平洋地区经济链中最重要的环节。因此，从知识经济和全球化角度看，这四地所形成的大都市经济圈具有强大的产业动能和发展潜力。尤为重要的是，21世纪以来，尤其是2008年国际金融危机之后，粤港澳台都将文化（创意）产业的发展作为地方

---

① 人民网，http://culture.people.com.cn/h/2011/1026/c226948-3868398403.html?navigation=1。
② 《建构粤港澳台更紧密合作区》，《羊城晚报》，http://news.163.com/10/1218/14/6O6MT2J000014AED.html。

产业转型、升级的一个制胜法宝，从政府、企业、团体到民间，都逐渐将文化（创意）产业视为地方未来发展，甚至地方身份认同的一个关键所在。

另一方面，这一强大的大都市经济圈内部又有着奇特的差异与互补性。四个地区有三种完全不同的政体模式，而事实上，即便香港与澳门同是中国的特别行政区，两者的制度体系也存在一定的差别，这在华人社区的区域构成中是绝无仅有的；更有意思的是，这四个地区在产业结构上有着阶梯式的差异形态，从设计原创、文化代工到产品制造，从传播营销到外贸内销，各有所长，形成了明显的互补性优势，从而令区域化经济存在激烈竞争的同时也有紧密的合作。这种互动关系和不同政体下的文化（创意）产业政策、发展规划、实践路径、成效业绩，将呈现出多元丰富与互为借鉴的优势，加上这四个区域文化本身所固有的杂交性、开放性等特征，无疑为文化（创意）产业的区域性发展、互动、竞合等研究提供了极好的案例。

在将粤港澳台四地文化（创意）产业放在同一个坐标体系上加以考察之时，我们发现在概念的界定与理解上，四地相距甚大。以"文化"之宏大、"创意"之玄妙、"产业"之实际，若将这三个词进行组合，无论是"文化产业"、"创意产业"，抑或本书所采用的"文化创意产业"[①]，都存在有待琢磨和有待清晰之处；而四地在对文化创意产业理解上的差异，恰好在一定程度上反映了各自的产业个性特征和发展取向。

2000年5月，香港的艺术发展局研究部发布了名为《创意工业导论：英国的例子与香港的推行策略》的研究报告，详细介绍了英国1997年"创业工业专责小组"提出的Creative Industry（报告中使用了"创意工业"一词）的概念。报告认为，英国采用创意工业的术语，一是避免了"文化工业"一词在法兰克福学派眼中的负面含义（复制文化、消费主义的媚俗性等）；二是绕过了"文化"一词在定义上的争议；三是避免了政府资助的公共文化事业的评估问题，而取私人企业为主。[②] 这一理解虽有主观推断之处，但反映了香港此后创意产

[①] 在概念名词的使用上，目前香港、台湾和澳门都采用"文化创意产业"或"文化及创意产业"，而大陆多使用"文化产业"，仅仅为了术语使用上的统一，本调查报告采用"文化创意产业"。特此说明。

[②] 香港艺术发展局研究部：《创意工业导论：英国的例子与香港的推行策略》，http://www.hkadc.org.hk。

业规划和发展的总体方向。在2003年香港特别行政区政府中央政策组委托香港大学文化政策研究中心完成的《香港创意产业基线研究》中，对创意产业的核心定义为："创意、知识产权、社会及意象的创作与交流、创意产业生产系统（Creative Industries Production System）"。该书参照英国的分类，将创意产业的种类分为设计、建筑、广告、出版、音乐、电影、计算机软件、数码娱乐、演艺、广播、古董与艺术品买卖等11类。2005年香港特别行政区行政长官董建华在施政报告中将"创意产业"一词扩展为"文化及创意产业"，并被沿用至今，但产业的种类并没有发生变化，仍以上述11类为主。因此，香港的文化创意产业从根本上看，是以"创意"为核心的"生产系统"，与英国的原概念最为接近。

台湾的文化创意产业（常简称为"文创产业"）的源头也来自英国。但台湾在这一产业发展初期却处于特殊的历史背景。2002年，当陈其南首次提出"文化创意产业"之时，这一概念是与20世纪90年代台湾地区影响深远的"社区总体营造"的观念与政策相延续的。这与当时台湾的社会政治与文化运动，以及台湾政界急于重新确立本土的自我定位密切相关。陈其南认为，文化产业依赖的是产品的独特文化特质，甚或是工匠、艺术家的创意、独创性，而与其他产品产生差异性。因此，一方面陈其南的观点对法兰克福"文化工业"一词带着清醒的反思，另一方面在突出"创意"的同时，竭力强调台湾"独特的文化特质"，强调"在地化"（即本土化）。由此可见，对地方文化的注重决定了台湾文化创意产业在发展过程中，有别于其他几个区域的鲜明特色。

澳门的文化创意产业在四地中起步最晚，2010年5月才成立"文化产业委员会"。总体上，澳门目前的文化创意产业发展思路是继续发挥其世界文化遗产和博彩旅游消费优势，通过打造澳门文化创意品牌，改变其目前产业单一化的结构性缺陷。因此，澳门对文化创意产业的概念基本上是从它自身仅有的几个优势出发，从市场、人才、消费等方面看还相当单薄，只能从地方文化和经济发展的角度顺势而为。

内地的文化产业分类是按照2004年国家统计局制定的《文化及相关产业统计分类》，这一文件将文化产业界定为"为社会公众提供文化、娱乐产品和服务的活动，以及与这些活动有关联的活动的集合"；它将文化产业划分为3个层次，9个大类，80个国民经济行业小类。3个层次包括"核心层"、"外围层"和

"相关层",内容极为宽泛,不仅包括了港台没有涉及的许多文化服务(如图书馆、档案馆、旅游业等),而且将定义中没有出现的"产业"一词扩展到几乎所有与文化相关的大量制造业和销售业。[①] 事实上,2004年这个被沿用至今的概念和分类一直存在两个没有解决的问题:一方面,它是对"文化及相关产业"的界定,换言之,它包括了宽泛的"文化服务"及"相关产业",结果变成了一个由文化服务和与文化相关的制造业和销售业混合的概念,而没有将公益性文化事业与经营性文化产业进行必要的区分。另一方面,它没有对"文化产业"——真正以文化创意、文化创新、文化创造为核心的产业及其类别——进行严格的界定。因此,事实上它与源自英国、后被世界许多地区(包括港澳台)援引并采纳的创意产业有着相当大的距离。

目前在内地,尽管文化产业、文化创意产业、创意产业这几个术语无论在媒体,还是在政府公文和研究领域已经被广泛采用,但在本书中,仍存在一个严重的问题——在数据呈现方面,尤其是内地最关心的文化产业每年GDP的增加值,因为各地界定分类大相径庭,所以无法进行比较。以广东省为例,其文化产业一向以"相关文化服务",即文化用品、设备及相关文化产品的生产(即制造业)占绝对份额,该份额在2004~2008年均保持在80%以上。[②] 对文化创意产业分类界定的差异,加上地理、人口、产业结构等大相径庭,导致粤港澳台四地在文化产业调查数据和基本面上的不可比性。与此同时,在内地唯GDP是瞻的大环境下,需要警惕的是:即便像广东省这样的目前中国文化产业发展最快的区域,仍在实质上与其他发达地区,包括港台存在着很大的差距。当然,这差距不仅是数据上的,更是文化创意品牌上的。我们随时可以对香港、台湾的文化品牌,从流行歌曲、电影电视到文化名人如数家珍,但广东省享誉全国的文化品牌却为数不多,而文化影响力才是实质上的差距所在。

另外,区域之间在文化环境、创意氛围、消费市场、市民参与等方面,在对传统与现代、文化与科技的理解方面,都存在一定的区别。由此产生许多值得我们借鉴和思考的问题。需要指出的是,那些较为深层次的问题,恰恰又不是本书

---

① 详见文化及相关产业分类中的"相关层",国家统计局网页"文化及相关产业分类",http://www.stats.gov.cn/tjbz/t20040518_402369832.htm。
② 广东统计信息网,《广东文化产业发展状况分析》,http://www.gdstats.gov.cn/tjfx/t20101230_83249.htm。

中大量的官方资料和数据所能说清楚的。

例如，台湾细微之处见功夫的精致文化、民间的原创力和文化产业深入社区的扎根性、市民的文化素质等。台湾的文创是一种将中华传统文化、地方文化、西方文化和日本文化糅杂在一起，带着怀旧气息、注重品质和体验的文化，它是慢工出细活的琉璃工坊、华陶窑、法蓝瓷；是侯孝贤的九份、杨德昌的牯岭街、蔡明亮的西门町；是罗大佑的亚细亚的孤儿、几米迷失的城市、三毛梦中的橄榄树；它也是世俗气的夜市美食、通宵读书的诚品书店、永康街的淘宝店、西门红楼的创意集市；它还是地方民俗的歌仔戏、桐花节、宜兰传统艺术中心，勾起你旧时回忆的童玩……在台湾这些既传统又现代、既高雅又商业、既本土又西洋的文化产品和文化活动中，你不难找到带着台湾文化创意的个性化东西。无论是流行歌曲、影视作品、文学漫画，还是手信礼品，它们都浸润着只有台湾才有的精致、优雅、乡愁，而且能很好地实现产业化，并被包括大陆在内的消费市场所接受。这种文化创意最核心的东西、这种骨子里的认真和创新，是其他地方很难一朝一夕学得来的。而台湾"文化就在巷子里"的计划——将最顶尖的文艺团体置入社区，每年举行上百场演出，这种把文化创意产业视为民众生活必需品的思路，更值得我们学习和借鉴。

又如，香港的文化创意产业中政府的角色，也值得我们深思。香港特别行政区政府近年来确立文化及创意产业是其今后重点扶持的"六大优势产业"之一，并成立了"创意香港"专责小组，对文化创意产业不可谓不重视。但香港政府与企业、民间团体、市民之间形成的关系角色却颇有意思。这一方面表现在香港政府为文化创意产业搭台但不具体干预，活跃的往往是那些文化界人士、民间团体；更有意思的是，香港近几年渗透到市民阶层的文化保育运动风生水起，香港政府酝酿了12年的西九艺术区遭遇了漫长的口水战，文化艺术界人士、市民积极参与甚至干预，令设计招标案延宕几年，一波三折。这其中所蕴涵的深层意义，不仅仅是民间对文化本土性和主体性的维护，是港人对香港历史价值和集体记忆的觉醒，更反映了这是一个民主开放的社会，是一个在文化创意产业的发展中倾听多种声音的政府，是一个有着将文化服务和产品视为地方社会共享资源之视野和胸怀的政府。而包容与开放不正是一个有创造性的现代城市、一个创意文化能得以繁荣生长的社会所必需的土壤吗？

诚然，四个地区近几年不约而同地对文化创意产业的高度重视，源于知识经济和全球化的背景之下，各地区的产业结构、产业类型面临着必要的升级和转型。但在深层次上，从四地对文化创意产业的认识来看，又都带着强烈的身份焦虑感，这可能也是依附在"文化"之上的必然产物。今天，广东有从"文化大省"到"文化强省"的跨越性发展规划及"将广东建设成为全国文化产业示范区和亚太地区具有较强竞争力的文化创意中心"的目标计划，香港有"亚洲设计之都"的雄心，台湾有"攻占华语市场，打造台湾成为亚太文化创意产业汇流中心"之愿景，澳门力图打造成"世界休闲旅游城市"，甚至深圳也在"文化立市"、"设计之都"等城市形象与产业发展方向上一再塑造自己的形象。由此可见，在文化创意产业这个名目下，各地区其实各有表述，也各有用意。事实上，无论从国际大环境，还是从区域内外竞争角度看，这四个区域都带有文化混血特征并各持强项和优势；但与此同时，这些曾经领先或正在崛起的地区，也都在激烈的产业竞争中有被边缘化的焦虑，都在积极寻求地方的身份认同和文化象征。它们试图借"创意"、"传统"、"科技"与文化的结合，创造出刺激地方经济、扩大文化影响力的有形和无形的资产和价值，以立于不败之地。

改革开放30多年，粤港之间以及珠三角内部经济越来越呈现同质化的趋势，尤其是深港经济更是如此。从未来发展看，台湾研发、香港设计、广东制造、大陆市场这样阶梯分明、分工明确的局面必然被打破，利益冲突和竞争关系将是必然。但是，一个城市群的形成需要经济上的相互依存与合作，合作共荣同样是必然趋势。正如香港著名文化人士陈冠中所大胆设想的，我们可以有一个"Cankong Pop"，一个粤港文化共同体，让粤港两地的创意产业真正结合，双翼齐飞，合则双赢，分则俱败。当然，这需要地方政府有相当开阔的视野和胸襟，去应对不同制度和运行机制所存在的种种隔阂和阻力。

长期从事香港文化创意产业调研的许焯权先生曾言：要长远和宏观地发展文化及创意产业，需要文化界努力开创，商界提供支持，学界作理论研究，政府进行指导与协助。在此，学界显然做得还远远不够。本书作为一项极为基础性的工作，主要将粤港澳台四地政府部门、媒体公开的有关文化创意产业方面最近的发展情况（以2010年数据为基础，适当采用2009年和2011年的资料）加以整合，为今后粤港澳台四地文化创意产业区域竞争、合作、比较研究提供一个最基础的框架和材料。我们清楚，这些材料基本上由政府的政策、规划、指标、量化统计组成，由人才、资金、产业、技术、园区等术语架构，它并没有涉及各地区文化

序 言

创意产业本身在发展过程中极为丰富或曲折的人物、事件、经过，没有涉及个性化的研发、产品、消费，更没有涉及文化创意整个创造过程和欣赏过程的情趣、美感与乐活等具体的细节，而那些才是与真正的文化创意生活血肉相连的充满创造力和生命力的东西。真正的文化创意产业应该关涉的是人及人的创新能力、以人为本的优质生活和由自由的人创造并共享的文化行为。这是今后的区域性研究所必须面对的课题。

以下是对本书的体例和内容的几点说明：

1. 本书的体例采用"发展概况"、"政策背景"、"各产业发展现状"、"区域合作"和"SWOT 分析"。香港和台湾另外增加了"文化创意产业概念由来"，以增加内地读者对两地文化创意产业、两地概念与内地差异的理解。在"各产业发展现状"中，大部分都运用了案例，在广东（广州和深圳）和台湾部分由于创意产业园区数量较多，特别增加"创意产业园区"介绍。澳门因 2010 年政府才成立文化产业委员会，正式启动文化创意产业发展计划，因此在"发展概况"中已陈述其"政策背景"，不再将两者分而述之。

2. 由于四地对文化创意产业的界定和分类各不相同，因此，本发展报告在"各产业发展现状"部分并没有采用统一的分类法，而是按照各地原有的产业分类法进行陈述，原则上择要展开陈述，有个别产业类别由于资料过少而略去。

3. 本书的数据资料主要来自各地政府网站、与文化创意产业相关的网站、地方媒体、研究报告。港澳台三地特别做了附录，对这三地与文化创意产业相关的重要网站进行了介绍，以便于有兴趣的读者和研究人员查询资料。在本书写作过程中，我们对香港中文大学、涉猎香港文化产业研究多年的许焯权教授和冯应谦教授进行了访谈，台湾部分访谈了华山文化创意园区等 4 个地点，广东和澳门部分还对相关官员进行了访谈。

丁 未

2011 年 12 月于 Eagle Heights, Madison

目 录

广东文化创意产业发展报告 …………………………………………… 001
    一 广东文化创意产业发展概况 ………………………………… 001
    二 广东文化创意产业的政策背景 …………………………… 008
    三 广东省文化创意各产业发展现状 ………………………… 019
    四 广东文化创意产业区域合作 ……………………………… 066
    五 广东文化创意产业 SWOT 分析 …………………………… 073

香港文化创意产业发展报告 …………………………………………… 083
    一 香港文化创意产业的概念界定 …………………………… 083
    二 香港文化创意产业概况 …………………………………… 087
    三 香港文化创意产业政策背景 ……………………………… 088
    四 香港文化创意各产业发展现状 …………………………… 101
    五 香港文化创意产业的区域合作 …………………………… 127
    六 香港文化创意产业 SWOT 分析 …………………………… 132
    附 录 ……………………………………………………………… 147

澳门文化创意产业发展报告 …………………………………………… 154
    一 澳门文化创意产业概况与政策背景 ……………………… 154
    二 澳门文化创意产业发展现状 ……………………………… 159

三　澳门文化创意产业区域合作……………………………………… 173
　四　澳门文化创意产业 SWOT 分析 ……………………………… 179
　附　录…………………………………………………………………… 185

台湾文化创意产业发展报告……………………………………………… 190
　一　台湾文化创意产业的概念界定…………………………………… 190
　二　台湾文化创意产业概况…………………………………………… 195
　三　台湾文化创意产业政策背景……………………………………… 198
　四　台湾文化创意各产业发展现状…………………………………… 205
　五　台湾文化创意产业的区域合作…………………………………… 230
　六　台湾文化创意产业 SWOT 分析 ……………………………… 239
　附　录…………………………………………………………………… 246

CONTENTS

Development Report of the Culture Creative Industries in Guangdong / 001

   1. Introduction to the Culture Creative Industries in Guangdong / 001

   2. Policy Setting of the Culture Creative Industries in Guangdong / 008

   3. Recent Developments of the Culture Creative Industries in Guangdong / 019

   4. Regional Cooperation of the Culture Creative Industries in Guangdong / 066

   5. SWOT Analysis of the Culture Creative Industries in Guangdong / 073

Development Report of the Culture Creative Industries in Hong Kong / 083

   1. Definition of the Culture Creative Industry in Hong Kong / 083

   2. Introduction to the Culture Creative Industries in Hong Kong / 087

   3. Policy Setting of the Culture Creative Industries in Hong Kong / 088

   4. Recent Developments of the Culture Creative Industries in Hong Kong / 101

   5. Regional Cooperation of the Culture Creative Industries in Hong Kong / 127

6. SWOT Analysis of the Culture Creative Industries in Hong Kong / 132
Appendix / 147

Development Report of the Culture Creative Industries in Macao / 154

1. Introduction and Policy Setting of the Culture Creative Industries in Macao / 154
2. Recent Developments of the Culture Creative Industries in Macao / 159
3. Regional Cooperation of the Culture Creative Industries in Macao / 173
4. SWOT Analysis of the Culture Creative Industries in Macao / 179
Appendix / 185

Development Report of the Culture Creative Industries in Taiwan / 190

1. Definition of the Culture Creative Industry in Taiwan / 190
2. Introduction to the Culture Creative Industries in Taiwan / 195
3. Policy Setting of the Culture Creative Industries in Taiwan / 198
4. Recent Developments of the Culture Creative Industries in Taiwan / 205
5. Regional Cooperation of the Culture Creative Industries in Taiwan / 230
6. SWOT Analysis of the Culture Creative Industries in Taiwan / 239
Appendix / 246

广东文化创意产业发展报告[*]

丁未 尹连根 周裕琼[**]

一 广东文化创意产业发展概况

广东人历来以敢为人先著称。在改革开放之后,广东依托毗邻港澳的区位优势,抓住国际产业转移和要素重组的历史机遇,率先建立起开放型经济体系,成为我国外向度最高的经济区域和对外开放的重要窗口。短短30年间,广东省就由落后的农业大省转变为位列我国第一的经济大省,经济总量先后超过被称为亚洲"四小龙"的新加坡、中国香港和中国台湾,奠定了建立世界制造业基地的雄厚基础,成为推动我国经济社会发展的强大引擎。

但与发达国家、地区相比,广东的产业层次总体仍偏低,产品附加值不高、贸易结构不够合理、创新能力不足、整体竞争力不强等缺陷日渐突出。随着高成本时代的到来,制造业在全球经济中又处于附属地位,能源、人力资源、土地等成本都水涨船高,广东的产业升级、转型将成为必然,其中,文化产业在产业转型中承担的角色和作用越来越显著,文化软实力的提升成为广东近几年经济、文化、社会发展的一个重要主题。可以说,文化产业的发展是和广东产业转型升级联系在一起的,与广东未来区域发展的角色、地位、方向密切相关。

近年来,无论是电视剧《潜伏》还是动漫《喜羊羊与灰太狼》,来自广东的文艺精品增强了广东文化的辐射力;奥飞动漫文化股份有限公司成功上市,

---

[*] 除特别注明外,本章节内容主要参照了广东省人民政府网,"广东文化体制改革和文化产业发展新闻发布会召开",http://www.gd.gov.cn/gdgk/gdyw/201103/t20110330_140504_1.htm。

[**] 丁未,深圳大学文化产业研究院区域文化产业研究室主任,深圳大学传播学院教授,复旦大学新闻学院传播学博士;尹连根,深圳大学文化产业研究院兼职研究员,深圳大学传播学院副教授,复旦大学新闻学院新闻学博士;周裕琼,深圳大学文化产业研究院兼职研究员,深圳大学传播学院副教授,香港城市大学传播学博士。

标志着广东动漫获得了资本市场的认可；一批工业设计师从深圳走向制造名镇，标志着文化可以成为产业升级的发动机。据媒体报道，从全国范围来看，2009年，广东省的广电产业连续5年全国排名第一；广东报纸的种类、印数、总收入、报刊进口销售总额等主要指标均名列全国第一；广东省音像业的规模与效益更是在全国遥遥领先；广东是全国规模最大、实力最强的印刷基地；广东还是全国起步最早、实力最雄厚的影视动漫生产基地之一。不仅如此，广东已成为国内最大的电子游艺设备生产基地，由广东省内企业自主研发制造的电子游艺设备数量占全国总量的60%。此外，网络游戏、手机动漫等销售收入超过100亿元。①

对于广东的文化产业来说，2010年是一个特殊的年份。正如《南方日报》记者所言，2010年是岭南文化涅槃重生的重要节点，这一年接连发生的两件事，使广东的文化形象脱胎换骨，使广东文化强省的身姿隐约可见。第一件事是2010年7月，中共广东省委十届七次全会审议通过了《广东省建设文化强省规划纲要（2011～2020年）》，建设文化强省成为广东省未来10年的核心任务之一。第二件事则是几个月后，即2010年11月和12月，第16届亚运会和2010年亚洲残疾人运动会相继在广州举办。从文化的角度看，这次体育盛会是广州乃至广东全省首次大规模的文化展示，岭南地区的文化自信被充分激发。可以说，2010年是广东省各区域产业发展蓝图出台、未来十年文化产业政策规划确立的关键之年，也是广东省从文化大省跨入建设文化强省的转型之年。

总体上看，目前广东的文化创意产业在发展速度上处于国内领先水平。根据官方公布的数据显示：自2003年被中央确定为全国文化体制改革综合试点省以来，广东文化产业增加值连续八年全国第一。"十一五"期间，广东省把文化产业作为转方式、调结构的重要抓手大力推动，产业规模不断壮大，效益不断提升，逐步成长为国民经济的重要支柱产业和战略性新兴产业。广东文化产业规模总量迅速扩大，2010年广东文化产业增加值为2524亿元，占全省GDP比重的5.6%，占全国文化产业比重超过1/4，已连续八年位居各省市首位。与此同时，广东文化产业对整体经济发展的支撑作用也显著增强。2006～2010年，广

---

① 田志明：《文化也是生产力，文化精品正擦亮"广东制造"招牌——广东打造文化产业新"蓝海"》，2010年7月14日《南方日报》A15版。

东省文化产业增加值年均增长 12.6%，高于全省同期 GDP 增长水平。2010 年广东省文化产业增加值占全省 GDP 比重保持在 5.5% 以上，约高于全国平均水平一倍。

目前，广东的平面媒体、广播电视、数字出版、印刷复制等产业规模均位居全国首位，尤其是文化新业态蓬勃兴起，在全国占据了重要地位：数字出版产值占全国的 1/5，动漫产值约占全国的 1/4，网络游戏年收入约占全国的 1/3，自主研发制造的电子游艺游戏设备生产占全国的 2/3，仅广州、中山两地的电子游戏设备生产占全球市场份额就超过 1/5。"十一五"期间，广东省文化产品出口年均增长超过 20%，2009 年达 323 亿美元，占全国出口总额的一半以上。①

媒体公布的以下数据反映了广东文化创意产业的一些现状：

（1）2003~2010 年，广东省文化产业增加值年均增长率为 12.6%，高于全省同期 GDP 增长水平。文化产业增加值占全省 GDP 比重保持在 5.5% 以上，约高出全国平均水平一倍。②

（2）由南方影视传媒集团和 19 个地级市电视台以"联合发起、资产入股"方式组建的广东省广播电视网络股份有限公司，于 2010 年 8 月 5 日挂牌成立，11 月全面完成人员、资产移交，创造了独具特色的"广东模式"和"广东速度"。该公司目前拥有净资产 52 亿元，有线电视用户 734 万户，待完成全省整合后可形成拥有 1500 万用户的全国最大的有线广电网。③

（3）珠江电影集团公司 2008 年组建后，3 年间总收入增长 61.5%，利润增长 86.7%。④

（4）广东省出版集团公司 2010 年总资产 78.3 亿元，比转制前的 2005 年增长 104%，销售收入 41.1 亿元，增长 64%。⑤

（5）2010 年，广东文化产业增加值为 2524 亿元，占全省 GDP 比重 5.6%，占全国文化产业比重超过 1/4，已连续 8 年位居各省市首位。有 19 家企业被评

---

① 李文龙：《广东文化产业规模连续多年居全国首位》，2011 年 3 月 30 日《南方日报》。
② 秦鸿雁：《文化体制改革的广东轨迹》，2011 年 11 月 28 日《南方都市报》。
③ 李文龙：《广东文化产业规模连续多年居全国首位》，2011 年 3 月 30 日《南方日报》。
④ 李文龙：《广东文化产业规模连续多年居全国首位》，2011 年 3 月 30 日《南方日报》。
⑤ 李文龙：《广东文化产业规模连续多年居全国首位》，2011 年 3 月 30 日《南方日报》。

为"国家文化产业示范基地",约占全国总数的1/10;有6家企业先后被评为全国"文化企业30强";省级文化产业示范基地20家,省级文化创意产业园18家。①

(6) 2010年,广东省共有98种报纸(不含校报、学报),总发行量48亿份,总收入130亿元;有期刊379种,总发行量24亿册,总收入9.2亿元,均位居全国第一。《南方都市报》等4种报纸发行量超百万份,有10种报纸的广告收入超过1亿元。《家庭》等3种刊物发行量超百万册。②

(7) 2009年,全省拥有图书出版社21家,共出版图书5882册,位列全国第三。有音像电子出版单位30家、音像制品制作单位54家,出版录像制品1121种,位居全国前列。③

(8) 广东省有各类书报刊发行网点1.6万个,占全国的9.7%。书报刊、电子出版物销售收入超过100亿元,约占全国的8.5%。④

(9) 印刷复制业规模居全国之首。广东省有各类印刷企业19283家,占全国10%左右,总产值1650亿元,约占全国的1/4。在中国印刷100强企业中,广东约占1/3,是全国最大的印刷产品出口基地。1035家印刷企业承印着世界60多个国家和地区的印刷品,年出口额450亿元。广东有80家复制企业,占全国38%。光盘生产能力和市场占有率均占全国60%以上。⑤

(10) 数字出版发展势头强劲。2010年广东数字出版产业规模达200亿元,占全国的1/5。⑥

(11) 文化产品和设备制造业优势明显。广东省文化产品和设备制造业2007年、2008年、2009年实现的增加值分别为945亿元、1032亿元和1006亿元,均位居全国第一。⑦

另外,根据文化部公布的首次全国动漫产业专项调查显示,2010年中国动漫产业总产值共计470.84亿元,相比2009年增长了27.8%。其中,广东省动漫

---

① 李文龙:《广东文化产业规模连续多年居全国首位》,2011年3月30日《南方日报》。
② 李文龙:《广东文化产业规模连续多年居全国首位》,2011年3月30日《南方日报》。
③ 李文龙:《广东文化产业规模连续多年居全国首位》,2011年3月30日《南方日报》。
④ 李文龙:《广东文化产业规模连续多年居全国首位》,2011年3月30日《南方日报》。
⑤ 李文龙:《广东文化产业规模连续多年居全国首位》,2011年3月30日《南方日报》。
⑥ 李文龙:《广东文化产业规模连续多年居全国首位》,2011年3月30日《南方日报》。
⑦ 李文龙:《广东文化产业规模连续多年居全国首位》,2011年3月30日《南方日报》。

产业产值 168.67 亿元，位列全国第一。同时，粤产动画电影《喜羊羊与灰太狼之兔年顶呱呱》开创了国产动画片票房"十日破亿"的纪录。①

广东省统计局根据第二次经济普查资料于 2010 年 12 月 31 日公布了《广东文化产业发展状况》②，对 2008 年广东文化产业的一些现状进行了较为详细的调查。该报告内容涉及了广东文化产业"核心层"、"外围层"和"相关层"③ 的具体数据，包括企业数量、从业人员人数、固定资产值、全年营业收入等。

根据第二次经济普查资料，2008 年广东文化产业实现增加值 2090.90 亿元，占同期 GDP 的 5.7%。其中"核心层"（包括新闻服务、出版发行和版权服务、广播电视电影服务、文化艺术服务）共有法人企业 10110 家，年平均从业人员 14970963 人，拥有固定资产原值 620.82 亿元，全年主营业务收入 1029.87 亿元，实现增加值 404.30 亿元，占文化产业增加值的 19.3%。

"外围层"包括以互联网信息为主的网络文化服务，以旅游、娱乐为主的文化休闲娱乐服务和以广告、会展、文化商务代理为主的其他文化服务等类别，共有法人企业 23492 家，年平均从业人员 355922 人，拥有固定资产原值 750.22 亿元，全年主营业务收入 1973.30 亿元，实现增加值 459.22 亿元，占文化产业增加值的比重为 22.0%。

"相关层"包括文化用品、设备及相关文化产品的生产和销售活动，共有法人企业 21206 家，年平均从业人员 1900935 人，拥有固定资产原值 1290.99 亿元，全年主营业务收入 6118.23 亿元，实现增加值 1227.38 亿元。

按类别来看，在"核心层"和"外围层"的 7 个类别中，出版发行和版权服务是规模最大的类别，共有法人企业 9228 家，年平均从业人员 14943779 人，拥有固定资产原值 504.78 亿元，实现增加值 287.21 亿元，占文化服务增加值的 33.3%，全年主营业务收入 937.96 亿元，占文化服务法人企业的 31.2%。其他文化服务活动是总量排在第二的类别，共有法人企业 14863 家，年平均从业人员 177951 人，固定资产原值 408.75 亿元，增加值 278.20 亿元，全年主营业务收入 1530.84 亿元。

---

① 吴敏：《广东动漫产业产值全国第一》，2011 年 8 月 16 日《南方日报》。
② 参见广东省统计信息网，http://210.76.64.38/tjfx/t20101230_83249.htm。
③ 参见国家统计局网页，http://www.stats.gov.cn/tjbz/hyflbz/xgwj/t20040518_402154090.htm。

在2010年5月份由光明日报社和经济日报社联合发布的第二届"文化企业30强"名单中，广东省共有3家文化企业入围，即广州传媒控股有限公司、深圳华侨城控股股份有限公司和深圳华强文化科技集团股份有限公司。3家企业强势挺进30强，可见广东文化产业大省之称并非浪得虚名。当前正值广东省全面建设文化强省提升文化软实力之际，广东文化产业在之后的岁月中的增值将更为可观。①

2010年5月，第六届中国（深圳）国际文化产业博览交易会总成交额1088.56亿元，合同成交额351亿元，再创历史新高。深圳软件业增长速度达到39%，居全国第一。

2010年7月，中国最大的网络文学品牌盛大文学透露，经过对旗下7家网站110万名作者的IP地址进行统计，广东以136367名在全国各省、市、自治区、直辖市中排名第一，成为名副其实的网络文学大省。

目前，广东拥有国家级文化产业示范基地12个，省级示范基地、文化（创意）产业园区、特色文化产业园区、文化产业集群等43个。② 2011年第三届全国"文化企业30强"名单揭晓，名单包括文化艺术、广播影视、新闻出版和文化新业态四大类，其中，文化艺术类6家、广播影视类7家、新闻出版类10家、文化新业态类7家。在"文化新业态类"的入选企业中，广东七占其三，分别是深圳华侨城控股股份有限公司、深圳华强文化科技集团股份有限公司、广东奥飞动漫文化股份有限公司，这显示了广东文化产业在新业态发展方面的领先优势。此外，广东企业中还有位列"新闻出版类"的广州传媒控股有限公司上榜。③

《福布斯》公布了2011年全球最具创新力的100家公司，美国最大的客户管理软件提供商Salesforce.com排名首位，腾讯排名第四，超过了苹果和谷歌两大科技巨头。该杂志认为，腾讯的聊天工具QQ目前约有7亿活跃用户，改变了中国年轻人的沟通方式。④ 另据中新网报道，在摩根士丹利公司（大摩）2011年发

---

① 《文化也是生产力，文化精品正擦亮"广东制造"招牌——广东打造文化产业新"蓝海"》，2010年7月14日《南方日报》。
② 《从"文化大省"到"文化强省"珠三角勇扛全国先进文化排头兵大旗》，2010年12月31日《南方日报》。
③ http://www.gov.cn/jrzg/2011-05/13/content_1863592.htm.
④ http://tech.qq.com/a/20110722/000017.htm.

布的一份《互联网趋势》报告中,腾讯成为唯一一家被屡次提及的中国公司,在创新能力方面甚至被认为超越了微软,仅次于苹果、谷歌和亚马逊,位居第四。[1] 腾讯公司2010年总收入为196亿元人民币。[2]

在"十一五"期间,广东文化产业发展保障体系也进一步健全。广东出台了一系列支持文化产业发展的专项政策,加大财政扶持力度,先后下发了三批享受财税优惠的改革单位名单,为这些单位减免税负超过10亿元。在文化政策上,广东从2009年开始设立"广东省文化产业发展专项资金",每年2亿元支持重点文化产业项目,从2011年起每年增加4000万元,到2015年该专项资金规模将增至4亿元。为解决中小文化企业融资难问题,广东省创新文化投融资体制,2010年省文资办等文化单位与有关金融机构签订了授信总规模达1340亿元的战略合作协议,为文化企业实际贷款近50亿元。另外,规模50亿元的广东省文化产业投资基金2011年上半年完成组建,该产业投资基金重点扶持文化企业的兼并重组、股改上市、重点园区和重大项目建设、文化新业态等。

为解决广东文化投融资平台、文化版权交易服务平台发展长期存在的不足,广东省南方文化产权交易(简称"南方文交所")所已与多家银行达成合作意向,获得中国建设银行、中国工商银行、中国民生银行、中国光大银行授信共计630亿元,解决了中小文化企业资金难题,尤其是为有潜在价值的小项目提供了资金保障,实现了项目与资本的对接,为资金与项目搭建融通渠道。另外,南方文交所尝试参股小额贷款公司,共同服务中小文化企业。[3]

广东省提出的未来文化产业的发展目标是:构建现代文化产业体系,使文化产业成为广东省的重要产业支柱和战略性新兴产业,将广东建设成为全国文化产业示范区和亚太地区具有较强竞争力的文化创意中心,全面实施《广东省文化产业振兴规划(2010~2015年)》,优化文化产业的结构和布局,重点发展文化创意、平面传媒、广播影视、出版版权、演艺娱乐、网络文化服务、文化旅游、文化会展等八大产业门类,大力培育文化产业骨干企业和战略投资者,加快建设"珠江两岸文化创意产业圈"、"粤港澳文化创意产业试验园区"和"粤台

---

[1] http://www.chinanews.com/it/it-itxw/news/2010/06-13/2342529.shtml.
[2] 腾讯《2010年第四季度及全年业绩》,http://www.tencent.com/zh-cn/at/pr/2011.shtml。
[3] 陈琳琳:《南方文化产权交易所首届文化产业项目投资洽谈会开幕 广东文化产业占全国1/4市场;网游年收入占全国1/3》,2011年6月22日《南方都市报》。

两岸文化产业园",健全文化产品交易、会展和投融资平台,促进文化产品和服务出口。

二 广东文化创意产业的政策背景

早在2003年发布的《广东省建设文化大省规划纲要（2003～2010年）》中,广东省就提出,到2010年,基本建立起适应社会主义现代化要求的文化发展格局、文化管理体制及运行机制,使广东省成为广大人民群众综合素质普遍提高,文化经济繁荣,科学实力雄厚,拥有先进配套的文化设施、充满活力的文化体制、拔尖的文化人才、一流的文化精品、强大的文化产业、繁荣有序的文化市场、独具特色的岭南文化、丰富多彩的群众文化生活,文化发展主要指标全国领先、文化综合实力和国际竞争力居全国前列。2003年之后,广东文化产业增加值连续8年居全国第一。从政策层面看,广东省文化创意产业的发展离不开其地方经济的结构转型、对文化软实力的日益重视和对自身发展定位的思考。近年来,广东的文化创意产业政策同从中央到地方有关珠三角地区的整体改革发展规划密切相关,它主要源于2008年国务院批准的《珠江三角洲地区改革发展规划纲要（2008～2020年）》。此规划纲要出台之后,一系列关于广东省,尤其是珠江三角洲地区未来十几年的产业发展规划、文化创意产业规划纷纷出台,从而在政策层面上为未来这一地区文化创意产业的进一步繁荣提供了强大的动力。2009～2010年,广东省提出了建设文化强省的战略目标,使其文化产业建设上了一个新台阶。

（一）宏观纲领性政策

2008年国务院批准的《珠江三角洲地区改革发展规划纲要（2008～2020年）》（以下简称《规划纲要》）,确定了未来十几年珠三角地区产业发展的定位是：坚持高端发展的战略取向,建设自主创新高地,打造若干规模和水平居世界前列的先进制造产业基地,培育一批具有国际竞争力的世界级企业和品牌,发展与香港国际金融中心相配套的现代服务业体系,建设与港澳地区错位发展的国际航运、物流、贸易、会展、旅游和创新中心。

针对《规划纲要》中的产业发展目标,2010年7月,广东省出台了《珠江三角洲产业布局一体化规划（2009～2020年）》①，对2020年之前广东尤其是珠三角地区的整个产业结构、产业发展规划进行了详细的部署。在"产业发展重点"部分，针对"文化创意"，广东省提出了以下规划和目标：加快发展文化创意产业，大力培育一批创意产业集群，建设珠三角国家级文化创意产业基地。重点发展工业设计、时尚设计、建筑与规划设计、动漫游戏开发、新闻出版创意、广播电影电视及音像制作、广告与咨询策划、文艺创作与表演等。深化粤港澳文化创意产业合作，以深圳文博会、港澳文化创意会展和动漫博览会（东莞）为推广平台，共同打造"亚洲创意中心"品牌。可以说，建设珠三角国家级文化产业基地，进而打造亚洲创意中心是今后10年珠三角地区文化创意产业的发展目标。

"一体化规划"以鸟瞰全局的气势，将地理空间布局与产业带相结合，对未来10年广东珠三角地区的产业架构、发展重点、发展方向进行了大开大阖的梳理与部署，在论及珠江东岸知识密集型产业带、广州和深圳两个龙头城市、旅游会展等方面，均涉及了"文化创意"。《规划纲要》具体提出了：以广州、深圳、佛山为中心，辐射带动东莞、珠海、中山，打造珠三角工业设计圈；以广州、中山为龙头，打造珠三角动漫游戏游艺产业集群；加快建设广州、深圳两大国家级文化创意产业基地，形成"一圈两基地"的总体布局；深化粤港澳文化创意产业合作，以深圳前海、珠海横琴新区等为载体，共同打造"亚洲创意中心"品牌。广州以中新知识城、科学城和国家级工业设计产业（示范）基地等为载体，加快文化创意产业要素的高端聚集，进一步拓展产业空间，创建广东文化创意产业圈核心区。深圳继续深化对"设计之都"的品牌开发建设，加强深港文化创意产业合作，加快推进与香港共同建设国际文化创意产业中心，重点建设深港"创意圈"。佛山加快产业向高端转型，重点建设广东工业设计城、国家工业设计与创意产业（顺德）基地、佛山创意产业园和石湾陶瓷文化创意产业园等一批重大产业基地。东莞重点建设创意产业中心园区、松山湖国际文化创意产业园和虎门时尚创意基地。中山重点建设小榄文化产业基地和国家级工业设计试验基地。

在"重大项目和基地布局"中，具体列出了广东文化创意产业园区、广东动漫游戏游艺产业集群番禺基地和中山基地、广州创意产业基地、广州国家级工业设计产业（示范）基地、广州T.I.T创意产业园、深圳国际文化创意产业中

---

① 参见广东省人民政府网，http://zwgk.gd.gov.cn/006939748/201008/t20100810_12102.html。

心、珠海南方文化产业园、中国南海（国际）工业设计基地、广东工业设计城、国家工业设计与创意产业（顺德）基地、佛山创意产业园、石湾陶瓷文化创意产业园、粤港澳横琴工业设计谷、东莞松山湖文化创意产业基地、广东（惠州）文化创意产业园。

《珠江三角洲产业布局一体化规划（2009～2020年）》是目前为止广东省政府针对其未来产业、经济、文化、社会发展最详细的纲领性规划，这一规划的出台，在整体上为今后10年广东省文化创意产业的发展指明了总方向。紧接着2010年9月出台的《广东省现代产业体系建设总体规划（2010～2015年）》[①]（以下简称《规划》）重申了"构建六大主体产业，重点发展金融、物流、信息服务、科技服务、外包服务、总部经济和商务会展、文化创意以及旅游等现代服务业，推进服务业百强项目建设，打造四大产业基地，形成八大类型共六十个以上现代服务业集聚区"。针对文化创意产业，《规划》特别强调了"做大做强以创意内容为核心的文化服务业，重点建设一批国家级和省级传媒出版、工业设计、动漫游戏、影视制作、音乐创作、广告设计、数字印刷等产业基地以及文化会展和产权交易平台，形成四个以上国家级文化创意产业示范基地"。《规划》还提出了建设"岭南文化创意产业圈"的新概念，即依托珠江两岸良好的创意产业发展基础，创新广府文化、潮汕文化、客家文化，重点做大做强数字内容、工业设计、文化传媒、动漫游戏、音乐创作、创意产品研发等高端和新兴文化业态；培育一批全国领先、竞争力强的文化创意产业集群和创意产业园区；加快建设广东工业设计城、粤港澳横琴工业设计谷、羊城创意产业园、珠影文化创意产业园、南方报业传媒产业集团、南方影视传媒集团影视创作基地、广东数字出版中心、广东广告创意基地、广东原创音乐基地、广州动漫创作基地、佛山创意产业园、深圳市设计之都等创意产业园；支持广州打造"创意之城"，深圳建设"设计之都"，推动珠海、佛山、中山、江门、东莞、惠州、肇庆等市重点建设一批文化创意、工业设计、影视制作、游戏游艺、工艺美术、音像电子和演艺娱乐等产业园区；打造一批优势文化创意产业链和创意人才合作平台；培育若干个在国内外具有较强竞争力的文化创意产业集群。到2015年，建立起全国领先的岭南文化创意产业圈、中国南方文化创意中心，成为在全国乃至亚太地区最具活

---

① 参见广东省人民政府网，http://www.gov.cn/gzdt/2010-10/10/content_1718533.htm。

力和核心竞争力的文化创意区之一。

另一个与文化创意产业相关的重要文件是 2011 年 1 月 26 日广东省第十一届人大四次会议审议批准的《广东省国民经济和社会发展第十二个五年规划纲要》①（以下简称"十二五规划"）。"十二五"文化体制改革将以"幸福"为主题，加快转型升级，建设文化强省。具体而言就是，优化文化产业结构和布局，重点发展文化创意、平面传媒、广播影视、出版版权、演艺娱乐、网络文化服务、文化旅游、文化会展等八大产业门类。"十二五规划"提出的战略目标是将"贴牌大省"变成"品牌大省"、将"广东制造"变成"广东创造"，建设创新型广东。除了建设高水平生态旅游集聚区和加快推进三网融合外，在有关文化创意产业方面，"十二五规划"提出的目标是：深化文化体制改革，优化产业结构，完善市场体系，促进文化产业的健康持续发展，保持巩固文化产业在全国的领先优势，具体列出以下三方面的政策规划。

1. 壮大文化产业

做大做强以创意为特征的文化服务业，重点发展文化创意、平面传媒、广播影视、出版发行、动漫、游戏游艺、演艺娱乐、文化会展等产业。培育新一代网络游戏、数字内容、新型媒体终端等高增长性产业，建设国家（深圳、汕头）及省级动漫产业基地、东莞松山湖创意产业园等文化创意园区，打造岭南文化创意产业圈。以科技创新推动文化业态和生产、传播方式的创新，推动文化与科技、旅游、商业融合，拓展新型文化产品和服务。加快文化产业重大项目建设。到 2015 年，广东文化产业增加值年均增长 12%，文化产业增加值占生产总值的比重达到 6.5%，成为中国重要的文化内容生产与创新基地。

2. 完善文化市场体系

积极培育市场主体，有效发挥龙头企业和品牌的带动作用，大力开拓文化市场，增强文化消费活力。拓展新兴媒体市场，促进消费升级。积极面向广大农村地区，提供多层次文化产品和服务。加强文化要素市场建设，建立文化产权交易平台和文化产业投融资平台，促进产权、资本、人才、信息的流动。

3. 深化文化体制改革

推进全国文化体制改革试点省建设，加快经营性文化单位转企改制和公益性

---

① 参见广东省人民政府网，http://zwgk.gd.gov.cn/006939748/201105/t20110513_86534.html。

文化事业单位改革，培育壮大一批重点民营文化企业，激发文化发展活力。进一步完善文化产品、服务和要素市场，健全文化行业组织和中介机构。鼓励社会力量参与公益性文化建设，创新公共文化产品的供给方式。建立完善对外文化交流合作、协调机制，提升对外文化交流水平。鼓励文化企业"走出去"，提高文化产业"走出去"水平。

（二）专项政策——从"文化大省"到"文化强省"

在专门针对广东省文化建设的政策方面，最值得关注的是从建设"文化大省"（2003）[①]到提出建设"文化强省"的跨越。2009年7月广东省政府出台了《关于加快提升文化软实力的实施意见》，明确提出了未来5~10年广东文化发展的总体要求、基本目标和重大举措，继而在提出建设文化大省后首次提出建设文化强省。

《关于加快提升文化软实力的实施意见》（以下简称《实施意见》）从提升广东省文化软实力的宏观性、战略性角度着眼，提出了广东文化发展的新目标和新定位。具体来讲，就是争取用5~10年的时间，在全社会巩固和完善社会主义核心价值体系，建立覆盖全省城乡的公共文化服务体系，建设具有较强实力和竞争力的文化产业体系，构建先进的现代文化传播体系，以世界眼光打造具有岭南风格和广东气派、具有鲜明时代特征和实践特征的当代广东先进文化。建设文化强省，使广东成为在全国具有重要影响力的区域文化中心、发展社会主义先进文化的排头兵、提升我国文化软实力的主力省以及带领中国文化"走出去"的生力军。

《实施意见》按照"科学发展、先行先试"的要求，从实践性、可操作性的角度，提出加快提升广东省文化软实力的主要举措，即全面实施提高公民素质工程、文化精品工程、文化改革创新工程、公共文化服务体系建设工程、文化产业提升工程、文化"走出去"工程、高端文化人才培养和引进工程等七大工程。在提升文化产业方面提出建设珠江两岸文化创意产业圈、粤港澳文化创意产业试验园区和珠江三角洲文化会展产业带等；在高端文化人才建设方面提出建立一批

[①] 在2003年广东省第十届人民代表大会第一次会议上，广东省政府工作报告中提出要围绕建设文化大省的目标，发展文化建设和文化经济的目标。

产学研一体化的文化创意人才培养基地、每年面向国内外引进若干名社科理论和文学艺术名家大师、文化创意和文化产业领军人才等；在保障体系建设方面提出设立广东省文化产业发展专项资金、建立全省文化产业统计制度等。

2010年7月召开的广东省委十届七次全会上，专题讨论了文化建设问题，在广东历史上尚属首次，由此可见，广东省在面临产业转型升级、提高文化软实力的历史关键时刻，不失时机，高度重视文化创意产业。与此同时，广东省出台了《广东省建设文化强省规划纲要（2011～2020年）》[1]（以下简称《文化强省规划》）；2011年6月广东省文化厅针对其中的文化创意产业政策精神，专门出台了《关于加快珠江三角洲地区文化创意产业发展的指导意见》[2]，这是近年来有关广东省文化创意产业发展政策最重要的专项文件，其主要内容如下。

1. 发展目标与布局

以广州、深圳市为核心，以珠三角地区其他7个地级市为支点，以若干文化产业集群、文化产业园区（基地）和重大项目为支撑，构建珠三角地区文化创意产业带，形成区域布局合理、产业特色鲜明、科技水平先进、集聚效应显著、经济效益高、国际竞争力强的产业发展新格局，把珠三角地区建设成为拉动全省、辐射全国的文化创意产业中心。重点支持广州、深圳市发展创意设计、动漫游戏、数字出版、影视制作等高端和新兴文化创意产业，建设"设计之都"、"创意之城"。发挥珠三角地区其他城市在文化旅游、工艺美术、游戏游艺等领域的特色和优势，整合资源，实现错位发展。

支持珠海市发展软件设计、文化旅游和数字内容产业，建设文化创意产品生产基地和出口基地；支持东莞市发展创意设计、文化会展业，搭建文化创意产业与制造业的对接平台，提升文化产品制造业发展水平；支持中山市发展游戏游艺、粤台文化交流，建设一镇一品的镇级文化产业集群；支持江门市建设华侨文化旅游区、印刷创意和古典红木家具产业基地；支持惠州市建设广东（惠州）港澳台影视拍摄基地；支持佛山、肇庆市结合本地历史、人文、自然资源、产业优势，发展文化旅游、工艺美术、工业设计等特色文化产业；加强粤港澳台合

---

[1] http://news.southcn.com/g/2010-07/30/content_14279712_12.htm.
[2] 广东省人民政府相关网页，http://zwgk.gd.gov.cn/006939748/201107/t20110718_193364.html。

作，打造"珠江两岸文化创意产业圈"。到2020年，珠三角地区文化创意及相关产业增加值占区域生产总值的比重达到10%，成为重要的战略性新兴产业、国民经济的带动性产业，成为经济结构优化的重要推动力、经济发展的重要增长点。

2. 发展战略

（1）产业集聚战略。构建一批主业突出、功能互补、集聚效应明显、具有国际影响力的标志性文化创意产业集聚区，发展跨区域、跨行业的文化创意产业集群。完善园区（基地）基础设施和公共服务平台建设，以产业园区（基地）为主要载体，促进产业联合、孵化和相互推动。

（2）科技创新战略。积极运用"文化+科技"的发展模式，推动现代科技在文化创意产业中的运用，促进文化创意产业与高新技术产业的融合，开发具有自主知识产权的核心技术，提高创意产品的科技含量和附加值，促进文化创意产业和产品结构优化升级，助推"广东制造"向"广东创造"转变。

（3）品牌特色战略。形成一批实力强大的文化创意产业领军企业，发挥其引导示范和资源整合作用，带动行业整体发展，培育一批品牌产品、品牌企业、品牌园区和品牌展会活动。根据不同城市资源条件和优势特色，坚持差别化定位、特色化发展、合理化布局，明确各市发展的重点行业和项目。

（4）"走出去"战略。支持文化单位在国外兴办文化实体，建立文化产品营销网点。扶持有国际竞争力的文化单位参加境外艺术节、动漫展、影视展、演艺展、游艺游戏设备展览等国际大型展会和文化活动。扶持广播影视作品、出版物、动漫游戏等文化产品和服务出口。加强与港澳台地区在文化创意产业方面的合作，形成分工合作、优势互补的文化创意产业城市群，把珠三角地区打造成为中国文化产品和服务"走出去"的重要窗口。

（5）人才培养战略。实施人才培养工程和引进工程，加快培养各类文化创意人才，积极引进急需的高层次、高素质人才，着力培养文化创意产业研究开发和经营管理的带头人和团队，建设结构合理、素质优良的文化创意产业人才队伍，构筑珠三角地区创意人才高地。加强与海外研究机构的交流与合作，引进境外创意设计培训机构。发挥广东高校的作用，增加文化创意产业人力资本投资，建立健全培养文化创意产业人才成长的激励和评价机制。

3. 发展重点领域

（1）出版发行业。优先发展内容出版产业，以传统出版形式为基础，建设一批具有战略性和带动性的重大出版项目。优先发展数字出版等新兴出版产业，积极发展互联网出版、手机出版等以数字化内容、数字化生产和数字化传输为主要特征的出版新业态。立足创新技术和管理服务平台，整合全省的各类出版资源并形成品牌效应。支持有条件的出版企业股改上市，打造一批具有较强竞争力的出版集团和报业传媒集团。做大做强印刷复制业，支持珠三角地区国际印刷基地、深圳国家标准化印刷示范基地建设，建成4~6个国家级印刷复制生产基地或产业集群，打造若干个上规模、上档次、有知名度、年产值30亿元以上的企业及品牌。鼓励印刷复制企业实施数字印刷和印刷数字化工程，推动印刷复制产业从单纯加工服务型向现代服务型转型升级。加快发展以跨地区连锁经营、信息化管理和现代物流为特征的大型现代出版流通组织。整合发行渠道，重点培育一批主业突出、辐射带动能力强的大型国有或国有控股新闻出版物流企业和企业集团。

（2）广播影视业。全面推进广播影视数字化网络化，建设集播出、传输和覆盖于一体的全功能广播电视综合网络；积极推进各级电台、电视台数字化网络化；加快推进有线电视数字化整体转换和双向化改造；加快推进新一代广播电视网、移动多媒体广播电视、城市数字影院、影视动画等重大项目建设；大力推进视听新媒体发展，推广网络广播电视和移动多媒体广播电视，构建视听新媒体产业，使视听新媒体成为广播电视服务与消费的重要渠道；推动重大项目建设，支持南方广播影视传媒集团发展网络广播电视和移动多媒体广播电视；支持珠江电影集团打造完整的电影产业链，成为华南地区最具竞争力的电影产业基地和电影人才集聚中心。

（3）动漫业。坚持自主创新与引进品牌相结合，创意内容与数字科技相结合，鼓励原创动漫产品的创作和研发，提高动漫产品在全国的影响力。以广州、深圳市的国家级动漫产业基地为载体，构建完善的产业孵化、展示交流、技术支撑等公共服务平台，吸引动漫创意、研发制作、衍生品开发与服务等各类相关企业，培育和完善动漫产业链，集聚人才、资本、技术等关键要素，形成各具特色和专业性的集聚发展态势，逐步建立和完善包括生产创作、市场运营、传播流通、销售等主要环节的产业体系，打造国内具有重要影响力的动漫产业集聚中心。重点建设广东动漫（玩具）创意产业集群、广东动漫城，使其发展成为集动漫原创、生产、衍生品开发、教育培训、粤港澳文化合作等功能于一体的综合性基地。在坚持企业集群发展的基础上，培育一批实力强、发展潜力大的本地中小型动漫企业，引进一批国内外大型知名动漫企业，通过重点扶持，打造一批有规模、有核心竞争力的知名企业和品牌产品。

（4）游戏娱乐业。发挥珠三角地区在游戏游艺设备制造和生产方面的优势，加强核心技术的研发，促进拥有自主知识产权的网络游戏技术、电子游戏软硬件设备等产品的开发，开拓手机游戏、家用视频游戏和网络游戏的市场，提高游戏产品的文化内涵。组织实施中国民族网络游戏出版工程，重点建设广东动漫游艺游戏产业集群、广州国家网络游戏动漫产业发展基地。鼓励民间资本进入网络游戏产业，积极引进产业扶持基金或风险基金参与运作。培育若干知名的游戏游艺连锁品牌，提高珠三角地区游戏娱乐业的国际竞争力和影响力。到2020年，实现省内企业自主研发制造的游艺游戏设备占全国总量的70%，出口产品占全国出口市场的75%。

（5）演艺业。建造一批满足不同层次消费需求、服务优质、管理先进的剧院群，重点打造一批设施先进的现代演出场馆。建立演出院线制，扩大和延伸品牌剧场的影响力。在院线制的基础上，打破地域和隶属关系的限制，推进剧场、剧团和中介机构的联盟，实现行业重组。繁荣舞台艺术创作，打造一批适合不同层次消费群体的优秀文艺剧目。鼓励和支持符合条件的公民、法人和其他组织依法开办演出经纪机构，组建演出团体，设立演出场所；培育具有较强竞争力和影响力的演出经营实体和演出经营品牌，拓展海外市场，支持优秀文艺剧目"走出去"。发展壮大珠三角地区演出经纪人队伍，推广制作人制度。推动演艺设备制造业的发展，建立广东演艺设备产业集群。

（6）文化会展业。发展一批具有国际影响力的专业文化会展，打造世界一流的文化会展品牌，培育、扶持一批文化会展业龙头企业，把珠三角地区建设成为我国最有影响力的文化会展核心区域，为我国文化创意产业发展搭建一批高起点、高规格的展示、交易和信息平台。重点打造中国（深圳）国际文化产业博览交易会、中国（东莞）国际动漫版权保护与贸易博览会、中国（中山）国际动漫游戏游艺博览交易会、中国国际漫画节、广东国际广播影视博览会、广东国际旅游文化节、广州国际纪录片大会、广州国际艺术博览会、中国（广东）国际印刷技术展览会等会展活动。

（7）文化旅游业。加强对珠三角地区的世界文化遗产、水下文化遗产、国家和省重点文物保护单位、国家级历史文化名城和名镇（村）、国家级和省级非物质文化遗产的保护和利用。发掘旅游文化内涵，完善旅游设施，大力开发旅游特色商品。将岭南文化与旅游休闲相结合，打造旅游精品线路和国际化文化主题公园旅游品牌，推出以粤菜、潮州菜、客家菜为代表的美食文化之旅，以历史文化名城、名镇、名村为依托的名城、名镇、名村之旅，以广州、深圳、佛山为代表的商旅文化之旅，以佛山武术影视为代表的影视文化之旅。建设以开平碉楼为依托的华侨文化旅游区及广东香云纱文化产业园区、肇庆端砚文化产业基地等，培育文化创意产业集聚区的旅游功能，建设若干个在全国有影响、知名度高的文化旅游项目。

（8）创意设计业。大力发展工业设计、软件设计、广告设计、建筑设计、平面设计等创意设计产业，不断壮大产业规模。加强政府、企业、科研院所互动，有效整合和引进各类设计资源，鼓励发展高等级研发机构和专业化的创意设计公司，以行业设计中心、各类研发机构为主要载体，提高创意设计业的自主创新能力，通过设计创新促进新产品开发，将珠三角地区建设成为区域创意设计中心。制定并落实促进创意设计产业发展的配套措施，完善为设计业服务的支持机构，发展各类设计中介服务。重点建设粤港澳文化创意产业园、粤台（中山）文化产业园、广州北岸文化码头、羊城创意产业园、深圳设计之都创意产业园、华侨城LOFT创意园、松山湖创意产业园、佛山创意产业园、广东工业设计城、中凯文化商务港、瀚天科技城数字内容产业基地等产业集聚区，促进一批有影响力的设计企业和机构聚集，引进和培育一批具有影响力的知名设计大师。鼓励设计创意企业、机构和个人参与国际展览、学术交流和项目合作。支持具有民族传统的文化创意产品扩大国际推广。

（9）工艺美术业。整合全省工艺美术资源，重点建设1~2个规模大、品位高、品种多、配套齐的工艺美术品创作与交易中心。大力推动工艺美术行业的市场化进程，加强行业认证监管，规范艺术品交易行为，培育艺术品展示、艺术品拍卖、艺术经纪等中介服务机构，加快推进工艺美术品的商品化经营和产业化生产。抢救并传承传统工艺美术技艺，加强对国家级、省级工艺美术大师等高端人才的保护和各种传统技艺继承人的培养。大力发展工艺美术教育，依托各类院校进行多类型多层次的工艺美术教育，加强艺术品经纪、艺术品市场管理人才等专业人才的培养和引进。

（10）新兴业态。大力推动文化产业升级，支持主要媒体发展移动多媒体广播电视、网络广播电视、手机广播电视、手机网站、手机报刊，开发移动文化信息服务、数字娱乐产品等增值服务。

4. 工作保障机制

（1）加大财政资金支持力度，建立多元化投融资机制。落实国家对文化产业发展的现行税收优惠等政策，研究制定支持珠三角地区文化产业发展的配套经济政策。落实金融机构对文化产业的信贷支持政策，创新贷款融资方式、信贷产品和服务方式，在国家允许的贷款利率浮动幅度范围内给予一定的利率优惠。畅通政府资金引导、银行贷款筹资、民间资本投资、上市融资等多元化投资渠道。推进广东南方文化产权交易所、深圳文化产权交易所等文化创意产业投融资平台和其他文化知识产权交易市场的建设。珠三角地区各市要运用文化产业发展专项资金等，支持文化创意产业发展，对符合国家和省重点支持方向的文化产业重大项目、产业创意产品和服务加大扶持力度。

根据《广东建设文化强省规划纲要（2011～2020年）》，未来5年内，广东财政将投入250亿元人民币，用于支持文化强省建设。为解决文化创意产业融投资难的问题，2010年广东省国有经营性文化资产监督管理办公室与中国建设银行、中国光大银行、中国民生银行等三家银行签订了"文化与金融战略合作协议"，为省内文化企业提供了210亿元的信贷额度。

（2）鼓励支持文化产品和服务出口，促进对外文化艺术交流。积极开展国际交流与合作，鼓励有条件的文化创意企业和企业集团依法开展境外投资活动和承接国际服务外包业务。重点培育一批外向型文化出口企业和产业基地，支持文化创意产品和服务出口业务。鼓励文化创意企业增加对出口产品和服务的研发投入。落实文化产品出口退税等优惠政策。鼓励企业进行文化产品及服务出口的相关业务培训，为文化企业产品和服务"走出去"培养和储备人才。利用各类国际性文化博览会、文化产品交易会或商务洽谈活动，积极主动地向外推销优秀文化创意产品。开展一批常设性的具有专业影响力的国际性文化艺术活动，加强与我国驻外使领馆文化部门及海外文化中心的合作。

（3）加大知识产权保护力度，营造良好的产业发展环境。建立健全知识产权保护体系，加大宣传和执法力度，形成尊重创新、鼓励创新、保护创新的发展环境。设立专门的专利申请通道，为企业创意设计成果提供及时的知识产权保护,加快创意成果的产业化速度。鼓励和规范知识产权评估机构的发展,建立健全知识产权质押贷款的培育引导机制、信用激励机制、风险补偿机制、组合融资机制和风险分担机制。加强知识产权的教育培训和宣传,引导文化创意企业建立健全知识产权管理体系。

从"文化大省"到"文化强省"的跨越,说明广东不仅注重文化发展的数量和规模,而且更加注重文化发展的结构和质量;不仅注重文化生产能力,而且注重文化创新能力;不仅强调发展速度,而且注重全面协调可持续发展;不仅注重实力的增强,而且注重科学体制机制的构建。

三 广东省文化创意各产业发展现状
——以广州和深圳为例

广东省区域文化特色鲜明。首先,广州、深圳作为广东省文化产业的"双中心",是华南地区最重要的文化及创意产业中心,其传媒业、印刷业、网络文化服务、文化旅游业等在国内都具有广泛的影响,两大城市文化及创意产业的经济贡献约占珠三角总量的70%以上。其次,珠海与佛山文化产业特色鲜明,尤其是佛山乃民间艺术之乡。再次,周边的中山、江门、肇庆、东莞、惠州等,也逐渐形成了自己的产业特点。这三个空间层次加上毗邻港澳台的位置,广东省目前正在形成以珠三角为龙头,东西两翼、北部山区优势互补、错位发展,粤港澳台深度合作的产业发展新格局。

在这部分,我们将以广州、深圳两个城市2010年文化创意产业发展现状为内容进行分析。一方面是基于这两个城市在广东省的领先地位和鲜明的个性特征;另一方面是由于2010年广州、深圳被评为全国文化体制改革先进地区,这两个城市在很大程度上代表了广东省文化产业的最高水平。

(一)广州市文化创意产业发展现状

1. 广州市文化产业发展总体概况

有着2200多年建城史的广州是国家首批历史文化名城,被誉为岭南文化中心地、古代海上丝路发源地、近现代民主革命策源地、改革开放前沿地,拥有丰厚的历史文化资源。在千百年的文化变迁中,抱江靠海、城以港兴的广州,历经长盛不衰的对外开放和持之以恒的社会主义精神文明建设，在与中原文化以及马来文化、印度文化、阿拉伯文化和西洋文化的交汇、融合的过程中，形成了贯通古今、融汇中西、具有鲜明地域特色和时代风貌的城市文化，成为中华文化的一朵奇葩。

近年来，广州市紧紧围绕建设国家中心城市和全省"首善之区"的目标，把提升文化软实力作为增强城市综合竞争力的主要途径，坚持以科学发展观统领文化建设，文化产业在国民经济中的地位不断提升，呈现出蓬勃发展的态势。

(1) 文化产业发展快速，在国民经济中的地位逐步增强

2009年，广州实现文化及相关产业增加值719.35亿元，同比增长20.87%，高于GDP增速2.5个百分点，占GDP的比重为7.87%，比上年提高0.15个百分点，文化产业增加值占地区生产总值的比重仅次于北京，居全国中心城市第二位。广州市基本单位清查统计数据显示，2009年，广州共有文化及相关产业法人单位1.88万个（其中企业1.80万个，占95.74%），从业人员48.11万人，全年实现企业营业收入2080.43亿元[①]，分别占全市的11.97%、8.71%和6.05%。2010年，广州市共实现文化产业增加值843.45亿元，超过GDP的8%。[②]

(2) 形成以外围层为主体，核心层和相关层协同发展的产业结构

2009年，在广州市文化及相关产业法人单位中，以网络文化、休闲娱乐、文化旅游、文化中介代理、文化产品租赁和拍卖、广告及会展等为主的外围层占47.52%；以新闻服务、出版发行和版权服务、广播电视电影服务、动漫游戏和文化艺术服务为主的核心层占16.85%；以文化用品、设备及相关文化产品的生产和销售为主的相关层占35.63%。在广州市文化及相关产业增加值中，外围层占56.52%，核心层占21.48%，相关层占22.00%[③]。

(3) 文化产业区域集中度较高，企业和园区显现出一定的聚集效应

2009年，广州越秀区、天河区、海珠区、白云区、番禺区和荔湾区分别有

[①] 王晓玲、徐志彪主编《中国广州创意产业发展报告（2010）》，社会科学文献出版社，2010，第2页。

[②] 参见广州市发展和改革委员会网，《新产业新高度新攀登——广州市后亚运经济转型述评》，http://www.gzplan.gov.cn/rdzt/125gh/gzdt/201108/t20110823_14989.htm。

[③] 王晓玲、徐志彪主编《中国广州创意产业发展报告（2010）》，社会科学文献出版社，2010，第2~3页。

文化及相关产业法人单位 4716 家、4516 家、2855 家、1726 家、1708 家和 1113 家，分别占全市文化及相关产业法人单位的 25.05%、23.98%、15.16%、9.17%、9.07% 和 5.91%，合计占到 88.34%。可见，广州文化产业单位高度集中在越秀、天河、海珠、白云、番禺、荔湾等区。文化产业从业人员主要集中在番禺、越秀和天河 3 区。其中，2009 年，番禺区共有文化产业从业人员 13.75 万人，占全市文化及相关产业的 28.58%，居全市之首。[①]

同时，广州相继规划和建成了一批文化产业基地、特色街和园区，推动了产业聚集化发展。目前，广州市主要文化产业基地和园区、特色街约有 30 个，主要分布在越秀区、番禺区、海珠区、天河区、荔湾区等区域，影响较大的有国家（广州）动漫网游产业基地、北岸文化码头、长隆国家级文化产业示范基地、荔湾创意产业集聚区、广东文化创意产业园、广州 TIT 纺织服装创意园、黄花岗信息园、信义会馆、越秀区创意大道、从化动漫产业园、番禺华创动漫游艺创意产业园、番禺金山谷创意产业基地及 1850 创意产业园等文化产业园区，以及广东国际音像城、文德路字画一条街、西关古玩一条街等特色街。[②]

（4）形成以民营企业为主体，多种投资主体共同发展的格局

广州市积极推进文化体制改革，引导文化事业单位转企转制，积极引导民营企业、民间资本进入文化产业。2009 年，在广州市文化及相关产业法人单位中，首先是民营企业居主体地位，占全市文化产业的 80.86%；其次是有限责任公司和国有单位，分别占全市文化及相关产业的 5.56% 和 4.83%；港澳台商投资企业和外商投资企业分别占全市文化及相关产业的 2.70% 和 1.71%。[③] 2009 年，在全市文化及相关产业企业全年营业收入中，民营企业居主体地位，其企业全年营业收入占全市文化及相关产业的 34.73%；其次是有限责任公司，其企业全年营业收入占全市文化及相关产业的 19.37%；港澳台商投资单位、外商投资单位

[①] 王晓玲、徐志彪主编《中国广州创意产业发展报告（2010）》，社会科学文献出版社，2010，第 5 页。

[②] 王晓玲、徐志彪主编《中国广州创意产业发展报告（2010）》，社会科学文献出版社，2010，第 5~7 页。

[③] 《广州市文化广电新闻出版（版权）第十二个五年发展规划实施意见》，http://chalouwang.com/index.php?article/wenhuazonyi/2011-08-10/21395.html。

和国有单位企业全年营业收入分别占全市文化及相关产业的14.87%、14.85%和12.10%①。

（5）成立多个组织，精心打造文化产业链条，上下游共同发展格局逐步形成

广州充分利用市场经济体制比较完善和文化产品批发市场聚集的优势，成立了广州动漫行业协会、广州文化创意产业研究中心、广州文化创意行业协会、广州市版权协会等组织，积极发挥政府搭建平台和行业协会组织协调作用，加强对广州市文化产业的协调、引导，打造创意设计、动漫制作、网络游戏和玩具、工艺品制造与批发销售等上下游文化产品相互带动、共同发展的文化产业链，不仅实现了文化产业的社会效益，也实现了文化产业的经济效益，有利于文化产业在广州扎根长远发展。

（6）文化龙头企业实力不断增强，文化品牌层出不穷

目前，广州市有一批颇具影响力的企业，对全市文化产业起到了一定的带动作用。在新闻出版方面，南方日报、羊城晚报和广州日报三大报业集团稳居全国综合排名前十。在动漫领域，广东奥飞动漫文化股份有限公司目前是国内唯一一家动漫上市企业。广州原创动力公司的"喜羊羊"和"灰太狼"成为国内家喻户晓的漫画形象，《喜羊羊与灰太狼之牛气冲天》一上映就得到了全国观众的喜爱，取得很好的票房收入，并荣获中宣部"五个一工程"奖和中国电影界最高荣誉华表奖等。②广州漫友文化发展有限公司出版的《漫友》杂志是目前国内最具人气的青少年流行文化期刊，发行网络遍布内地各大、中、小城市，并辐射港、澳、台地区，为全球华人动漫文化圈公认发行量最大的成功品牌。网易已经成为国内网络游戏领域内的龙头企业。在创意设计方面，广州毅昌科技公司、广州大业工业设计公司等已经成为国内本行业的龙头企业，其中毅昌科技已在深圳证券交易所上市。③

（7）举办各类文化产业会展，充分展示文化产业实力与形象，文化产业展

---

① 王晓玲、徐志彪主编《中国广州创意产业发展报告（2010）》，社会科学文献出版社，2010，第8页。
② 尹涛、李明充：《城市文化产业发展的特征分析及对策》，《城市观察》2009年第3期。
③ 王晓琳、徐志彪主编《中国广州创意产业发展报告（2010）》，社会科学文献出版社，2010，第243页。

示和交流交易平台初步形成

目前,广州不仅有国际知名的广交会,还有"中国国际漫画节"、"广州国际艺术博览会","中国(广州)国际纪录片大会"、"中国音乐金钟奖"、"广州国际设计周"及"广州日报华文杯报纸优秀广告奖"等展览会和大型活动,促进了国内外研究、设计、生产、销售等各个环节企业的交流,搭建了沟通和交易平台,文化产品展示和交易、设计师和创作人员交流的平台初步形成。

广州市的文化创意产业有着以下发展机遇:

机遇之一:建设国家中心城市有利于聚集高端要素发展文化产业。

《珠江三角洲地区改革发展规划纲要(2008~2020年)》对广州的定位是强化国家中心城市,要求广州通过增强高端要素集聚、科技创新、文化引领和综合服务功能,优先发展高端服务业,率先建立现代产业体系,提升城市综合竞争力。随着建设国家中心城市进程的加快,广州市软硬环境将不断得到完善,非常有利于聚集高端要素推动文化产业的大发展。[1]

机遇之二:"三旧改造"为文化产业发展提供了丰富的空间资源。

城市化的历史其实就是城市工业化的历史,对于广州这样一个国家级历史文化名城,城市化留下了比较丰富的有价值的工业建筑,另外,城市文化的发展需要一定的空间。目前,广州市已经出台了《广州市区产业"退二进三"企业工业用地处置办法》、《关于广州市旧厂房改造土地处置实施意见》[2]等相关政策,大力推进"退二进三"和"三旧改造"进程,鼓励开发市内闲置用地和"三旧"资源。广州"三旧"资源极为丰富,为广州市文化产业提供了充足的发展空间,聚集了众多研发、动漫、广告、设计等优秀的文化企业和人才。

机遇之三:经济发展方式的转变要求文化大发展。

2009年12月举行的中央经济工作会议明确要求加快经济发展方式的转变。文化产业符合经济发展方式转变的要求,为落实中央关于经济发展方式转变的要求,各种社会资源必将进入文化发展,这无疑也为文化产业大发展提供了很好的机遇。

---

[1] 《珠江三角洲地区改革发展规划纲要(2008~2020年)》,http://news.xinhuanet.com/local/2009-04/16/content_11194566.htm。

[2] 《关于广州市旧厂房改造土地处置实施意见》,http://www.docin.com/p-218002858.html。

机遇之四：区域经济一体化为广州文化产业拓宽了发展腹地。

为推进珠三角一体化进程，广州、佛山两市联合出台了《广佛同城化发展规划（2009~2020）》①、《广州市佛山市同城化建设合作协议框架》②、《广佛同城化产业建设协作三年工作规划（2009~2011）》③等相关文件，推进广佛一体化。广州处于泛珠三角地理版图的中心位置，区位优势明显，为广州文化产业向周边拓展提供了难得的机遇。

机遇之五：系列政策的出台为文化产业发展提供了政策保障。

广州市认真贯彻落实国务院《文化产业振兴规划》，中央宣传部、中国人民银行、财政部、文化部等九部委还联合发文出台《关于金融支持文化产业振兴和发展繁荣的指导意见》（银发［2010］94号），《珠江三角洲地区改革发展规划纲要（2008~2020年）》，《广东省建设文化强省规划纲要（2011~2020年）》，着手制定文化产业相关规划与政策，将文化产业放在很重要的位置，要把广州建设成为区域"创意之都"和华南文化教育中心。

机遇之六：广州市文化体制改革业已取得重大突破。

一是经营性文化事业单位全部转企改制。广州出版社等26家经营性文化事业单位全部核销事业编制，实施公司制改造，建立现代企业制度。二是文艺院团实现转企改革。8家市属文艺院团已全部转制成为企业，采取经费定额核拨、解决演出场地、成立艺术基金会等措施，促进改革后的院团发展，改革后呈现出精品剧目、演出场次、演员收入"三增加"的良好局面。三是组建大型文化企业集团。按照"强强联合、盘活存量、提高增量"的思路，推动文化企业以资本为纽带进行资产重组，整合市区出版发行、有线电视网络和市电视台内部资源，成立了新华出版发行、珠江数码、广州广视传媒等骨干文化企业。四是激发文化事业单位活力。整合市文艺创作研究所、文学创作研究所组建文艺创作研究院，整合广州画院、广州书画院组建新的广州画院，实行"个人工作室制"，进行包括政府采购、项目资助、奖励制度等在内的投入和管理制度的改革，进一步调动

---

① 《广佛同城化发展规划》，http://politics.com.cn/GB/14562/10651396.html。
② 《广州市佛山市同城化建设合作框架协议》，http://www.gd.gov.cn/gdgk/gdyw/200907/t20090717_98232.htm。
③ 《广佛同城化建设产业协作三年工作规划（2009~2011）》，http://www.gdet.gov.cn/zwgk/jmzk/gdjm/201112/201112/t20111221_106414.html。

文艺工作者的积极性和创造性。五是市属国有经营性文化资产监督管理取得重大进展。通过不断深化文化体制改革，大力转变经济发展方式，整合资源，规范管理，广州市为全面开展国有经营性文化资产监督管理工作打下了坚实的基础。据初步统计，截至 2010 年末，市属国有经营性文化单位账面资产总额 107.03 亿元，比 2009 年同期净增 8.37 亿元，增长率为 8.48%，抵御风险的能力进一步增强；所有者权益总额 77.15 亿元，比 2009 年同期净增 13.47 亿元，增长率为 21.15%，资本结构更加合理，国有权益进一步得到保障。2010 年，市属国有经营性文化单位实现营业收入 64.62 亿元，净利润 6.3 亿元，分别比 2009 年同期大幅度增长，整体经营业绩显著增强。[①]

2. 广州市文化创意各类产业发展现状

（1）新闻出版业

新闻出版业是广州市文化创意产业的传统优势行业，涌现出以南方日报报业集团、广州日报报业集团为代表的优秀文化企业。南方日报、羊城晚报和广州日报三大报业集团稳居全国综合排名前十。南方报业传媒集团等 7 家企业被评为"全国文化体制改革优秀企业"。

全广州市共有公开发行的报刊 71 家，其中报纸 26 家，期刊 45 家，报纸年发行总量近 9 亿份，期刊年发行总量约 1600 万份，总量在全国位居领先位置。现有出版发行单位 275 家，产值约 40 亿元；印刷企业约 1900 多家，产值约 168.68 亿元；传媒业产值约 32.6 亿元。[②]

广州新闻出版业的目标是，培育骨干文化企业和战略投资者，打造一批文化领域的"巨无霸"，尤其是要深化新闻媒体宣传与经营业务"两分开"和制播分离改革。

南方报业传媒集团

南方报业这些年的发展中，提出了"媒体多品牌战略"，首先是培育出品牌报纸，以品牌报纸为龙头，除主报《南方日报》外，形成三个子报系列：南方周末报系、南方都市报报系、21 世纪报系。在形成品牌和报系的过程中，采取

---

① 杨明：《今年探索组建广州演艺集团》，2011 年 3 月 29 日《广州日报》。
② 广州市新闻中心《广州市文化发展状况》，http://special.gznews.gov.cn/2010/node_910/node_977/2010/11/05/12889264667214.shtml。

"龙生龙，凤生凤"的媒体多品牌滚动发展路径，用优质品牌为龙头的报系来孵化新的子报刊。2003年，南方报业与光明日报报业集团联手打造的《新京报》强势进入北京报业市场，成为中国媒体跨地域经营的范本。

南方报业传媒集团正在致力于高效整合配置资源，实现集团整体效益最大化。集团现拥有"十一报"①、"六刊"②、"三个网站"③和一个出版社（南方日报出版社）。

南方报业传媒集团在深耕传统平面媒体的同时，致力于实施新媒体挺进战略，加快网络媒体和手机媒体的发展速度，致力于开拓可发展媒体优势的相关产业，实现跨媒体、跨地区、跨行业经营上有突破性的进展。目前，集团成功构筑报纸、期刊和出版社、网络三大平台的立体化组合，逐渐往传媒业品牌集团的方向延伸，沿着打造国际文化传播业品牌的战略目标，以"品牌媒体创新力量"为轴，以平面媒体、网络媒体、移动媒体、图书出版、文化会展、文化实业和传媒的社会公益活动为"七大舰队"，使南方报业传媒集团呈现出更加丰富的品牌群体架构。

值得一提的是，为了顺应时代发展的要求，南方报业传媒集团进入了全媒体发展的"聚变"战略时期。南方报业传媒集团为自身定下了一个四步走的战略规划，以各子报的报网互动为核心，逐步实现全媒体的拓展和聚合。具体来说，南方报业传媒集团全媒体转型战略的实现需要四个步骤：第一步是每一家报纸都有自己的相关网站，实现报网互动，推出滚动新闻等；第二步是整合网络平台；第三步是用公司制办法来运作新媒体；第四步是媒体融合，就是将新闻信息发到统一的编辑平台，加工以后，选择适合的、不同的平台发布和传播。目前来说，南方报业传媒集团已经很好地完成了第一步的转变，第二步和第三步也都正在执行当中，第四步也在筹划和准备中，最终促使集团进一步整合资源，实现从平面媒体产品生产商向媒体内容提供商与信息服务商的转变。④

---

① "十一报"指《南方日报》、《南方周末》、《南方都市报》、《21世纪经济报道》、《南方农村报》、《南都周刊》、《风尚周报》、《理财周报》和与光明日报报业集团合办的《新京报》、与云南出版集团公司合办的《云南信息报》、与西江日报社合办的《西江日报》。
② "六刊"指《南方月刊》、《城市画报》、《名牌》、《南方人物周刊》、《21世纪商业评论》、《商旅周刊》。
③ "三个网站"指南方网、南方报业网、奥一网。
④ 刘珊：《南方报业传媒集团全媒体发展：由裂变向聚变转型》，《媒介》2010年第9期。

2010 年，对于南方报业传媒集团来说，是一个丰收之年。2010 年 7 月 8 日，南方报业传媒集团与南方广播影视传媒集团在广州举行战略合作协议签署仪式，两大传媒集团将实现"资源共享、优势互补、合作共赢"，建立全面、紧密的战略合作伙伴关系。南方报业传媒集团有强大的传播平台和内容生产能力，有成熟的媒体运营经验和人才积累；南方广播影视传媒集团的广播电视信号覆盖 53 个国家和地区，覆盖人口超过 20 亿。[①] 双方都是传媒行业中的佼佼者，具有良好的合作基础及互补互容性。双方签署战略合作协议，是整合文化产业要素资源的创新性举措，是落实广东省建设文化强省的有益之举，对全省、全国的媒体同行有积极的借鉴和示范意义。

2010 年《中国 500 强最具价值品牌排行榜》榜单显示，作为南方报业传媒集团的旗舰媒体，《南方日报》的品牌价值伴随其连续七次改版逐年攀高，品牌价值达 60.45 亿元。[②]

在 2010 中国传媒年会上，南方报业传媒集团当选"2001～2010 中国报业（报业集团）领军品牌"，南方报业传媒集团董事长、管委会主任、南方日报社社长杨兴锋当选"2001～2010 中国传媒领军人物"。

2010 年，云南出版集团有限责任公司、广东南方报业传媒集团有限公司共同主办的《云南信息报》经营总收入突破 1.5 亿元，利润逾 2000 万元，在当地报业市场排名也由末位跃居第二。仅用短短两年的时间，该报就实现扭亏为盈。[③]

2011 年 5 月 23 日上午，南方报业传媒产业基地二期工程竣工投产庆典在佛山市南海区里水镇举行。作为国内第一个传媒产业基地，南方报业传媒产业基地一期工程已于 2008 年 5 月 18 日竣工投产；二期工程投入使用后，报纸产能将达到 556 万对开张/小时，位居全国前列，将有效缓解南方报业传媒集团印力不足的问题。两期工程共投入资金 7.3 亿元，合计建筑面积近 7.2 万平方米，占总规划建筑面积 28%。按照计划，南方报业集团在广州本部的印刷厂将于 2011 年内全部搬迁到南海产业基地。[④]

南方报业集团总部（广州大道中 289 号）富余物业将被重新改造设计，以

---

① 《南方报业与南方广播影视签约双方合作互补》，2010 年 7 月 8 日《南方日报》。
② 吴旦颖：《南方日报品牌价值超 60 亿元聚集公务员群体》，2010 年 8 月 27 日《南方日报》。
③ 云新：《〈云南信息报〉主办单位变更》，2011 年 1 月 29 日《南方都市报》。
④ 陈枫、赵琦玉：《南方报业传媒产业基地二期投产》，2011 年 5 月 23 日《南方日报》。

建设高端文化创意产业园。集团总部高端文化创意产业园项目总建筑面积超过6万平方米,总投资规模超过1亿元,将引进媒体创新、新媒体孵化、文化传播、广告创意制作、各类传播平台等相关企业进驻及发展。项目建成后,预计入驻创意企业年产值可达60亿元、年纳税3亿元以上、创造大专以上学历劳动就业5000人以上,聚集或孵化出20家以上上规模的知名企业[①],成为广东地区文化创意园区的标杆。

广州日报报业集团

广州日报报业集团成立于1996年1月15日,是全国首家报业集团,也是全国版面规模最大、经济规模最大、经济效益最好的报业集团。目前,集团旗下共拥有1张主报(《广州日报》)、15张系列报(《足球报》等)、5份杂志(《南风窗》等)和2个网站(大洋网等)。另外,集团还拥有广州传媒控股有限公司、广州市报刊发行公司和广州大洋实业有限公司等一系列经济实体。2008年,广州日报报业集团营业收入达39.62亿元。广州日报报业集团拥有累计投资超过17亿元、技术设备先进的现代化印务中心,生产能力达到654万彩色对开张/小时,其印刷能力已连续10年保持全国第一,同时也是亚洲地区规模最大的印刷厂之一,为广州日报报业集团实现跨越式发展提供了超级动力。

主报《广州日报》目前日均发行量达185万份,是广东省发行量第一、订阅量第一、零售量第一和传阅率第一的报纸。北京奥运会期间,《广州日报》日均发行量一举突破了200万份。《广州日报》同时也是全国经营最为成功的报纸之一,2008年其广告经营总额达22.06亿元,连续15年位居全国平面媒体之首。此外,《广州日报》在2006年度中国纳税百强系列排行榜上以1.4423亿元税费位居中国报业之首,其品牌价值于2009年增至72.26亿元。2009年6月16日,由世界品牌实验室发布的《中国500强最具价值品牌排行榜》显示,广州日报的品牌价值达到72.26亿元,增幅为10.4%,自2005年以来连续5年位列中国报业三鼎甲;作为党报市场化发展的先锋典范,广州日报还创造了报业品牌价值增长连续3年达到两位数的奇迹。

2010年8月23日下午,首届中国阳光传媒推选活动颁奖典礼在人民大会堂举行,广州日报社获得首届"中国阳光传媒单位"称号;2010年10月1日,国

---

① 陈枫、赵琦玉:《南方报业传媒产业基地二期投产》,2011年5月23日《南方日报》。

庆大典隆重召开，也是在这一天，《广州日报》发行量又一次达到了 200 万份；广州日报报业集团董事长、广州日报社社长戴玉庆被评为"2008～2009 年度数字出版先进人物"，集团旗下的大洋网被评为"2008～2009 年度数字出版示范企业"。①

广州新华出版发行集团

广州新华出版发行集团股份有限公司于 2008 年 12 月 23 日在广州天河购书中心成立。为了深化文化体制改革，广州市政府将媒体宣传和经营分开，全方位整合出版发行资源，跨越式实现全市出版发行单位的转企改制，并融合成全面应对市场、应对全球金融危机的挑战、做强做大广州市出版发行产业的"拳头"，以此带动整个文化产业的发展，提升特大城市的文化软实力。

广州新华出版发行集团股份有限公司由广州日报社、广州市新华书店集团有限公司发起成立，将广州出版社、广州市新华书店集团有限公司、广州音像出版社整合在一起，经营业务涵盖图书、音像出版物的编辑、制作、出版以及书报刊、音像、电子出版物印刷、复制、发行、仓储、物流等各个环节，形成门类齐全、相互配套的出版发行产业体系。广州新华出版发行集团股份有限公司拥有总资产 10 亿多元，员工 2000 多人，40 多个营业网点遍布全市，营业面积共计约 4 万平方米，经营品种超 20 万个，另有在建的广州儿童购书中心，图书、音像物流配送中心，大学城购书中心三项工程共计投资约 3 亿元，建筑面积超 10 万平方米。其中，广州出版社是市属唯一的地方性综合出版社，10 多个品种的图书列入"十一"文化发展规划，并获得全国城市出版社优秀出版奖；广州市新华书店集团销售总额约 6 亿元，经营品种达到 20 万种；广州音像出版社成立 20 多年，在历史上曾经有过辉煌的一页，制作生产发行了近万张影视、音乐作品，许多作品风靡全国。②

（2）广播电视业

广州市广播电视业主要由广东省一级的南方广播影视传媒集团、广视传媒有限公司和市一级的广州广电传媒集团、广州珠江数码集团有限公司等广电单位组成。

---

① 参见《广州日报》网站"集团荣誉"，http://co.gzdaily.com/200901/06/62871_5080750.htm。
② 黄彤彤：《广州新华出版发行集团揭牌》，2008 年 12 月 24 日《广州日报》。

南方广播影视传媒集团

南方广播影视传媒集团（以下简称集团）于2004年1月18日正式挂牌成立，是全国第一个"由省、市、县广播电视系统企事业单位联合组成"的全省性事业集团。南方广播影视传媒集团是由广东人民广播电台、广东电视台、南方电视台、广东省广播电视技术中心和全省除广州、深圳外的19个地级市电视台和76个县级广播电视台组成；电视信号覆盖亚洲、大洋洲、非洲及东欧等53个国家和地区，覆盖人口达20亿以上。集团以省级广电为基础，以业务和资产为纽带逐步整合全省广电资源。[①]

从2009年底开始，仅用大半年的时间，由南方广播影视传媒集团和19个地级市电视台以联合发起、资产入股的方式组建的广东省广播电视网络股份有限公司，于2010年8月5日挂牌成立，创造了独具特色的"广东模式"和"广东速度"，在全国广电行业引起了较大的反响。目前，该公司拥有有线电视用户734万户，待完成全省整合后将形成拥有1500万用户的全国最大的有线广电网。

南方广播影视传媒集团从广东省的实际出发，遵循广播电视行业自身的发展规律，以发展为主题，以开放、联合为主要特征，积极推进体制改革和机制创新，在实践中探索并初步确立了"南方模式"。联合发展是集团贯彻落实科学发展观，构建和谐社会的重要步骤和发展战略，业已成为"南方模式"的核心内容。集团成立以来，以业务为纽带，发挥集团资源的整体优势，通过宣传、节目、技术设备、人才培训、传输覆盖、经营管理等方面支持，带动市一级广播电视事业的发展，已有13个地级市广播电视台采取联合发展的模式；以产业为纽带，通过资源整合，联合经营促进县一级广播电视产业的发展，已有50个县广播电视台与集团广告总公司实行联合经营。

集团积极开展跨媒体、跨地区、跨行业的联合工作，先后与维亚康姆集团、新闻集团、时代华纳集团签订战略合作框架协议和合作备忘录；与中国香港、中国澳门、马来西亚、越南等国家和地区展开节目、网络、经营等多方面合作；与新华社广东分社、羊城晚报报业集团签署了战略合作协议并启动多项实质性的合作；与广州大学联手共建了"南方广播影视传媒学院"；与广东8所高等院校在学术交流和理论研究方面建立了合作关系。同时，集团下属的广东电台与广西梧

---

① 毕征：《充分发挥广播影视独特优势传播提升广州城市品牌形象》，2011年6月4日《广州日报》。

州电台、广东电视台体育频道与重庆电视台时尚频道进行联合发展,南方电视台也和海南三亚台、广西粤语地区的部分市台展开了友好合作。

南方广播影视传媒集团还积极发展数字付费电视频道,目前,开发和运营的数字付费电视频道已达10个,内容涵盖了体育、戏曲、教育、旅游、房产、购物等。集团的新媒体产业发展走在全国前列,目前已开办了车载移动电视、手机电视、地铁电视、数字付费电视频道,并且已取得全国第三张IPTV牌照。其中手机电视、网络电视处于市场培育阶段,地铁电视、移动车载电视已开始商业运营。

同时,集团把调动市县积极性作为重点和基础,以扶持山区和欠发达地区为切入点,联合市县共同发展。四年来,集团先后投入6000万元支持市、县广电事业的发展。集团以省台为龙头,以业务为纽带,发挥资源整体优势,通过对宣传、节目、技术设备、人才培训、传输覆盖、经营管理等方面支持,提高自办频道的"造血"能力。集团广告总公司与57个市、县台实行联合经营,范围达到140多个电视频道,覆盖385万有线电视用户和2861万人口,形成了大区域,多层次,省、市、县三级电视广告整合营销的新格局,并以此为基础逐步扩大联合单位和经营范围,这种大规模的联合经营在全国是前所未有的。

集团积极推进宣传业务和经营业务的分离,分别成立了南方广播影视传媒集团编委会和南方传媒控股有限公司,初步形成了"一个主体(集团)、两个板块(宣传和经营)"的运营格局。集团编委会在集团党委领导下负责宣传工作。南方传媒控股有限公司于2004年9月成立,主要任务是发展产业。集团作为出资人,对南方传媒控股有限公司拥有出资人权益。

集团化改革大大地促进了广东广电事业和产业的快速发展。从2002~2007年,南方传媒集团本部和直属五大单位,经营性收入以年均23%的幅度增长,实现了五年翻两番的目标。目前,南方传媒集团已成为全国规模最大、实力最强的省级广电传媒集团之一。

(3)动漫产业

广州市目前正大力发展动漫产业。从政策层面来说,广州市支撑动漫产业发展的政策包括《广州市进一步扶持软件和动漫产业发展的若干规定》[1]和《关于

---

[1] 参见《广州市人民政府印发广州市进一步扶持软件和动漫产业发展的若干规定的通知》。

加快软件和动漫产业发展的意见》①等。广州市财政每年安排 1.5 亿元设立软件和动漫产业发展基金，鼓励、扶持软件和动漫产业发展②。资金扶持包括人才奖励，高级技术管理人员每年最高奖励 25 万元。

2010 年，在广州举行的"中国国际漫画节"吸引了 58 个国家和地区的 576 部影片参评参展，国际漫画节交易额达 26.9 亿元。③

随着近几年广州市文化创意产业园区不断增多，网游动漫等产业门类逐渐成为广州文化产业的主要支撑力量。广州已有一些比较知名的动漫企业如奥飞、原创动力等，它们已经找到了一条传统产业与文化产业相结合的道路，逐渐成为国内原创动漫的"领头羊"。同时，华创动漫产业园、广州星力动漫游戏产业园等较为成熟的动漫产业园区已初具规模。这些都是广州文化创意产业的良好态势。

奥飞动漫

广东奥飞动漫文化股份有限公司是国内第一家上市动漫企业（简称奥飞动漫），也是中国目前最具实力的动漫文化产业集团公司之一，先后被评定为"高新技术企业"、"全国首批知识产权示范单位"、"国家重点动漫企业"，2011 年被认定为"中国文化企业 30 强"。

自 1993 年创立以来，奥飞动漫始终坚持以创新求发展，开创出独具特色的"文化与产业互动成长"的创意产业新模式，是国内唯一的动漫全产业链运营企业，业务涵盖动漫内容创作、媒体传播、形象授权、产品制作、市场营销。截至 2010 年 12 月 31 日，公司实现营业收入 90306.94 万元，同比增长 52.85%，实现利润总额 14739.68 万元，同比增长 24.97%，归属于上市公司股东的净利润 13094.77 万元，同比增长 28.83%。④其中动漫玩具同比增长 47%，单产品线悠悠球销售额创历年单产品线销售记录新高，第四季度成功引爆市场，收入同比增长 238%。

奥飞动漫结合企业自身特色，建立起清晰的产业发展战略，先以原创动画片

---

① 参见《广州市人民政府关于加快软件和动漫产业发展的意见》。
② 王晓玲、徐志彪主编《中国广州创意产业发展报告（2010）》，社会科学文献出版社，2011，第 33 页。
③ 参见《广州：亮出后亚运时代"文化名片"》，2011 年 5 月 9 日《光明日报》。
④ 参见《奥飞动漫（002292）2010 年年度报告经营评述》，2011 年 3 月 31 日，http://www.gf.com.cn/cms/newsContentGazx.jsp? table = GSJYQKPS&guid = ｛87BB9853 - 548E - 412E - 82D9 - C5ED54C0C8FC｝。

推广玩具销售，再到以动漫内容精品品牌形象带动全产业链发展，整合动漫上下游资源，实现全产业链运营，创造了从产业文化化到文化产业化的动漫产业成长路径。目前，奥飞动漫以玩具为基础，以动漫影视为核心，构建起一条从内容创作、品牌授权、媒体传播到产品设计、市场营销的完整动漫产业链。

奥飞动漫始终坚持以创新求发展，保持了内容原创及技术创新方面的持续领先优势，坚持每年4~5部具备国际水准的原创动画片开发速度，年动画片产量达到5000多分钟，不仅在国内播出反应良好，版权还出口至欧美及亚洲市场。动漫玩具产品方面，奥飞动漫每年以100多个产品专利申请量，位居行业首位，是国家知识产权示范单位。

2010年，奥飞动漫公司成功收购嘉佳卡通，实现嘉佳卡通频道在8个省市落地，并使其在广东省内收视率于年底超过南方少儿频道，跃居第一。这也使得奥飞动漫成为唯一一个拥有动漫频道经营权的民营企业，并通过合作，将电视发行传播合作网络覆盖中国，辐射海外。商品销售渠道方面，奥飞动漫拥有中国最具竞争力和渗透力、覆盖面广阔的玩具营销网络，覆盖百家核心经销商、数千家商业超市KA（Key Account）专柜及上万家的零售终端，销售网络辐射海外数十个国家和地区，从而保证了奥飞动漫内容和产品两大源头的市场到达率和覆盖率。

为了打造中国最具盈利能力的动漫产业链，奥飞动漫将继续加大对产业的整合力度，进入到互联网游戏、儿童教育、主题乐园等相关领域，力图打造中国的"迪斯尼"，把中国优秀文化传播到世界各地。

原创动力

广东原创动力文化传播有限公司是一家集影视制作、卡通动漫创作于一体的专业影视制作公司。公司由一群有丰富经验、年轻而高素质的创作及制作精英组成，拥有创作、设计、制作、发行的开拓实力，致力于制作中国新一代的原创卡通片、影视栏目、电视连续剧及电影。公司动画年产量接近5000分钟，获得"国家动画产业基地"称号。

继2004年成功制作并向海内外发行了第一套作品《宝贝女儿好妈妈》之后，2005年，《喜羊羊与灰太狼》搭上原创动力打造的中国首个动画栏目《动漫火车》闪亮登场。该动画片以羊和狼两大族群间妙趣横生的争斗为主线，剧情轻松，风格诙谐，情节爆笑，对白幽默，还巧妙地融入社会中的新鲜名词。这部超强人气的长篇动画以"童趣但不幼稚,启智却不教条"的鲜明特色,赢得众多粉丝,在国内各项动画比赛中屡获殊荣,迄今为止,播出已接近600集,在北京、上海、广州、杭州等地的平均收视率高达13.1,是目前中国集数最长的动画片之一。2009年3月,《喜羊羊与灰太狼》在香港无线电视台"儿童收视黄金档"播出,同时也在台湾MOMO电视台以及MTV旗下尼克尔儿童频道热播,覆盖亚洲13个国家和地区。

原创动力首部动画电影《喜羊羊与灰太狼之牛气冲天》于2009年1月爆笑登场,创造了国产动画电影的奇迹:首映档期票房超过9000万元,成为中国原创动画电影的一个里程碑。继《牛气冲天》成功之后,第二部大电影《虎虎生威》于2010年寒假正式公映,总票房超过1.3亿元,[①]再次刷新了国产动画片票房纪录,创造出国产动画片的最快卖座速度,受到海内外媒体高度关注,认为《喜羊羊与灰太狼》电影系列的成功宣告着中国原创动漫文化的崛起。

在推出贺岁电影后,原创动力走向全方位发展。2009年,儿童舞台音乐剧——《喜羊羊与灰太狼之记忆大盗》隆重面世,全国巡演反应热烈。目前,第二部音乐舞台剧《三个愿望》全国巡演已正式启动,得到羊迷们的热烈追捧。

原创动力不断拓展媒体平台,推出《喜羊羊与灰太狼》同名杂志,以全新故事内容和趣味栏目,迅速吸引了众多读者,每期销量已突破25万册,已成为国内发行量最高的儿童杂志。同时,"喜羊羊"系列图书销量过百万,在图书销售排行榜上长期位居前3名,是小学生最喜爱的口袋书之一。

原创动力没有停止创意的步伐,正策划制作的新的动画剧集有:100集《喜羊羊与灰太狼之羊羊快乐的一年》、120集传奇动画片《宋代足球小将》、52集科幻动画片《七色战记》等,不断开拓全新的动画市场。

华创动漫产业园

华创动漫产业园成立于2010年,位于广州市番禺区石碁镇金山村,项目总投资30亿元人民币,总占地面积1118亩,总规划建筑面积达120万平方米,是目前国内最大的动漫游戏产业基地、番禺区重点项目、番禺区"百亿工程"五大亮点产业之一。依托番禺得天独厚的动漫游戏产业基础,华创动漫产业园立足国际高度,以"全球动漫全产业链平台"为核心定位,以打造"中国文化创意

[①] 陈昆仑:《喜羊羊为什么这样红?》,2010年7月13日《新快报》。

产业第一城"为远景目标。园区建成后可容纳上千家企业进驻,推动动漫游戏产业在创意、研发、生产、展示、销售各环节的全面发展,实现产业升级,促进番禺动漫游戏产业成为全球动漫游戏行业引擎,成就番禺动漫游戏产业的新"硅谷"。

作为全国最大的动漫游戏产业基地,华创动漫产业园致力于打造创意研发、资源整合、推广交易三大服务平台,引领动漫游戏产业走向自主研发道路。①创意研发平台。园区将与政府、科研机构、各高校合作共建动漫产学研基地、游戏研发公共服务平台等创意平台,为企业加强技术交流、提升研发速度、促进产业升级提供有力保障。同时定期举办行业高峰论坛、专家座谈等活动,加强企业与国际化信息交流。②资源整合平台。政策资源整合——整合政府三大扶持政策:发放牌照、租金贴息、税收优惠,为入园企业保驾护航;融资资源整合——与东莞银行签订战略合作协议,为入园企业提供无抵押全额租金贷款等融资新品种,减轻企业融资负担;人才资源整合——构建大学生精英创业中心、定点实习基地等,为企业吸纳和培养复合型人才提供理想平台。③推广交易平台。建立专业的门户网站、发行行业期刊、杂志,举办动漫游戏嘉年华、动漫创意成果展、动漫原创大赛等活动,倡导健康、活力的行业精神,为动漫企业构建一个多元化的宣传推广和交易平台,搭建永不落幕的动漫游戏广交会。

目前,华创已经确定了"外联日韩、内接香港、牵手上海长沙,以打造动漫游戏产业集群为切入点,以科技研发及文化创意产业为发展方向,努力建设成年产值超千亿元的超大型产业园区"的发展目标。华创不仅有潜力成为"世界动漫第一城",而且有望成为世界最大的动漫研发基地。

广州星力动漫游戏产业园

广州星力动漫游戏产业园坐落于广州番禺迎宾路中段。产业园总规划占地面积约54万平方米,总投资6亿元人民币,是集动漫游戏产品及衍生产品的研发、生产、交易等多功能集约化的动漫创意园地。产业园规划以商用游戏专业市场、动漫游戏及衍生产品市场、研发中心、国际动漫街、会展体验中心、动漫主题公园、星力家园、国际行业会所、仓储物流区等九大功能构成,以"国际动漫街"为商业链贯穿整个园区,有机联合各功能分区,引导商业人流的活动,活跃整体商业气氛。按国际标准建成后,广州星力动漫游戏产业园将成为国内最大的动漫游戏产业产品信息交流平台、零部件集散地、产学研基地、创业孵化基地和创意园地。

园区相继被列为广州市 2008 年重点建设项目、广东省 2009 年重点建设项目、广东省 2010 年重点建设项目；相继被授予"国家网络游戏动漫产业发展基地广州番禺园区"、"广东动漫游戏游艺产业集群番禺基地"、"优秀游戏机综合服务平台"等称号。

（4）会展业

依托中国"南大门"的独特区位优势，以及百余届广交会（中国进出口商品交易会）的运作经验，广州市稳居与北京、上海齐名的国内会展中心城市三甲，一些国内知名的展会品牌也在广州落户。

经过多年发展，广州会展行业的分工及服务水平已经位居国内前列，广告宣传有专业的广告单位，展台搭建也有专业的公司合作，甚至连参展商的展品运输、仓储等细节，都会有专业的办展企业替参展商打理。

据统计，2009 年广州市从事会展活动的企业达 342 家，其中 9 成以上企业属于民营会展企业。民营会展企业的迅速崛起让政府的职能进一步淡化。

2010 年 1 月 23 日，广州市政府出台《关于促进广州市会展业加快发展的若干意见》，力争在未来 5 ~ 10 年中，会展业年均增加值增速超过全市第三产业 GDP 增速，会展场次和面积、经营收入、从业人员等主要指标位居亚洲前列，会展业成为全市现代服务业的支柱产业之一，把广州建设成为亚洲会展名城和国际商务会展中心城市。

目前，广州市会展功能集聚区主要有三个：琶洲国际商务会展核心功能区、流花会展区、白云新城会议功能区。其中，位于琶洲功能区的广州国际会展中心按照国家 5A 智能化建筑标准进行设计，集高科技、智能化、生态化于一体，是亚洲目前最大的会展中心，总建筑面积 39.5 万平方米，拥有 3 层共 16 个展厅，展厅总面积 16 万平方米，有国际标准展位 10200 个，有能满足 30000 人同时用餐的服务设施。除了广州国际会展中心外，广州市还有广州锦汉展览中心和白云国际会议中心等重点展会场馆。

广交会

中国进出口商品交易会简称广交会，创办于 1957 年春季，由商务部和广东省人民政府联合主办。广交会在广州举办至今，已有 50 余年历史，是中国目前历史最长、层次最高、规模最大、商品种类最全、到会客商最多、成交效果最好的综合性国际贸易盛会。自 2007 年 4 月第 101 届起，广交会更名为"中国进出口商品交易会"。

广交会分为春季广交会和秋季广交会。前者举办于每年4月15日至5月5日，后者则于每年10月15日至11月4日举办。无论是春交会还是秋交会，都分为3期举行，每期5天。第一期主要展销电子及家电、照明、车辆及配件、机械、五金工具、建材、化工等产品；第二期主要展销日用消费品、礼品、家居装饰品等；第三期主要展销纺织服装、鞋、办公、箱包及休闲用品、医药及医疗保健、食品等门类。

截至2010年，第109届广交会累计出口成交约8892亿美元，累计到会境外采购商约572万人，展览规模达116万平方米，参展企业增至2.4万家。[①]

为促进外贸方式的转变，贯彻外贸转变方式的理念，广交会着重采取以下措施：一是优化企业的主体结构，继续实行参展企业出口额达标率80%、年更新率5%的优化措施，积极倡导并鼓励低碳环保、绿色节能产品参展。二是优化参展商的商品结构，支持更多有自主知识产权、自主品牌、自主营销、高技术含量的产品参展，出口展区品牌展维持上届1万个展位的规模，品牌企业达到1500家。三是优化市场结构。在巩固传统的市场采购商份额的同时，邀请高质量的采购商与会，同时吸引新兴市场采购商到会采购。

（5）演艺业

2010年，广州8家市属文艺院团全部转制成为企业。通过实施经费定额核拨、解决演出场地、成立艺术基金会等措施，改革后的院团呈现出精品剧目、演出场次、演员收入"三增加"的良好局面。

2010年5月，广州市成功承办第九届中国艺术节，首开省会城市承办中国艺术节先河，举行了各类演出活动200多场次，约23万市民走进了剧场，超过100万人次参加了各类演出、展览和群众文化活动。其中，《风雪夜归人》荣获"文华大奖"，《骑楼晚风》、《蝶》、《刑场上的婚礼》、《八层半》四部作品荣获"文华大奖特别奖"，《还官记》等四部作品获"文华优秀剧目奖"。这是广东省参与历届"文华奖"评比以来获奖最多的一届，在全国名列前茅。[②]

[①] 参见《第110届中国进出口商品交易会香港新闻发布会发言稿》，2011年10月13日，中国网络电台，http://jingji.cntv.cn/special/gjh/20111013/115908.shtml。

[②] 参见《广州市文化发展状况》，2010年11月5日，广州市新闻中心，http://special.gznews.gov.cn/2010/node_910/node_977/2010/11/05/128892646672l4.shtml。

中国国际漫画节、广州国际艺术博览会、广州民俗文化节等大型文化活动业已形成广州市的文化招牌。除此之外，广州市积极打造一批公共文化服务品牌，举办"都市热浪"、"文化进社区"、"羊城之夏"等系列特色文化活动，组织社区"周周乐"群众广场文化活动及乡村"文化大篷车"巡演活动。同时，按照"一区一品"的思路，广州市还举办了广州市民俗文化艺术节、乞巧文化节、农村文化欢乐节、水乡文化节和番禺星海国际合唱节等群众性节庆活动。

由广州粤剧院演出的大型现代粤剧《刑场上的婚礼》上演至今已经演出近230场，先后在北京、上海、广州、广西、杭州、东莞、中山等地演出，被观众称为是一部难得的主旋律题材的好戏，并获得第九届中国艺术节"文华大奖特别奖"[1]。此外，广州粤剧院还重排了两部代表作《花月影》、《三家巷》，均由著名粤剧演员倪惠英领衔主演。

由广州芭蕾团演出的《仙女》被国际芭蕾泰斗皮埃尔·拉考特称为有着纯正的"法国古典血统"，亮相国家大剧院歌剧厅。广州芭蕾舞团的另一代表作《天鹅湖》则在上海、浙江等地巡演。

由广州杂技艺术剧院创作演出的创意舞台剧《西游记》，荣获第八届中国艺术节"文华大奖"、"观众最喜爱剧目奖"，入选过国家舞台艺术精品工程十大精品剧目，曾赴德国、新加坡演出。

由广东省木偶剧院创作的儿童幻想人偶音乐剧《八层半》，是一个关于绿色的童话，在第十届广东省艺术节夺得剧目一等奖和多个单项奖，在第六届全国儿童优秀剧目展演活动中荣获"特等奖"，2010年摘取第九届中国艺术节"文华大奖特别奖"。

由广州话剧院创作的《春雪润之》，是由话剧界强劲制作班底倾力打造的历史人物大戏，在第九届中国艺术节上获得"文华优秀剧目奖"。该剧通过描述毛泽东送长子毛岸英到朝鲜前线，承受毛岸英为国捐躯、安葬在异国他乡的巨大悲痛，表现了毛泽东、毛岸英之间深厚的父子感情，展现了毛泽东作为领袖和父亲恢弘而又细腻的内心世界。

广东音乐具有浓郁的地方艺术风格，它从孕育、成熟、发展至今已有逾百年历史，是中国民族音乐大家庭中重要的一员。根植于民间沃土的广东音乐有着深

---

[1] 刘艳：《〈刑场上的婚礼〉感动北京观众》，2011年7月18日《广州日报》。

厚的群众基础，民间乐社遍布在广大城乡，弦管之音不绝于耳。在海外凡有粤籍华人的地方就有广东音乐，并被他们称为"乡音"。广东音乐《步步高》、《双凤朝阳》、《娱乐升平》等作品经常被选为国家重大喜庆活动的背景音乐，它同时又是广州市的一张独具特色的文化名片。

2010年上半年建成开放的广州大剧院是目前华南地区最高水平的艺术表演中心和广州建设国际化大都市的标志性建筑，成为与国家大剧院、上海大剧院齐名的国内三大剧院之一。具有悠久历史的南方剧院始建于1937年，是广州最老牌的三大粤剧院之一。2009年，在广州推进文化体制改革过程中，南方剧院划归广州粤剧院有限公司管理，经全面改造装修后，于2010年第九届中国艺术节再次亮相。

广东省木偶艺术剧院有限公司改制仅一年就创作了4部新剧目，演出订单接踵而至，票房收入持续攀高。2009年，剧院演出收入比上年增长30%。2010年5月，剧院与德国一家公司签下了欧洲巡演100场的协议。

3. 广州市文化创意产业园

文化创意产业被视为广州"后亚运时代"经济腾飞的引擎之一。广州市把发展文化创意产业与实施"退二进三"、"腾笼换鸟"结合起来，充分利用旧厂房、旧仓库、旧码头发展文化创意产业，打造文化新兴业态，提高经济发展效益。所谓的"退二进三"，指的是引导工业（二产）退出中心城区，腾出发展空间，引导服务业（三产）进入发展。这是一种产业布局调整和环境保护的措施。

在广州市政府旧城改造和"退二进三"政策出台的契机下，原来分布在城区内大大小小，形态各异，功能不同的旧厂房成为创意产业的最佳孵化地。创意产业园悄然入驻，各大创意产业园挂牌成立，吸收以创意为经济利益点的企业入驻，形成创意产业的集聚地，力求构造完整的产业链，从而发挥集聚效应。入驻创意园的企业以服装设计、工业设计、动漫、建筑、广告策划、现代艺术、摄影和影视为主。

毗邻港澳是广州发展文化创意产业的独特地理优势，广州完全可以利用好这一"地利"因素，整合地区资源发展文化创意产业。但是也要看到，广州文化创意产业还存在缺乏规划、竞争力不高、创新动力不足、园区建设不足、文化人才缺乏等不"和谐"因素。而且，部分创意园相关配套有待完善，有的交通不便导致招工难，有的则需完善餐饮、住宿等服务。

目前，广州已有40多个创意产业园，占地约3300万平方米，建筑面积约

6000多万平方米，每年实现产值150多亿元。① 广州市财政每年安排1.5亿元设立软件和动漫产业发展资金，鼓励、扶持软件和动漫产业发展的同时，积极规划建设文化产业集聚区。天河软件园、广州设计港、广州（越秀）创意产业园、长隆集团、信义国际会馆、合润创意产业园、动漫星城等一批创意产业基地已形成产业集聚效应。

40多个创意产业园齐头并进，响应《广东省建设文化强省规划纲要（2011~2020年）》，试图建成"珠江两岸文化创意产业圈"，矢志把广州建设为"创意之城"。

广州目前最具影响力的六大创意产业园是：羊城创意产业园、红专厂、T.I.T创意园、信义会馆、太古仓、1850创意园。

羊城创意产业园②

由羊城晚报报业集团创建的羊城创意产业园于2010年12月被文化部命名为"国家文化产业示范基地"，是目前广州本地唯一一家国家级的创意产业园。羊城创意产业园正式列入《广东省建设文化强省规划纲要（2011~2020年）》，并列入了广东省2010年重点建设项目、广州市2010年重点建设项目、广东省现代产业500强项目、《广东省现代产业体系建设总体规划（2010~2015年）》。2011年，羊城创意产业园又被列入《广州市国民经济和社会发展第十二个五年规划纲要》。

羊城创意产业园实现了新和旧、历史和现代、艺术和文化的生动结合，是旧工业转变为文化产业的成功范例。旧厂房独有的空间和高度，给了艺术足够的想象空间去发挥创意，重新设计包装的创意产业园让旧厂房焕发了新活力。羊城创意产业园没有浓厚的商业气息而充满了艺术氛围。它的出现，提升了整个创意产业园片区的价值与品位。

羊城创意园位于广州黄埔大道中309号、311号，东临车陂大道，北临骏景花园，坐拥18公顷土地，自然环境优美，绿化广阔，旧厂房等建筑物形态各异，功能多样。已先期建成的羊城晚报印务中心，被评定为"全国工业旅游

---

① 周亮：《广州：40余创意产业园实现年产值150多亿元》，2011年9月27日《羊城地铁报》。
② 参见羊城创意网，http://www.yccyy.com/info/index.php?c=index&a=infoDetail&news_id=5490003893567907705。

示范点"。

羊城创意园致力于促进华南地区创意产业的发展,推动广告、建筑设计、工艺、设计、时尚、影像、动漫、音乐、表演艺术、出版、软件电游、电视和广播等各领域的产业化和互动,为创意产业和创意人士提供独特的工作场所和系统良好的服务,全力打造华南地区最大的创意产业孵化器,从而服务于"文化强省"和"创新型广东"的建设。

目前,园内进驻的企业有60多家,以文化和设计类企业为主,法兰西艺术设计、五行艺术空间、广州筑梦文化传播有限公司和广州天闻角川动漫有限公司等都在此设立了分公司。创意园还凭借自身良好的艺术氛围多次成功主办大型文化创意展示活动,如创意市集、欧宝新车时尚发布会、美国威盛亚创意新品发布会、建筑师作品展和大型当代艺术展览——连州国际摄影年展广州巡展等。

红专厂[①]

红专厂占地面积16万平方米,前身为广州鹰金钱食品厂(广东罐头厂)。广东罐头厂以苏式建筑为主,左右呈中轴堆成,平面规矩,主楼高耸,回廊宽缓伸展,其内在空间及建筑群特质,散发出一种独特的魅力。在经历了岁月的洗礼后,它依然向我们展示着其历史发展的烙印。以此为基础,红专厂延续着这些历史,将创意元素注入其中,使得旧式的建筑焕发出新的生命力。

人文艺术气息浓郁和艺术平民参与化是园区的最大特色。当古式苏联建筑诉说着历史的同时,浓厚的创意气息又将你带回现代社会的时尚氛围中。散布在创意园区内的展览馆、工作室、体验馆、概念店铺、创意集市等,都散发着红专厂特有的创造力和韵味。

为创意园打造合适的氛围是一个很大的挑战,其中涉及如何筛选有利于塑造园区独特创意氛围的进驻机构。为此,红专厂颇费匠心。比如红专厂的表叔茶餐厅在广州有众多分店,但红专厂的这家分店却别具特色,它的一砖一瓦都充满了20世纪60年代香港茶餐厅的风格。另一个例子就是EMG大石馆,它将艺术创作与商业运营结合起来,从原来向高端客户展示天然石材的场所,到现在变成一个艺术展览平台。馆内装修风格令人惊叹,在2010年威尼斯双年展中获得不少好评。迄今为止,EMG大石馆已经举办了三场欧洲和北美艺术家参与的双人艺

---

① 参见红专厂网站,http://www.redtory.com.cn/gb2312/about.php? id =1。

术家联展。

深刻的文化内涵和自由元素在红专厂得到有机的融合。相对于其他创意园，红专厂是褪去商业气息最极致的园区。正是这种自由艺术气息，吸引了无数爱玩、爱创意的年轻人驻足于此，恣意挥洒。每逢周末，红专厂随处可见前来欣赏艺术、参观展览的人们。

作为广州第一家非房地产包装的意义创意区，红专厂从创立之初就着意要将自己打造成一个以国际标准定义的艺术、生活中心。园区的业态种类包括艺术文化交流机构、国际画廊、艺术家工作室、雕塑展厅及广场展示区、酒吧、咖啡厅、进口书店、艺术文化商店、摄影棚、养生会所等数十个门类。园区曾吸引各种展览，如广州当代雕塑邀请展、首届丹麦文化周的开幕和包豪斯展览等。

现在，红专厂正以现代的视野、国际的平台，探索、打造富有时尚、创意、艺术和人文精神的新领域。

T.I.T 创意园[①]

T.I.T 创意园前身是建于1956年的广州纺织机械厂，后来，广州纺织工贸集团积极响应广州市政府"退二进三"政策，本着"修旧如旧"的原则，携手深圳德业基投资控股集团有限公司对工厂进行改造，创建了 T.I.T 创意园，搭建起一个以服装创意为主题，集信息发布、产品展示、商务交流、时尚休闲等多种功能于一体的服装产业创意平台。

2010年8月6日，"中国时尚创意论坛暨广州 T.I.T 创意园开园庆典"在广州 T.I.T 创意园盛大举行。随着 T.I.T 创意园正式开园，这个由旧厂房蜕变的创意基地，成为广州城市新中轴线上的文化新坐标。它融入电视塔南广场，与新电视塔互为补充。在此基础上，T.I.T 创意园还准备开发品牌服饰文化步行街，打造人文时尚旅游点，立志成为广州乃至中国一张文化创意名片，引领中国纺织服装时尚的未来创意走向。

T.I.T 创意园位于海珠区新港路397号，地处广州新城中轴线地标建筑——广州新电视塔南侧，广州地铁二、三号线南北交会于此，与 CBD 珠江新城一江之隔，南北相望，广州大桥、猎德大桥在两侧擦肩而过，遥相呼应，毗邻中大服装服饰圈、琶洲会展商圈，这里已经成为南中国最繁华的中央商贸区域，紧靠中

[①] 参见《中国创意名片，广州文化地标》，2009年11月1日《南方都市报》。

山大学、广州美术学院、服装学院、珠江电影制片厂。这里，俨然成为推动新城市发展的文化摇篮。创意园占地近10万平方米，改造后规划总建筑面积约4万平方米，也就是说，这里改造后容积率仅0.4，是一个名副其实的"公园式创意园"，整个项目总投资将超过1亿元。创意园划分为创意工作区、设计师之家、展示发布中心、品牌总部、时尚休闲区、配套服务区等六大功能区。

原为纺织机械厂的布配车间、机械车间、机装车间、装配车间、大件车间现改造成为面向国内外服装相关行业的创意机构、艺术家等各种创意企业的办公场所。如果说设计师区给优秀的设计师以创作设计的灵感平台的话，那么空间高度达到8米极为宽阔的创意区更是众多时尚品牌服装企业、专业人才进行创意设计、交流、展示成果的理想场地。这也难怪众多品牌企业和行业协会看到这么理想的创意设计平台后都被深深地吸引，纷纷要求进园发展时尚服装创意设计产业。目前进驻的知名企业包括：匹克中国服装研发中心、爱帛国际（Mo&Co）、犁人坊、秦意服饰、鼎欧服饰（Mea）、誉晟服饰（MME）、娇兰佳人、非否首饰等知名企业。

时尚发布中心所在地为原纺机厂铸造车间，全厂最黑但空间最大的地方。改造后的时尚发布中心共4300多平方米，集T台、文化艺术展示、服装发布等功能于一体。各种大型活动的举办使这里成为名模、名流、名人云集、群星辉映的地方，T.I.T创意园镁光灯的聚焦点，目前华南地区最专业的服装发布T台。该中心已先后承接了广东时尚周、真维斯设计大赛、广东狮子会、名衣扬品牌夏季订货会等多项大型活动。优秀的场地条件及硬件设施吸引了广东省模特行业协会、广州市服装协会等知名行业、策划人、策展机构合作、进驻。

T.I.T创意园二期，计划设立纺织服装博物馆，集中展示"广绣"、"香云纱"、"潮绣"等具有广东特色的非物质文化的代表作，充实和丰富园区的历史文化内涵，提升园区的层次，使时尚服装与创意设计、岭南文化相结合，打造成新中轴线上的一处新景点。

信义会馆[①]

信义·国际会馆位于荔湾区白鹅潭畔，原是广东水利水电厂20世纪60年代高大宽敞的苏式厂房，建筑风格自然流畅。现在被几位学建筑出身的地产商改造

---

① 参见信义·国际会馆网站，http://www.xyfair.com.cn/show.html。

为一个文化、商业、展览的场所。这里的整体设计虽然保留了厂房的基本结构，却以现代风格来改造屋子的门窗、墙面与诸多细节，使人倍感亲切而不乏时尚。如今，信义会馆汇集与文化创意相关的行业，并不断发展衍生。无论是建筑设计、园区规划还是活动策划，信义会馆始终创造着最新的创意园区模式。

会馆由几幢开间不一的大厂房组合而成，建筑的外墙几乎被完整地保留了下来，颜色却刷上了赭红色，在午后阳光的打照下显得格外精神。室内的地面刻意做成坑洼的水泥刷面，更是随意地铺上散落的麻石。用废旧的枕木来铺设庭院地面或做地脚线，斑驳潮湿的外墙被剥去，换成水泥、青砖或红砖，把从旧房拆下来的青砖收购回来，铺设地面与部分路面，而当年刻在厂房墙上的各种口号，整个区域内的83棵古榕树，都原封不动，以彰显其固有的历史沧桑感。百年榕树、临江木栈桥、宽阔的白鹅潭水面与西关人文景观融为一体，使信义会馆环境得天独厚，成为广州的一个城市亮点。

信义会馆已形成一定规模的文化企业群，正逐步建立创意文化经济圈，是广州市创意产业的重要组成部分，被荔湾区定为"岭南创意湾"。

在尊重历史的前提下，信义会馆集艺术家工作室、工人博物馆、名人俱乐部、画廊、情景酒吧、多功能展示厅、商务中心、酒店公寓于一体，文化企业集聚效应日益显现。新雅力士上市发布会、首届中英商贸采购年会、影驰2010年亚太地区嘉年华、当代名士优雅宣言盛典等著名品牌的业务活动都先后在信义会馆举行。

太古仓[①]

太古仓，位于广州市海珠区革新路124号，在珠江南河道东岸，北临珠江白鹅潭，南靠鹤洞大桥。太古仓码头由原英商太古洋行建于1904~1908年间，系3座丁字形栈桥式混凝土码头和7幢（8个编号）砖木结构仓库组成。太古仓是广州近现代对外贸易和港口运输的重要历史遗迹，是民国时期外资进入广州港口运输及仓储行业的历史见证，又是中国古代海上丝绸之路历史文化和近代十三行对外贸易历史文化的延续。历经民国时期、抗日战争时期和解放战争时期，太古仓默默见证了社会历史的变迁，2005年被确定为广州市文物保护单位。

如今，经过广州港集团有限公司的努力，太古仓在保留原有码头区完整性、真

---

① 百度百科，http://baike.baidu.com/history/id=19128595。

实性和历史内涵的基础上,运用现代运营方式,业已被打造成为一个集文化创意、展贸、观光旅游、休闲娱乐等功能于一体的广州"城市客厅"。根据现代生活需求,百年太古仓引进红酒汇、展示库、服装设计工作室、电影院、游艇俱乐部、中式酒楼和精品酒店等。商业气息浓厚是太古仓区别于其他创意产业园的最大亮点。在这里,商业走在了艺术前面,但商业与艺术巧妙地融合,孕育出了商业艺术。

太古仓码头的改造,一开始就背负着"文物保护"的责任。正因为如此,其招商一直很严格。1号、2号仓为名酒展示品鉴区,是中国南方主要的葡萄酒名酒展示、品鉴、消费基地,经营原装进口红酒。这对太古仓码头的历史沉淀,也算是一个好的交代。3号、4号、5号、6号仓则主要用于发展时尚创意产业,但仅限于企业的进驻和时尚发布,为创意企业提供设计、展示和洽谈的平台。面临白鹅潭的7号、8号仓为游艇码头和太古仓电影库,是广州休闲娱乐消费的新热点。目前,国内首家水岸电影城——太古仓电影库已开张,有6个影厅、800多个座位,收藏着上万个中外经典名片拷贝。太古仓码头还将被打造成广州"怀旧电影"的拍摄地。总体来说,太古仓创意时尚园虽然在时尚奢侈品消费方面没有优势,但其倾力打造的葡萄酒基地以及电影库,足可撑起其高档消费和文化娱乐消费的地位。

2009年以来,太古仓码头开始受到广东省和广州市领导的关注,吸引各路媒体的争相报道,也吸引各行业品牌进行公司形象宣传和产品展示。众多奢侈品品牌(如豪车、珠宝、首饰)和时装品牌皆选择太古仓码头召开新品发布会和举办VIP活动。在2010年9月3日广东省"三旧"改造现场会上,广东省市领导和与会代表皆认可太古仓转型改造项目的成绩,并将太古仓转型改造项目树立为全省"三旧"改造的典范。

1850创意园

1850创意园所在地为白鹅潭映月古渡口,是古代海上丝绸之路的发祥地。当年满载着广绣广彩、石湾陶瓷的船只,从这里出发,走向世界各地。1850创意园前身为原华南区最大的化工基地金珠江双氧水厂,占地面积达5万平方米,总建筑面积3万多平方米,由76幢经过改造和二次开发、错落有致的车间厂房组成。①

1850创意园通过利用和改造旧厂房车间,将旧厂房打造成艺术创作、设计、

---

① 百度百科,http://baike.baidu.com/view/3300476.htm。

时尚展览、文化交流、办公生活的高品位空间。沉淀的工业历史文化配以后现代艺术文化的熏陶,形成一个创意氛围浓郁、配套完善的新型创意产业基地,是集文化、商业、展览、旅游、教育为一体的复合型大型文化社区。

1850创意园区内,有卓越的创意研发设计团队,有先锋前卫的原创艺术家,有创意孵化平台,有配套齐全充满奇思妙想的展示交流空间,为广告、媒体、工业、建筑、室内、设计、艺术创作、文物交易、工艺品、时尚、时装、电影、IT、音乐、表演、出版、电视、广播、品牌形象展示展览等创意行业提供一揽子跨界创意服务。

1850创意园自创园以来,即以华南最大的跨界创意文化园区而引起各界关注。短短一年时间,各种创意活动陆续上演,1850创意园已经被打造成一个天马行空的创意天地,一个广阔自由的展览空间,一个悠闲品味的旅游景点,一个舒适便利的完善办公区。今天,园区已进驻几十家来自世界各地的知名租户,大都有着国际的视野和背景,有来自欧盟各国的"乒乓欧中艺术表演中心",捷克的工业饰品"CROCO",马来西亚的燕窝养生馆"燕缘坊",韩国的摄影棚"SOUL-FACTORY",台湾的"灵鹫山世界宗教博物馆"、"陈国璋茶文化博物馆",香港的岭南画派第三代传人司徒乃钟个人工作室"苍城画院",北京的上市集团公司"漫步者"创意设计总部,上海的上市公司星樾广告,广州的"4D水岸电影院"、"居本斋"、"星际传播"、"诺焱广告"、"喜兆登红酒坊",深圳的"容大生物"、"风火广告",顺德的"雅文",还有国内动漫10强"缤果动漫"等。[①]

(二) 深圳市文化创意产业发展现状

1. 深圳市文化产业发展总体概况

2010年是深圳经济特区成立30周年。站在特区建立30周年的重要历史节点上,回顾特区建立30年以来的文化建设,谋划深圳未来文化发展的前景,成为2010年文化建设的重要方面。也就在这个时候,广东省提出了建设文化强省的规划与目标,作为回应,深圳市也提出了建设文化强市的发展目标。文化强市主要包括几个内容,其中与文化产业发展紧密相关的是:建立完善产业结构优化、核心竞争力强、龙头企业引领的现代文化产业体系,打造世界知名的"设计之

[①] 吴燕音:《1850创意园倡议"创意社区文化"》,2010年12月14日《羊城地铁报》。

都"、国际时尚创意中心和文化产业龙头大市;建立完善文化市场体系和现代文化传播体系,构建文博会等国家级文化创意产业发展平台,成为中国文化"走出去"的重要基地。

"十一五"期间,深圳市文化产业增加值占 GDP 的比重维持在 6.46% ~ 6.88%,稳中有增。尤其值得一提的是,2008 年面对国际金融危机的强大冲击,深圳市一批科技型文化企业却实现逆势上扬。"十一五"期间,深圳市文化产业增加值以年均约 20% 的比例增长,逐步形成了"文化 + 科技 + 金融 + 创意"的发展新模式。到 2010 年,深圳文化产业增加值高达 637 亿元,占全市 GDP 的 6.7%(见图 1)。①

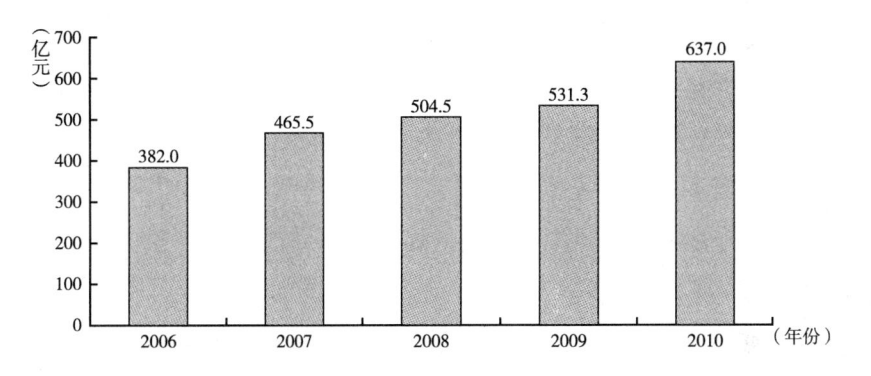

图 1 "十一五"期间深圳市文化产业增加值

在"文化立市"战略的指导下,深圳市文化产业充分利用资本、技术、信息等要素市场,依托文化产业园区和基地建设的不断发展,文化产业的聚集效应初步显现,集团化、规模化发展的文化企业数量不断增加。文化产业已成为与高新技术产业、现代金融业、现代物流业并列的四大支柱产业之一,并且是其中最活跃、最具竞争力的产业。

近年来深圳的文化产业不仅保持高速增长,而且探索出了高科技含量、高文化含量的"文化 + 科技"的深圳模式,充分利用深圳的高新技术产业、现代物流业和金融业的优势,重点发展数字内容、动漫、网络游戏及创意设计等现代新

---

① 赵瑞希:《"十一五"期间深圳市文化产业增加值占 GDP 的比重维持在 6.46% ~6.88% 之间》,2011 年 4 月 22 日,新华网,http://news.163.com/11/0422/08/727VLOU900014JB5.html。

兴文化产业，大力培育高端创意，抓住文化产业链的上游，形成竞争优势。一批高成长文化科技型企业不断涌现，腾讯、迅雷、A8音乐、华视传媒、环球数码、亚太传媒等企业在2010年平均增长速度达48%，呈现强劲的攀升态势。[①]

与此同时，深圳的传统优势文化产业也保持着良好的发展势头，高端印刷、文化旅游、工艺美术、传媒出版、演艺娱乐、艺术培训等传统产业在全国具有一定的优势，华侨城集团公司、大芬油画村、雅昌企业（集团）公司即是其中几个最突出的代表。

回顾2010年深圳文化产业发展的大事件，主要有以下几个方面[②]：

（1）成功举办第六届"文博会"。2010年文博会在规模档次、成交量、专业化水平、国际化程度、社会关注度等方面都刷新了历届纪录。主展馆有1797家政府组团企业和机构参加，全国31个省、市、自治区、直辖市及港澳台地区全部参展，首次实现"满堂红"和"全家福"。总成交额达1088.56亿元，同比增长23.6%。其中，合同成交额351.03亿元，占总成交额的32.25%；文化产品出口交易额114.06亿元，占总成交额的10.48%。

（2）大力促进产业和科技引领发展。完成第二批文化产业园区（基地）认定和申报工作，共认定文化产业基地14家，文化产业教学和培训基地3家。其中，华强文化科技集团、永丰源、中丝园3个文化产业基地被文化部命名为国家文化产业示范基地。华强文化科技、A8音乐等被评为"文化+科技型示范企业"；东部华侨城、观澜版画产业基地等被评为"文化+旅游型示范园区（基地）"。2010年腾讯总营业额达196亿元；华强公司的动漫产品产量跃居全国第一。

（3）"设计之都"建设亮点纷呈。2008年底，联合国教科文组织正式批准深圳加入创意城市网络，并授予"设计之都"称号，深圳成为我国首个获此殊荣的城市。2010年联合国教科文组织创意城市网络国际大会在深圳举行。联合国教科文组织官员以及来自全球17个国家的23个创意城市代表约500人参会。[③]会议"以新技术·新媒体与创意城市合作"为主题，举办了高水平的主题演讲

---

① 参见证券之星编辑部《深圳文化产业增加值占全市GDP 6.7%》，2011年4月7日，http://news.stockstar.com/wiki/topic/JL，20110427，00001586.xhtml。
② 黄士芳：《2010年深圳城市文化发展回顾》，《深圳文化研究》2011年第1期。
③ 何畅：《展示的舞台提升的机遇——热烈祝贺"联合国教科文组织创意城市网络2010年深圳国际大会"召开》，2010年12月7日《深圳商报》。

会，开展"设计工作坊"、"民间艺术工作坊"、"音乐工作坊"、"文学工作坊"等创意工作坊和研讨会，大会发布了《联合国教科文组织创意城市网络 2010 年深圳国际大会公报》（以下简称《公报》），《公报》认为，深圳"文化＋科技"的产业发展模式、深圳报业集团与深圳创意文化中心的融合，以及使用新媒体作为推广创意文化平台，是新的城市发展模式的典型。《公报》肯定了数字技术和新媒体在汇集和发展新受众以及提高和改进创意城市网络内容合作与协作的关键作用。

（4）推动广电出版产业快速发展。2010 年深圳被确定为全国三网融合试点城市之一，电影放映市场继续保持调整增长的势头，全年新增影院 12 家，票房达 5 亿元。[①] 扶持数字出版业发展，大力支持梅沙原创音乐基地建设，广东国家音乐创意产业基地（深圳园区）获得批准并正式挂牌，成为全国首家挂牌的国家音乐创意产业基地，推动 A8 音乐集团成为中国最有代表性的数字音乐企业。

（5）加快文化旅游业发展。2010 深圳国际旅游文化节是"2010 世界旅游日全球主会场暨广东国际旅游文化节"的重要组成部分，深圳大力展示了"精彩深圳，时尚之都"的旅游形象。

（6）积极培育文化产权交易市场。2010 年深圳出台了《关于支持深圳文化产权交易所发展的若干意见》，为文化产权交易市场发展提供了政策支持。其中提出的发展目标是：以建设立足深圳、对接港澳台、服务全国、面向世界的文化产业投融资中心为目标，进一步建立健全交易机制，不断丰富交易品种、扩大交易规模，创新方式，加强知识产权保护，充分利用资本市场做大做强文交所，培育一批在国际国内市场具有较强核心竞争力的文化产业品牌等。2010 年第六届深圳文博会期间，文交所成功获得金融机构提供的 500 亿元资金授信额度，征集入库信息 4458 宗，实现交易 80 多亿元，初步显示了其产权交易和投融资方面的前景。[②]

（7）"创意十二月"系列活动。2010 年，"创意十二月"已是第六届了，本

[①] 李佳佳：《2010 年中国电影票房破百亿深圳电影市场贡献 5 亿》，2011 年 1 月 6 日《深圳商报》。

[②] 参见广州市文化广电新闻出版局，《深圳文化产权交易所依托文博会打造服务全国的文化产权交易和投融资服务平台》，http：//www.xwgd.gov.cn/xggd/jsp/comm/comm_detail.jsp?infoId = 51171。

次活动提出了"创意,使生活更美好,城市更精彩"的主题,内容丰富、档次有所提高,国际化含量进一步提升。其间,中国(深圳)国际工业设计节、设计改变世界——国际知名设计师中国行系列活动、2010深圳国际水墨画双年展、2010深圳香港设计邀请展、第五届"设计之都"公益广告大赛等活动陆续举办,创意舞蹈大赛、客家文化节等传统项目绽放新意。

在2010年的基础上,未来10年深圳文化产业的发展目标将实现跨越式发展,最终将深圳建设为国内顶级、亚太地区一流、全球知名的文化产业先锋城市。

2. 深圳文化创意各行业发展现状

(1)创意设计业

2008年11月19日,深圳正式获得联合国教科文组织创意城市网络的"设计之都"称号,成为中国第一个、世界第六个由联合国命名的"设计之都",这为提升城市创意水平提供了发展契机。随后,深圳市政府成立了"设计之都"品牌运营管理执行机构,启动了包括《深圳全民创意行动纲领》和高端学者访问计划、创意书籍出版计划、创意人才培训计划、全民创意活动计划、城市品牌推广计划、创意氛围营造计划在内的"1+6"规划。2009年9月深圳市政府通过决议,将每年12月7日设立为深圳"创意设计日",这是中国唯一通过人大立法形式确立的"创意设计日"。

创意十二月、创意设计日、深港建筑双年展的持续举行,以及已建成的多个设计创意产业园区与基地,使深圳成为中国创意高地和中国设计界最重要的城市之一。在根植于本土的同时,深圳加快融入国际网络平台,在国际舞台上与顶尖创意城市交流、合作,共同探索创新型城市的发展道路。

全球商业杂志《福布斯》中文版揭晓"2010中国大陆创新城市",深圳名列榜首,领跑国内创新城市。这是权威媒体通过严谨数据分析体系对深圳创新精神、创意文化的又一次肯定。"深圳30多万家企业,有一成主营创意设计业",可见深圳的设计业兴旺发达,且分工精细,延伸到产业及社会生活的各个方面。

深圳现在拥有较有实力的设计企业6000多家,专业设计师6万余人,涵盖平面设计、工业设计、建筑设计、动漫设计、软件设计等10多个领域。[①] 来自

---

① 郑向鹏:《推介深圳"设计之都"品牌》,2010年2月24日《深圳特区报》。

深圳市市场监督管理局的数据显示，2009年1月至2010年12月，新增涉及创意设计领域的企业11490家，新增注册资金149.33亿元，新增企业数占同类企业总数的29.01%。[1]不仅如此，越来越多的深圳市民参与其中，成为引导设计、消费设计的生力军。深圳正成长为拥有强大经济能量、丰富创意活动和庞大人才集合的城市。

2010年3月22日，深圳市创意设计知识产权促进会在深圳成立（以下简称"创促会"）。在深圳市知识产权管理部门的大力支持下，创促会发挥其在知识产权保护方面的特长，积极协助创意设计企业进行知识产权咨询、研究服务，建立创意成果的知识产权保护交易平台及数字作品备案系统。[2]以下是深圳几大创意设计园区介绍。

田面设计之都

深圳田面设计之都创意产业园，是目前国内唯一被认定的国家级工业设计高新技术产业化基地、国内规模最大的工业设计类园区。自2007年5月16日开园以来，该园区建立了推动中国工业设计产业化的全市场化产业链运营模式，在国内外享有盛誉。

园区位处深圳CBD核心区，由原田面工业区旧厂房改造而成，占地面积1.5万平方米，建筑面积5万平方米，项目总体分两期开发建设，园区一期于2007年5月16日正式开业。园区定位以工业设计为主导产业，以中外知名国际设计大师和知名品牌设计企业为主体，目前已经进驻了包括深圳、香港、德国、日本、澳大利亚等152家以工业设计为主的创意设计企业。进驻企业包括洛可可、嘉兰图、中信国华、心雷、浪尖、拓腾等国内龙头工业设计公司，以及香港靳与刘设计公司、叶智荣设计公司，日本创世零壹工业设计有限公司，澳大利亚DETEKT等20余家香港和外资设计企业、机构。

成为工业设计产业化公共服务平台，始终是园区运营模式的核心和宗旨。经过两年多的前期建设和市场实践，田面设计平台在园区发展过程中起到了吸引、集聚、孵化、对接、引导的产业促进核心作用，成为园区发展的核心竞争力，也

---

[1] 毕国学：《深圳给力创意文化新增设计企业11490家》，2010年12月6日《深圳商报》。
[2] 陶静：《深圳国际专利申请量7年全国第一》，2011年4月21日，深圳新闻网，http://news.sznews.com/content/2011-04/21/content_5558269.htm。

逐渐形成了符合工业设计产业化市场实际需求的商业模式，形成了政府、运营商和园区企业多赢的局面。

目前，田面设计之都创意园区已经形成了区域性高端产业集群，成为中国工业设计第一园。截至2009年11月30日，设计之都产业园共进驻以工业设计为主的创意设计企业152家，其中，专业化工业设计企业60余家，约占深圳规模以上工业设计总数的68%。深圳的工业设计企业数量占据全国和广东的60%以上，深圳设计之都园区的建立，将深圳近15年积累下来的工业设计产业资源通过设计之都这样的园区载体形成了产业集群。①

目前，设计之都园区集聚的工业设计企业集群在企业规模、市场占有率及品牌影响力方面，全国性的龙头设计企业占了80%以上，包括全国四大工业设计企业：嘉兰图、浪尖、心雷、洛可可。② 香港的工业设计产业是中国工业设计产业的发源地，尤其是在人才、信息、设计理念和管理模式上，目前仍是整个中国现代设计理念和趋势的引领者，田面设计之都目前已整合了包括刘小康、叶智荣设计在内的20多家香港及欧美龙头设计企业中国总部和机构代表处，深港创意设计的合作和人才的境况，影响和培育了中国第一代专业级的工业设计师和设计企业，像嘉兰图、浪尖、中信国华等，现在仍是中国工业设计的领军企业。③

目前，田面设计之都有以下几个平台：

- 设计之都电子商务平台
- 《狮尚》工业设计推广内刊
- 中国国际品牌设计商年展推广平台（亚洲规模最大工业设计展）
- 与国际工业设计联合合作建立行业推广平台
- 与柏林设计中心合作建立欧洲推广平台
- 与国际工业设计最高奖——德国红点奖合作建立红点奖转化推广平台

以上系列平台的建立，形成了园区推广设计企业的"一站式"的公共服务平台，园区企业心雷、浪尖、嘉兰图等因此获得了一系列品牌效应和各种奖项，

---

① 设计之都官网，www.cityofdesign.com.cn。
② 设计之都官网，www.cityofdesign.com.cn。
③ 设计之都官网，www.cityofdesign.com.cn。

为企业品牌的建立、提升和持续发展提供了核心支撑,企业因此获得"找上门"订单和新的客户群。

深圳华侨城创意文化园(OCT – LOFT①)

2007年1月28日,深圳华侨城创意文化园开园。自开园以来,创意文化园已成为中外创意人士到访深圳的必经之地。在这里,设计师们保留了锈迹斑斑的厂房元素,但同时加入了全新的创意,使这些宽敞的旧厂房变身为具有先锋气息的现代工作场所,并吸引深圳文化创造与设计企业的进驻,使该区域逐步发展成为画廊、艺术中心、出版、艺术家工作室、设计公司以及精品家居、时装、餐饮酒吧的聚集地。②

华侨城地产以何香凝美术馆及其下属机构OCT当代艺术中心为艺术载体,每年非营利性地投入大笔资金用于学术研究和日常运营,推动中国当代艺术发展,并坚持高起点、高门槛、高品位,致力打造和运营OCT – LOFT华侨城创意文化园。③

华侨城的创意基于以下三点:其一,保留这些厂房的历史烙印。华侨城发展的20多年,基本上与深圳经济特区发展同步,这些烙印本身就是一种文化,作为文化传承载体的厂房,不能湮灭在高楼大厦中;其二,为深圳创意产业发展搭建一个聚集的平台。产业集聚是世界经济发展的重要趋势,也是提高创意产业竞争力、创造更大增加值的重要形式。创意产业以发挥个人创造力为主要特征,更需要搭建这样一个平台以促其快速发展;其三,华侨城自身发展的需要。引进一个有光明前景的产业,有利于城区的结构优化,使城区的人口、交通、住宿、消费等问题都得到积极的改善。

---

① LOFT,英文的解释是"仓库"、"阁楼"。20世纪40年代,LOFT首先出现在美国纽约——艺术家与设计师们利用废弃的工业厂房,构造各种生活方式,创作行为艺术,或者办作品展,而这些厂房后来也变成了极具个性、前卫、特别受青睐的地方。20世纪后期,LOFT作为工业化和后现代主义相碰撞的产物,逐渐演化成为一种时尚的居住与工作方式,并在全球流传开来。如今,LOFT成为与艺术家、前卫、先锋、创意、设计等关键词相提并论的一个词。LOFT成为城市重新发展的一种潮流,为城市生活方式带来了激动人心的转变,也对新时代城市美学产生了极大影响。目前,在内地运作较为成功的LOFT区有北京798,上海泰康路、8号桥等。在深圳,对LOFT的实践则始于华侨城集团。
② 黄扬略主编《中国深圳·设计之都报告(2008~2010)》,深圳报业集团出版社,2010,第56页。
③ 邓研:《深圳6万平米旧厂房变身华侨城创意文化园开园》,2007年1月29日《晶报》。

2010年华侨城创意园升级计划是由工业区到先锋创意园区。这是华侨城集团摒弃商业利益短见、诉求文化长远效益的卓见,也是对世界工业建筑遗产升级的全新挑战——超级年轻、高度类型化的工业建筑群的再生。

本计划构想通过深圳华侨城创意园区工业遗产升级概念设计国际邀请展,邀请具有相关设计经验的国际知名建筑师进行基于调研基础上的概念设计,并最终完成区域的升级和B10原生产空间的专业当代艺术馆改造,将这一区域升级为华侨城乃至深圳的先锋文化—建筑区域,并最终实现深圳华侨城区域空间与建筑格局的多元化、共生化、当代化,成为深圳市乃至世界著名的创意文化园区。"升级策略:华侨城创意文化园概念设计国际邀请展"邀请的建筑师均为具有工业遗产再生设计成功案例的国际著名建筑师,有伯纳德·屈米(Bernard Tschumi)、多米尼克·佩罗(Dominique Perrault),还有来自荷兰和中国的设计师团队等。

中康路8号

中康路8号是众多深圳设计师的共同家园。这里聚集了超过50家创意企业,不仅有雕塑、绘画、建筑、摄影、广告等行业的公司,还有做模型的、出效果图的、搞装修的、影视制作的,甚至一些材料供应商也开始在这里扎堆,一条完整的产业链在悄然形成。[①]

中康路8号正在成为深圳少有的民间自发形成的创意产业园。每年中康路8号都会举办一系列的创意活动,召集来自全国各地的创意人士,提倡和鼓励平面设计、建筑设计、装饰设计等原创作品,搞一场轻松好玩的"创意活动",让"中康路8号"这个自发形成的创意区域声音日益扩大,成为深圳"创意与文化"的符号之一。[②]

深圳设计产业园

2009年12月7日,在深圳首个"创意设计日",深圳设计产业园正式开园。开园以来,深圳设计产业园让南头城工业区与工业设计结缘、与设计文化结缘、与文化经济结缘,以创新的姿态融入深圳"设计之都"的建设中。

[①] 刘瑜:《"创意地图"铺就文化休闲服务网》,2011年11月1日《深圳商报》,http://szsb.sznews.com/html/2011-11/01/content_1803987.htm。

[②] 黄扬略主编《中国深圳·设计之都报告(2008~2010)》,深圳报业集团出版社,2010,第58页。

目前已完成的深圳设计产业园第一期工程"五行园"改造工程。5 栋破旧厂房分别被改造成金楼、木楼、水楼、火楼和土楼，成为南头城一道亮丽的风景线。设计产业园在前期便完成了招商工作，40 多家入驻企业以工业设计公司为主，进驻了与工业设计产业相配套的产业链公司，如品牌策划公司、信息咨询公司、方案公司、科技公司、建筑设计公司、平面设计公司、手板公司等，并同步搭建了包含创业产品（项目）孵化基地、人才培训基地、资讯发布中心、创新产品交易中心和知识产权交易中心的公共服务平台。据设计产业园的运营商深圳市五行创新文化传播有限公司负责人介绍，设计产业园的目标是打造中国第一条"产业链式"的设计产业园，实现工业设计产业的前端、中端、后端、终端的链式发展，最终形成集成系统的完善产业链，促进深圳市整体产业优化与升级。[①]

（2）动漫产业

1985 年，翡翠动画设计公司的成立标志着深圳动漫的发端。随后，太平洋、彩菱、朝日等港资、外资企业相继落户深圳，专事国外动漫加工制作。《狮子王》、《人猿泰山》、《小熊维尼》等享誉全球的动画片都留有深圳动漫人的印记。在十几年的加工史中，深圳培养、吸引和聚集了国内最优秀的动漫人才，被誉为"中国动漫黄埔军校"。2003 年，深圳市委、市政府提出"文化立市"战略，建设"两城一都一基地"，动漫产业得到了前所未有的重视。2004 年，深圳第一部真正意义上的原创动画作品《一万一绝对拯救》诞生。随后，国内首部三维立体动画电影《魔比斯环》横空出世。《闪闪的红星》、《风云决》、《潜艇总动员》、《憨八龟的故事》、《福娃》、《孔子》等一批代表国内最高创作水准的深圳影视动漫作品也纷纷问世。[②]

可以说经过 30 年的发展，深圳从最开始的"全球动漫加工基地"到现在的"全国动漫网游创意基地"，完成了由"加工"向"原创"的华丽转身，已逐渐形成了龙头企业领衔发力、网络游戏后劲十足、中小企业依托基地园区的动漫网游产业发展模式。目前，深圳动画制作行业、动画加工行业以及动漫培训行业在

---

① 黄扬略主编《中国深圳·设计之都报告（2008～2010）》，深圳报业集团出版社，2010，第58页。

② 刘琼：《深圳动漫：从"加工"向"原创"转身》，2010 年 8 月 4 日《深圳商报》。

全国处于相对领先的地位。2010年深圳市动画制作中心共生产29部动画片，16393分钟，位居全国第四。①

多年的发展，深圳培育出了华强文化科技集团和环球数码等动漫领域内的龙头企业。这些企业领衔发力，在积极原创的基础上，将作品推广至国外，加快了深圳动漫"走出去"的步伐。华强文化科技集团旗下的动漫公司先后出品了《海螺湾》、《十二生肖总动员》等原创动画片，并相继在央视少儿、北京卡酷、上海炫动、南方少儿等50余个电视频道热播。2010年7月12日，华强集团推出的动画剧场《方特大世界》在广东卫视首播，节目全年将播出动画片15000分钟，预计2011年内形成全国50家电视台同步联播的局势。此外，华强动漫还出口至俄罗斯、新加坡、印度尼西亚、印度、中东地区、泰国、中国台湾等63个国家和地区，多部作品进入尼克等国际主流媒体频道。②

环球数码是中国乃至亚太地区最大的三维影视动画公司之一，因创作了国内首部三维立体动画电影《魔比斯环》，制作了多个国内外高端动画影视项目而被誉为"中国的动画梦工厂"。2009年，其动画产品产量达2300分钟，出品的《狐狸和乌鸦》、《家园》、《潜艇总动员》等作品多次获国内外大奖。除了动漫影视制作外，环球数码还涉足影视发行、三维数字影院系统应用等领域。2009年5月28日，环球数码发行了三维立体动画大片《月球大冒险》，在全国250家数字影院上映。截至2012年初，环球数码影院设备及管理系统在国内已成功交付安装使用近2000台2K数字影院服务器，遍布32个省份的大中城市中高端连锁影院，稳居国内数字影院服务器市场之冠。2011年7月，第77届奥斯卡最佳特效奖得主、《蜘蛛侠2》特效导演安东尼（Anthony Lamolinara）从好莱坞来到深圳，加盟环球数码创意控股有限公司（简称"环球数码"），出任该公司的创意、艺术总监一职位。③

深圳动漫画国家产业基地（即深圳怡景动漫基地），是中国唯一一家完全依托广播电视媒体市场运作化的国家级动漫画、游戏产业基地。2010年基地内原创动画影视作品总产量达到了1.6万多分钟；基地总产值超过6亿元人民币，动

---

① 刘琼：《深圳动漫：从"加工"向"原创"转身》，2010年8月4日《深圳商报》。
② 刘琼：《深圳动漫：从"加工"向"原创"转身》，2010年8月4日《深圳商报》。
③ 刘琼：《深圳动漫：从"加工"向"原创"转身》，2010年8月4日《深圳商报》。

漫基地国产动画片的产量、数量和播出发行量均得到了较大发展，入驻企业"深圳一立动画影业有限公司"生产的三维动画电影《天籁》在技术创新、艺术创新已引领了全国动画电影的潮流。入驻企业"深圳蓝马旺文化传播有限公司"开发研制的三维立体动画衍生产品，已成功引领三维动画衍生产品前端市场。①

目前，动漫基地18家企业的58部原创动漫作品（共计5035集，52476分钟）通过国家广电总局审批立项，9家企业的29部动画片（共计1739集，16393分43秒）获得播出发行许可证。基地国产电视动画片生产量在全国排名第四，全省排名第一。基地企业原创生产的16部电视动画片，1部动画电影全版权出口到70多个国家和地区。版权出口及OEM生产（即代工生产）创汇总额为22171.24万元人民币，取得了良好的社会效益和经济效益。②

此外，在2010年上映的动画电影中，深圳动画导演杨智茗参与原创的法国动画电影《克里蒂，童话的小屋》6月获法国昂西国际动画节特别荣誉大奖。国产影片《梦回金沙城》7月上映，深圳动漫人参与创作的场景美轮美奂，成了该片最大的亮点。③

（3）新闻出版业

截至2010年底，深圳市形成了具有公开发行的报纸14家，期刊38家，图书出版社2家，音像出版社4家，电子出版公司1家，互联网出版单位7家，连续性内部资料出版物近300家，驻深记者站55家。形成了以深圳报业集团为龙头，以38种期刊和7种图书音像电子出版单位为羽翼的出版业发展格局。④ 2010年，全市共出版图书483种，其中，新版334种，再版159种，总印数1076.4万册，图书出版单位资产总额9714.64万元，收入总额8837.31万元，上缴税收874.21万元，净利润814.1万元，全年共出版报纸7.23亿份，期刊2230万册。目前，深圳报业集团旗下共有10报5刊1社1网，2010年总收入15.79亿元，净利润1.07亿元，《深圳特区报》以其良好的品牌影响力连续5年蝉联亚洲品牌500强。⑤

---

① 参见深圳国家动漫画产业基地官网，http://www.cartoonsz.cn/about.asp。
② 参见深圳国家动漫画产业基地官网，http://www.cartoonsz.cn/about.asp。
③ 刘琼：《深圳动漫：从"加工"向"原创"转身》，2010年8月4日《深圳商报》。
④ 参见《雷方蓝副省长来深开展出版产业专题调研》，2009年6月4日，http://home.51.com/shs0755/diary/item/10047202.html。
⑤ 参见百度百科深圳报业集团，http://baike.baidu.com/view/416690.htm。

世界品牌实验室发布的2010年《中国500强最具价值品牌排行榜》中，深圳报业集团旗下两大主报《深圳特区报》和《深圳商报》分列第151位和第190位，两报品牌总价值达107.52亿元。①

深圳市是数字出版较为发达的地区，经过10多年的发展，目前业务已涉及网站、网络报、手机报、手机杂志、手机彩铃、网络视频、电子书、电子杂志、网络游戏、电子商务、二维码、电子阅读器、网络书店、移动书城、数字印刷等产业链的各个方面，形成了门类较齐全的数字出版体系。据不完全统计，2010年，数字出版业共计产值约95亿元，已大幅度超过传统出版业，占全省数字出版业总产值的半壁江山。

深圳印刷业一直位于全国领先地位，与北京、上海并列为国内三大印刷基地中心，是全国最重要的印刷产业基地之一。近年持续占据中国印刷企业100强近五分之一的格局。深圳印刷业以高档书刊、高档产品和高附加值产品为主导。②截至2010年底，深圳共有印刷企业2467家，印刷业从业人员超20万人，总产值336亿元。其中，注册资金500万元以上的印刷企业有552家，注册资金100万元至500万元的印刷企业有940家。2010年印刷业再创佳绩，获国际国内多项大奖，共有63项美国印制大奖（其中有13项是被誉为印刷界"奥斯卡"的"本尼"金奖），30多项中华印制大奖，20多项亚洲印制大奖，38项香港印制大奖等300多项大奖。③

深圳市每年的图书销售容量约为5亿码洋④，在这5亿码洋当中，除了教辅书，有一半以上都是从八卦岭图书批发市场批发出去的。全国每年所出的图书约有19万多种，其中10万种以上在八卦岭图书批发市场能找到。⑤

2010年5月，中国移动深圳分公司与深圳出版发行集团将在6大领域、30

---

① 李舒瑜：《深圳新闻出版业三大集团演绎"深圳速度"》，2010年9月5日《深圳特区报》。
② 参见人民政协网，《低碳环保引领未来中国印刷业——访深圳市印刷协会会长、海德堡（深圳）有限公司总经理谭浩辉》，2011年5月18日，http：//epaper.rmzxb.com.cn/2011/20110518/t20110518_389162.htm。
③ 参见人民政协网，《低碳环保引领未来中国印刷业——访深圳市印刷协会会长、海德堡（深圳）有限公司总经理谭浩辉》，2011年5月18日，http：//epaper.rmzxb.com.cn/2011/20110518/t20110518_389162.htm。
④ 图书发行术语，以图书定价乘以册数得到的金额，即为码洋。
⑤ 参见百度分享，深圳市福田区八卦岭图书批发市场，http：//apps.hi.baidu.com/share/detail/605651。

多个项目上开展深度合作，以携手实施"文化+科技"的创新性行业联合，包括共同打造中国"数字阅读之都"、申请"世界图书之都"、共建全民阅读新型公共服务平台、就"全民阅读网"与手机阅读等渠道进行深度融合、开展深圳读书月"月度好书榜"评选、数字图书送青工、名家签售会等活动。两大企业还将联合进行"数字教育"行业拓展，加速教育行业"电子书包"的探索与推广；积极推动前海（国家）数字出版产业园的筹建，推出"一站式"数字出版服务、园区信息公共服务平台、高速无线局域网络覆盖的建设等。①

（4）广电产业

深圳广电集团2010年收入突破30亿元大关，同比增长15.21%，实现利润2.22亿元，同比增长16.8%。频道年均市场份额达39.8%，频率年均市场份额达60.45%。集团积极改变"广告独大"的局面，逐渐形成了传统广告业、网络产业、新媒体新技术、内容及服务业"四足鼎立"的产业结构：2010年，集团广告收入继续保持稳定增长，但占比从2009年的57.02%下降至55.64%；网络产业呈现出较好的发展态势，占比达到30.42%；新媒体新技术产业发展迅猛，占比达到9.22%，内容产业也有了进一步的发展，占比4.72%。有线电视数字化整体转化、网络改造和"三网融合"稳步推进，提前完成了100万数字电视整体转化任务。IPTV集成播控平台完成建设并实现与中央平台对接，成为唯一一个将平台建在非省会城市的试点城市，为集团在"三网融合"中赢得主动。②

2010年集团制作播出的广播电视精品战略成绩显著，多部作品（个人）获得殊荣。由市委宣传部和集团联合出品、反映深圳经济特区发展历程的30集电视剧《命运》在中央电视台播出后引起全国电视观众的强烈反响。同时，2010年集团共有100多部作品（个人）获得200多项国家级政府奖、学会奖、省级奖和深圳市级奖，如深圳卫视更被评为"2009~2010中国广电创新年度品牌"、"2001~2010中国广电（城市台）领军品牌"。

此外，集团精心策划、组织了纪念深圳经济特区建立30周年、上海世博会、广州亚运会、加快转变经济发展方式、回顾"十一五"、展望"十二五"等10

---

① 参见中国新闻出版网，《深圳出版发行集团与深圳移动签约》，2011年5月17日，http://roll.sohu.com/20110517/n307787218.shtml。
② 参见王茂亮在2011年集团年度工作大会上的讲话。

多项重点宣传报道。其中纪念深圳经济特区建立30周年宣传报道贯穿全年，集团8个电视频道、4套广播频率、移动电视频道、《市民周报》、中国时刻网站和手机电视联动，各频道频率共播发相关新闻报道近2000条次，推出近20个专栏；文博会期间，集团成功举办首届中国国际新媒体影视动漫节。其中，"金鹏奖"中国国际新媒体短片大赛吸引了26个国家和地区的2万多部作品参赛；2010年底，深圳卫视首开先河，在国内四大城市举行"跨年音乐季"，其中于12月31日晚在深圳举办的跨年演唱会同时段收视排名成功跻身全国卫视前六强；创意十二月活动期间，集团承办的"联合国教科文组织创意城市网络2010年深圳国际大会"两个工作坊，集团承办的设计之都（中国深圳）公益广告大赛共征集作品1万多件，数量和质量都为历届之最。

2010年新媒体新技术取得了突破性进展。作为全国首批12个"三网融合"的试点城市，深圳广电集团控股的天威公司被列为试点单位，2010年底，深圳宝安区、龙岗区100余万户用户完成整转；集团设计并建设的全国首个高清标准的IPTV系统目前已完成集成播控平台一期建设工作，2010年7月，CMMB中广传播有限公司正式成立，目前网络覆盖率已达深圳地区70%以上；"中国时刻"网站的整体平台搭建、网页正式上线、部分移动业务产品上线运营等系列重要工作顺利完成，网台互动和信息跨屏传播得以成功实现；移动电视进一步发展，全市4580辆公交车安装了移动电视，电视屏幕终端发展至2万多个，每天的受众达到近800万人次；《市民周报》积极进军电子商务市场，《市民周报》承办的"淘宝深圳馆"已正式上线，第一天浏览量就超过15万人次，在当天同时上线的10个"淘宝天下壹报壹店"全国报业馆中排名第一。

作为国内为数不多的省级国际频道之一，2010年12月1日深圳卫视国际频道正式实现开路免费播出，百分之百覆盖香港，收视率也稳居在香港落地的内地卫视频道前三强。这也是集团"走出去"战略的一部分，它一方面稳步推进集团与国内外城市电视台跨地区合作，另一方面集团控股的天威视讯公司通过技术输出和节目输出成功地占有中国60%的高清节目市场。此外，集团还积极探索体制等相关方面的改革，2010年集团确定了13项重点调研课题和26项重点工作。

（5）新媒体产业

在文化创意产业发展中，新媒体产业可以说是最值得深圳骄傲的一个板块，是"文化+科技"新兴产业发展路径中新业态的典范。

腾讯公司

腾讯公司成立于 1998 年 11 月,是目前中国最大的互联网综合服务提供商之一,也是中国服务用户最多的互联网企业之一,目前市值进入全球互联网行业的前三甲,仅次于美国的谷歌和亚马逊公司,2009 年创下 124 亿元的营业收入和 330 亿美元的市值,2010 年又宣布以 3 万亿美元入股俄罗斯互联网投资公司 DST。

目前,腾讯把为用户提供"一站式在线生活服务"作为战略目标,已形成了即时通信业务、网络媒体、无线互联网增值业务、互动娱乐业务、互联网增值业务、电子商务和广告业务七大业务体系,并初步形成了"一站式"在线生活的战略布局。通过即时通信 QQ、腾讯网、腾讯游戏、QQ 空间、无线门户、搜搜、拍拍、财付通等中国领先的网络平台,腾讯打造了中国最大的网络社区,满足互联网用户沟通、资讯、娱乐和电子商务等方面的需求(见图2)。①

图 2 2008Q1～2010 Q4 腾讯收入规模及构成

资料来源:《腾讯增值业务深度分析》,http://wenku.baidu.com/view/7d0fdac55fbfc77da269b1e6.html。

截至 2011 年 3 月 31 日,QQ 即时通信的活跃账户数量达到 6.743 亿,最高同时在线账户数量达到 1.372 亿。② 腾讯的发展深刻地影响和改变了数以亿计网民的沟通方式和生活习惯,并为中国互联网行业开创了更加广阔的应用前景。

---

① 百度百科,http://baike.baidu.com/view/1591.htm。
② 百度百科,http://baike.baidu.com/view/1591.htm。

在腾讯的几大业务中，值得一提的是网游娱乐。2010年，腾讯网络游戏业务增长高于同行业水平，提高了腾讯的市场份额并巩固了腾讯的市场领导地位。几款MMOG和中型休闲游戏是其主要增长动力，尤其"穿越火线"在付费用户和收入方面都显著增长。年内，腾讯推出不同类型的新网络游戏，以进一步多元化游戏产品组合并扩大用户群。2010年8月推出的"七雄争霸"已成为迅速发展的网页游戏领域的佼佼者。[1]

2010年11月，腾讯QQ获得世界知识产权组织（WIPO）颁发的全球创意金奖。腾讯QQ荣膺金奖，标志着世界知识产权组织对中国互联网行业创新发展的高度肯定。WIPO评委表示腾讯QQ从技术先进性、实用性以及与同领域相关产品横向比较中均表现突出。与此同时，在国家知识产权局和WIPO主办的第12届中国专利奖颁奖大会上，腾讯获得了中国专利金奖的殊荣，这是中国互联网行业获得的第一项国家专利金奖。该专利技术主要用于节约带宽资源和保护网络安全等困扰网络发展的瓶颈问题，被业界誉为产业发展的"低碳福音"。[2]

迅雷公司

"速度"已经成为深圳的一张闪亮的名片，在深圳平均每年30%的增长速度下，一个被称为速度代名词的企业迅猛发展。"迅雷不及掩耳之势"催生了迅雷，这个互联网新时代的先锋，以世人瞠目的速度发展。迅雷凭借"简单、高速"的下载体验，成为高速下载的代名词。

"迅雷"于2002年底始创于美国硅谷，目前已经成为中国互联网最流行的应用服务软件之一。2010年迅雷用云计算为下载引擎提速3倍，每月近7成网络用户有效使用迅雷产品，总时间超2亿小时，每日为互联网快递11PB数据，相当于1100万部高清电影；云下载的计算功能等于5000万台计算机。作为中国最大的下载服务提供商，迅雷每天服务于来自几十个国家，超过数千万次的下载。在行业内，"迅雷"也已经和众多的领航者进行合作，其中包括盛大、新浪、金山和MOTO等。此外，"迅雷"也获得了晨兴科技和IDGVC等数家知名风险投资企业的认同和投资。[3]

---

[1] 百度百科，http://baike.baidu.com/view/1591.htm。
[2] 《腾讯获评"最佳中国媒体公司"QQ获全球创意金奖》，2010年11月27日《新闻晨报》。
[3] 百度百科，http://baike.baidu.com/view/546.htm。

近年来，迅雷营收逐年增长，2010年增长到4280万美元，年复合增长率达59.7%。2011年前3个月迅雷营收为1540万美元，同比增长98.1%，净利润为190万美元，同比增长22.1%。根据艾瑞的数据，截至2011年2月，迅雷的网络已经连接了2.91亿活跃用户。迅雷下载在整个中国下载软件市场占据78.7%的市场份额。截至2011年4月，流媒体视频网站迅雷看看已成为中国第三大流媒体视频门户网站，拥有1.207亿独立访问用户。目前，迅雷面临的最大难题是如何将惊人的用户数量转化为利润。①

华视传媒

"华视传媒是来自中国文化概念的一面旗帜"，2007年12月6日华视传媒成功上市之时，纳斯达克执行主席如此评价。华视传媒成立于2005年4月，拥有中国最大的户外数字电视广告联播网。华视传媒户外数字电视广告联播网采用数字移动电视技术，支持移动接收的户外数字电视为载体，结合户外受众的视频需求，提供即时的新闻、资讯、信息、娱乐、体育等丰富多彩的电视节目，实现全国范围的广告联播。首期以户外受众最集中的公交车、地铁和轻轨为终端平台。

2009年10月15日，华视传媒收购地铁电视广告运营商数码媒体集团，与数码媒体集团覆盖7个城市、27条地铁线路的地铁电视广告网合并。合并后华视传媒覆盖中国最发达、最具经济辐射力的30余个城市，拥有电视终端16万个，占据中国车载无线数字信号发射电视终端总量的76.8%；覆盖已开通地铁电视终端总量接近100%，并延伸至香港；覆盖受众接近4亿，成为中国移动电视行业的推动者和领导者。②

截至2010年10月，华视传媒以深圳为总部，覆盖29个公共联播网城市和8个地铁电视联播网城市、8.3万辆公交车和35条地铁线路、14.1万个公交数字移动电子终端和5.1万个地铁电视终端，并同时拥有香港地区的媒体资源，影响中国主流城市4亿消费人次，成为户外数字移动电视产业毋庸置疑的领导者与推动者。③

---

① 百度百科，http://baike.baidu.com/view/546.htm。
② 黄扬略主编《中国深圳·设计之都报告（2008~2010）》，深圳报业集团出版社，2010。
③ 黄扬略主编《中国深圳·设计之都报告（2008~2010）》，深圳报业集团出版社，2010。

A8 音乐集团

A8 音乐集团是一家综合的数字音乐公司，通过 A8 音乐原创互动平台 A8 音乐网站以及国际和国内唱片公司获取其音乐内容，并通过无线网络进行销售。通过向中国持续增长的手机用户提供音乐内容与服务，A8 在中国的音乐界正掀起一股浪潮。

A8 音乐总部设在深圳，北京设有分公司和研发机构，全国 31 个省市设有分支机构，是深圳重点扶植的"国家高新技术企业"。在一支经验丰富、颇具远见卓识的执行团队的领导下，A8 音乐通过自己的 UGC（用户生产内容）互动平台 A8 音乐网站来收集自己的音乐内容，同时也从国际性唱片公司及中国本地的唱片公司获取音乐内容，从而在提升公司的形象以及公司收益方面获得了巨大的成功。

A8 电媒音乐控股有限公司通过互联网以及移动运营商的无线网络来销售音乐内容，销售产品的形式包括手机铃声、彩铃服务（RBTS）、交互式语音应答（IVR）等。[1]

（6）旅游业

近年来，广东省旅游创汇占全国的 1/4，深圳旅游总收入占广东的 1/4。[2] 多年来，深圳旅游行业不断创新理念、创新机制、创新产品，使旅游业发展突破了资源限制，走在全国前列。中国 20 大主题公园，深圳就有欢乐谷、世界之窗、锦绣中华—民俗文化村、野生动物园，占总数的 1/5。其中深圳华侨城的"主题公园群"是内地成名最早、经营最成功、最具知名度的旅游品牌。

2010 年，深圳市的高端旅游项目发展迅速。欢乐海岸、蛇口太子港邮轮码头等重大旅游项目顺利开工建设，东部华侨城全面开业，世界之窗"飞跃美利坚"新项目建成开放，海洋世界极地馆、野生动物园海洋馆以及海上田园红树林湿地公园等也相继建成。野生动物园、小梅沙海洋世界、龙岗金沙湾旅游度假区等景区积极创建国家 A 级景区。本土成长起来的全国连锁旅游企业和旅游互联网企业已初具实力和影响，华侨城、华强等大型企业以品牌化为导向积极发展连锁经营，规模、效益和影响力不断扩大。东部华侨城、欢乐谷等景区的接待游

---

[1] 黄扬略主编《中国深圳·设计之都报告（2008~2010）》，深圳报业集团出版社，2010。
[2] 《权限下放支持深圳旅游业发展》，2007 年 4 月 28 日《深圳特区报》。

客、营业收入等指标居全国各大景区前列，全市收费景区景点入园人数 2305 万人次。据深圳市文体旅游局发布的《深圳 2010 旅游经济发展情况报告》显示，2010 年深圳主要旅游经济指标居全国前列，旅游业总收入达 628.3 亿元；全年接待游客总人数 7698.19 万人次，其中，国内游客 4818.52 万人次，入境游客 2879.67 万人次。2010 年深圳市实现国内旅游收入 412.19 亿元；旅游外汇收入第一次超过 30 亿美元，总数达 31.8 亿美元。

"2010 世界旅游日全球主会场暨广东国际旅游文化节"成功举办，2010 深圳国际旅游文化节是其重要组成部分。本届国际旅游节的主题活动由 23 项活动构成，包括 2010 深圳国际旅游文化节暨深圳欢乐谷第十一届国际魔术节开幕式晚会，第九届深圳黄金海岸旅游节，2010 深圳珠宝节，福田区国际品牌服装旅游节，第七届宝安区"沙井金蚝节"，F1 摩托艇世界锦标赛中国深圳大奖赛，中国杯帆船赛，第三届"友谊之旅"——深圳市与休斯敦、洛美、光阳市青少年文化交流周，第十六届国际旅游小姐（中国深圳区）大赛，世界之窗冰雪节，锦绣中华民族狂欢节，东部华侨城瑞士风等项目。[1]

（7）会展业

深圳改革开放 30 年来，深圳会展业从无到有、从小到大，见证了和推动了特区的经济发展。截至 2010 年 9 月，全市目前加入全球展览业协会 UFI 的企业有 11 家，有 12 个展会获得 UFI 认证，位居全国第三。[2] 到 2010 年深圳已经举办了六届文博会（中国深圳文化产业博览交易会），成为全国乃至世界知名的文化创意产业博览、交易、研讨会。

深圳是中国拥有完善的海陆空口岸设施的城市，具有独特的区位优势。深圳毗邻香港，交通便利，是内地连接香港以及世界的纽带和桥梁。深圳有海陆空口岸 17 个，1 小时都市圈内包括香港、澳门、广州等 8 个城市，周边拥有香港、广州、深圳 3 大港口群，拥有深圳、香港、广州、澳门、珠海 5 大机场。

深圳市商业性展馆目前主要有深圳会展中心和华南城国际会展中心两个。会展企业近 600 家，从业人员近万人；上下游相关企业近千家，相关从业人员近 10 万人，全年举办展览超过 80 个，会议活动近万场。2009 年深圳会展业直接收

---

[1] 赫丽萍：《深圳旅游业去年大丰收》，2011 年 1 月 28 日《深圳商报》。
[2] 管亚东：《会展设计师缺口相当大》，2010 年 9 月 7 日《深圳商报》。

入超过20亿元，拉动相关产值将近200亿元。每年国内参（办）展50多次，出国参展30多个，4所大专院校开设5个会展方向专业，在校生500多名。目前，深圳市会议展览业协会与5所培训机构合作开设了会展商务师、会展策划师、会展设计师等三类职业资格培训课程。①

四 广东文化创意产业区域合作
——以广州、深圳为例

粤港澳之间的区域合作一向频繁，近年来，与文化创意产业相关的粤港澳合作政策主要有以下几项：

2008年1月11日，粤港澳签订《粤港澳文化资讯网服务协议书》，建立起全新的"粤港澳文化信息网"，以网络平台连接三地最新的艺文信息。三地通过统一的网络平台发布最新的文化活动信息，让三地市民更容易掌握不同地域的文化特色，从而推广三地文化活动，促进文化产业发展。

2009年2月20日，粤港澳签订了《粤港澳文化交流合作发展规划（2009~2013）》，继续推进粤港澳三地文化交流与合作。促进粤港澳从舞台艺术、人才培训交流、文化信息网建设、图书馆资源共享体系、非物质文化遗产、文化创意等七大领域全方位合作。

2010年4月7日，粤港共同编制实施了《粤港合作框架协议》，协议促进粤港在演艺节目和人才交流、文化信息、文博合作、公共图书馆、非物质文化遗产及文化产业发展研究等多个领域上的合作。

2010年6月25日，粤港澳三方签署了《粤港澳文化交流合作示范点工作协议书》，根据协议书，提出开发和整合三地文创产业的人才和技术资源；研究共同打造文化产业基地，促进三地文化产业的开发；通过会议展览和参观访问活动，加强三地在文创产业上多个领域的人才互动与交流。

2011年8月14日，粤港合作联席会议第十四次会议后，粤港签署了《粤港知识产权合作协议（2011~2012年）》等5份合作协议。

近年来，广州市密切加强了与港澳台的文化合作。当然，这与粤港澳的密切

---

① 管亚东：《会展设计师缺口相当大》，2010年9月7日《深圳商报》。

合作态势不无关系。2009年2月20日，粤港澳三地文化官员在香港举行的第十次粤港澳文化合作会议上，签署了《粤港澳文化交流合作发展规划（2009~2013年）》，旨在深化合作领域，提升合作层次，实现三地文化互利共赢。2010年6月25日，三地又签署《粤港澳文化交流合作示范点工作协议书》，确定了包括文化产业合作在内的32个交流合作示范点，加快实现珠三角地区和港澳地区的文化融合，促进大珠江三角洲区域的经济发展。这两个文件的签署，对于广州市与港澳文化交流合作起到了巨大的推动作用。

2010年10月28日，穗港文化创意产业框架协议对接会在广州举行。穗港双方就推进两地文化创意产业合作交换了意见，并就下一步双方签署《穗港文化创意产业合作框架协议》事宜达成共识。紧接着，2011年2月，广州市文广新局与香港生产力促进局本着"优势互补、互利共赢，平等协商、开放合作，市场主导、企业自愿"的原则，签订《穗港文化创意产业合作框架协议》，旨在共同推进穗港文化创意产业发展。协议主要事项有五大部分。①

1. 促进及建立合作载体

（1）促进香港投资者参与开发中新知识城、天河软件园、广州科学城、南沙资讯科技园、北岸文化码头等文化创意产业园区，推动网络信息技术与文化创意设计等要素相融合的新兴信息文化创意产业基地。

（2）探讨双方投资者参与穗港文化创意产业合作园区，孵化创业型企业，促进两地文化创意成果产业化，推进先进的信息技术、生物技术、新材料技术在文化创意产业中的推广应用，协助推动相关活动，整合两地创意资源，促进产业集聚发展。

（3）在南沙CEPA先行先试综合示范区率先探索粤港合作新模式和新体制，重点推进两地在科技创新与研发设计、教育培训、文化创意与影视制作等方面的合作。

（4）依托番禺区数字家庭产业基地，穗港合作开展网游动漫产品研发与应用，共同发展数字家庭平台。

2. 促进企业合作

（1）支持穗港文化产业专业组织建立联系机制，设立行业协会合作平台，

---

① 参见广州政府网，《穗港签订文化产业合作框架协议 推进广州世界文化名城建设》，http://www.gz.gov.cn/publicfiles/business/htmlfiles/gzgov/s5842/201102/768633.html。

促进穗港文化创意行业协会的对接和合作，共同促进相关领域及企业的交流发展。

（2）促进穗港企业和项目对接，推动香港优质文化创意资源进入广州，协助推动招商引资活动。

（3）依托香港先进的文化创意技术和营销模式，加强动漫、网络、媒体、出版发行等方面的合作，推动广州文化创意产业升级换代，培育文化品牌。

（4）鼓励两地企业共同引入国际先进创意、科技资源，加强与发达国家和地区相关行业中介机构和企业的科技交流与合作，共同促进发达国家和地区的科技和研发成果转移。

3. 加快合作平台建设

（1）共建文化创意产业合作平台，举办文化创意产业博览会、交易会、大型会议和合作论坛，促进文化创意人才的交流。

（2）促进及推动搭建专业服务平台，为两地文化创意产业发展提供管理咨询、经纪代理、评估鉴定、市场交易、成果转化、融资上市、技术支持、人才培训、国际交流以及知识产权注册、开发、保护等专业服务。

4. 加大人才培训力度

（1）鼓励相关机构成立两地文化创意产业人才库及发布各类人才的需求计划，积极引进两地需要的高层次人才，加强国际人才交流合作。

（2）探讨相关机构建立文化创意职业教育交流合作制度，加强职业教育培训合作，举办动漫、软件、广告、工业设计等创意人才培训项目，共同培养文化创意人才。

（3）协助制定人才专业技术资格认证体系，允许香港创意专业人才参加广州相关专业职称评定。

5. 加强知识产权保护与合作

（1）鼓励两地知识产权执法部门间的沟通与协调，形成有效的知识产权保护秩序，依法打击假冒、盗版等侵犯知识产权的行为。

（2）促进建立和完善知识产权评估体系，鼓励两地知识产权中介服务机构合作，为两地知识产权的登记、展示、发布、策划和交易提供服务。

（3）鼓励文化创意企业开发利用知识产权，支持创新知识产权开发的商业模式，支持具有自主知识产权的企业发展，提高两地文化创意产业的整体竞争力和创新能力。

2011年8月23日，穗港两地政府签署《穗港合作推进南沙新区发展意向书》，广州市政府与香港特区政府长效合作开发南沙的机制正式建立，南沙开发的核心区"小特区"开始启动。在"小特区"里，广州重点将在科技创新与研发设计、专业服务、教育培训、休闲旅游与健康服务、文化创意与影视制作等领域深化与港澳合作。

在与台湾合作方面，2010年8月19日下午，"穗台观光·合作共赢"穗台旅游合作交流会在台南市举行，双方签订旅游合作协议。同时，广州旅游促进会与中华航空公司、台湾旅行商业同业公会总会与广州地区旅行社行业协会签订了合作意向，将建立双方常态联络机制，以促进穗台两地企业间交往与品质提升，加快旅游产品的共同开发与合作，互为开发客源市场，共同加强市场规范和行业服务合作，优化两地旅游环境。

深圳处于连接香港与大陆的特殊地理位置，"深港合作圈"、"大珠三角合作圈"和"泛珠三角合作圈"三个圈层的区域合作与发展，是深圳进行文化产业区域合作的一个重要特色。因此应建立"以深港合作为核心"的多层次的区域合作体系。

深圳市文化产业区域合作的基本定位是：以深港合作为核心，以深珠合作为依托，构建圈层式合作体系，把深圳打造成文化产业区域合作中心。深圳市发展文化产业以中外文化交流及中外文化交融为基本定向，根据这一基本定向，未来15年深圳市发展文化产业在区域合作方面以构建"圈层式"区域合作体系为基本定位。所谓"圈层式"区域合作体系即是：以深港文化产业合作为重心的内圈层或称为核心圈层，以深珠（珠三角）文化产业合作为依托的中圈层和积极推进与内地其他地区及海外不同国家这一外圈层的文化产业合作。

以深港文化产业合作为重心

深港两地合作的定位由"深港自由贸易区"、"深港双子城"、"双核一体化"等概念，到深圳市"十一五规划"中明确提出《内地与香港关于建立更紧密经贸关系的安排》（CEPA）、泛珠三角区域合作机制和深港"1+8"合作协议，这些举措都不断将深港的协调与合作关系提高到战略合作高度，推动了深港的优势互补和共同发展。共建"深港都市圈"，反映了深港两地的文化产业区域合作应为深圳文化产业区域合作体系的"重心"。

深港两地文化产业的区域合作应充分利用两地的互补资源优势，努力增创文化产业发展新优势，逐步推动两地文化市场一体化建设，以共建在国内外有影响的文化产业发展体系及中外文化交流平台为基本方向。具体合作应包括：开展多渠道、深层次、全方位的深港合作，充分利用香港的文化资源和发展经验加强政府间的互访与合作，积极引进香港的文化企业来深圳投资设厂，鼓励深圳本土企业到香港创业、投融资，共同举办高水平的会展、交易会等，联手开拓文化产业市场，促进深港文化产业的一体化。

相对于港台，深圳文化产业根基相对薄弱，而且产业人才相对缺乏，但它依托于整个中国内地，有着广阔的市场，同时有着政策的鼎力支持。香港、台湾作为国际化都市，拥有众多信息资源，金融资源，人才资源，以及与国际接轨的经验等优势方面，但是香港、台湾文化产业市场相对狭窄。因此，深圳与香港、台湾文化产业区域合作，优势互补，将会面临前所未有的历史机遇。

近几年与深港两地文化创意产业合作相关的政策如下：

2009年5月27日，《深圳市综合配套改革总体方案》正式发布。方案提出，以深港紧密合作为重点，全面创新对外开放和区域合作机制。深港两地在文化产业的发展优势互补，联手共建"国际文化创意产业中心"。[①]

2010年5月13日，深圳市委、市政府发布《关于支持和促进深圳文化产权交易所发展的若干意见》以建设立足深圳、对接港澳台、服务全国、面向世界的文化产业投融资中心为目标，切实把深圳文交所建设成为与文博会配套、交易活跃、功能健全、运作规范、服务完善的文化产权交易市场。[②]

2010年8月26日，国务院批复——原则同意《前海深港现代服务业合作区总体发展规划》。规划指出前海片区将建设成为粤港现代服务业合作区，将重点发展创新金融、现代物流、总部经济、科技及专业服务、通信及媒体服务、商业服务等六大领域。[③]

2011年10月14日，《深圳文化创意产业振兴发展规划（2011~2015年）》正式发布，规划指出要深化文化创意国际和区域合作，深化深港文化创意产业合

[①] 《深圳：改革创新不停步》，2010年8月26日《深圳商报》。
[②] 阮晓光：《2500万支持文交所发展市委市政府〈关于支持和促进深圳文化产权交易所发展的若干意见〉全文公布打造"永不落幕"的文博会》，2010年5月20日《广州日报》。
[③] 《前海在深港经济一体化中的定位与价值》，2010年9月21日《文汇报》。

作，共同打造世界级的文化创意产业中心；借助澳门的独特优势，加强深圳文化创意产品在葡语国家的推广；充分发挥深圳与台湾经贸文化合作基础好的优势，扩大对台文化交流领域，共同提升两岸文化创意产业发展水平。①

2010年深圳与港台两地的文化创意产业合作事项如下：

2010年5月14日，第六届中国（深圳）国际文化产业博览会在深圳会展中心开幕。据数据统计，第六届文博会总成交金额1084.34亿元，出口交易112.56亿元，其中合同成交金额348.72亿元。② 文博会无疑是深港台两岸三地合作的绝佳平台。在这一次文博会中，深港两地在影视动漫等文化产业方面加强了合作。香港导演陈嘉上监制的电视剧版《画皮》在文交所完成"资金拼图"，成为国内首个通过产权交易所融资成功的影视剧。③ 由62家文化创业者组成的台湾代表团参与了第六届文博会，与2009年相比，参展规模增长5倍，并在深圳会展中心特设了"台湾文化创意精品馆"，展区面积比第五届增加4倍④，重点组织台湾工艺品、礼品、图书出版、创意、动漫、旅游文化等参展。文博会不但是海峡两岸文化交流的重要平台，也成了台湾文化产业打开大陆市场的重要平台。

此外，深圳与香港方面的合作有：

2010年4月7日，《粤港合作框架协议》（以下简称《框架协议》）在京签署。《框架协议》对于深港文化创意产业的合作具有重要意义，协议亮点之一是提出了设立建设深圳前海、深港河套地区等重点合作区。河套地区发展蓝图在2010年11月面世，港深两地政府提出把河套区打造成高等教育基地，辅以高科技研发及文化创意产业，涉及五大功能区，基建投资达100亿港元，预计首批设施于2020年启用。⑤ 河套区是港深文化产业合作的重要区域。

2010年5月14日，深港沪三地品牌&设计联展暨第六届中国（深圳）品牌&设计营商展于5月13日在设计之都分会场国际展示交易中心举行，本次联展以"创新·品牌·设计"为主题，为深港沪三地首次联展。据统计，深港设

---

① 翁惠娟：《深圳文化创意产业振兴发展规划》，2011年10月15日《深圳特区报》。
② 《从"文化沙漠"到"设计之都"》，2010年8月20日《深圳特区报》。
③ 陈小瑛：《九部门力推 深圳数百亿资金热捧文交所》，2010年5月22日《华夏时报》。
④ 《深圳文博会即将开幕 62家台湾文化创意业者参与》，2010年5月13日，中国新闻社台湾新闻。
⑤ 罗敬文：《港深百亿拓河套 60%楼面办高教科研文创相辅两地同步咨询》，2010年11月24日《文汇报》。

计中心仅2009年专利转化和市场对接订单就超过30多亿元,转化的专利产品远销16个国家和地区。①

2010年5月,深圳书城培训中心与香港传媒控股集团联手打造"书城动漫培训工场"教育合作项目。这是首个深港两地文化产业集团合作的、面向全社会的人才培养项目,授课教师全部由香港传媒控股集团选派,这些授课教师的作品包括《忍者神龟》等多部优秀动漫电影,以及《老夫子》等漫画作品。②

2010年7月28日,首届中国文化产业项目香港投融资说明会在香港会展中心举行。在会上,深圳向香港展示多项优秀文化产业项目。据不完全统计,2010年1~5月,内地文化产业平均增幅达17%,新闻出版业销售增长20%,电影票房同比增长40%。③ 而香港拥有众多投资基金和财富,在投资内地、引导海外资本进入内地方面,具有得天独厚的优势。

2010年11月,香港设计中心和深圳市工业设计行业协会联合主办的"2010深港文化创意论坛"④在福田马哥孛罗酒店隆重举行,这是第六届"创意十二月"重点项目之一。此次论坛主题将突出文化创意产业链的合作,目光聚焦于深圳前海地区,探讨在前海片区联手共建深港设计中心及深港设计聚集园区。

在深圳与台湾的文化产业合作方面:2010年8月17日,台湾"立法机构"正式表决通过《海峡两岸经济合作框架协议》(ECFA),协议签署之后,两岸共同主办的首个高规格台湾原产地产品体验式交易盛会——首届台湾(原产地)商品交易会,于8月27~30日在深圳华南城一号交易广场盛大揭幕。本次展区共设六大展区,其中文创产业区展大放异彩,展出工艺美术精品、创意设计、时尚文化等文化产业精品。在ECFA的背景下,更多的深圳企业与台湾开始沟通合作。

深圳与台湾动漫产业的合作有:2009年,深圳华强集团制作的动画片《恐龙危机》登陆台湾的电视台进行播放。2010年,由深圳崇德影视传媒有限公司制作的大型动画片连续剧《孔子》也正与台湾谈合作意向,通过代理版权的形式与东森电视台合作。深圳动画在制作技术、内容设置上比较强。台湾则有着沟

---

① 姚志东:《汇聚全球顶尖创意 深港沪首次举行设计联展》,2010年5月15日《香港商报》。
② 陈昱:《书城培训联手香港传控打造"动漫工场"》,2010年5月19日《深圳特区报》。
③ 周敏:《文化产业在港推介融资》,2010年8月14日《羊城晚报》。
④ 邓研:《前海片区将建深港设计中心》,2010年12月17日《深圳特区报》。

通国际市场的通达信息。两者可以优势互补。①

深圳与台湾影视产业的合作有：2010年成立映象星光与台湾制作公司联合制作的《东方三小侠》②获得国家广电总局立项，将在2011年拍摄推出。在影视产业方面，两岸合作空间很大。

深圳与台湾新兴3D产业领域的合作有：深圳3D产业在全国居于领先地位。大力发展立体视像产业，对深圳文化产业而言，具有非常重要的价值和意义。掌网立体视讯自2007年成立以来，凭借其自主研发的实时立体成像的芯片及技术，与台湾天瀚科技签下近3000万元的大单。③

五 广东文化创意产业SWOT分析

广东省文化创意产业SWOT分析参照了《广东文化产业发展状况分析》④及多篇媒体报道，主要有《林雄：建设文化强省是要弥补广东的"短板"》（南方网）⑤、《从人文环境到文化产业让"认死理"的人从容做文化》（《南方日报》），《从"买文化"到"卖文化"》（《南方日报》）、《从"文化大省"到"文化强省"珠三角勇扛全国先进文化排头兵大旗》（《南方日报》）、《未来5年250亿打造文化强省目标八千亿：世界工厂洗脚上田之起承转合》（《南方都市报》）、《广东发展文化产业的有益探索》（《深圳特区报》）、《广东文化产业短板需尽快补上》（《深圳商报》）、《文化产业滞后24%亏损》（《澳门日报》）等。以上媒体报道中涉及相关官员、专家、学者对广东文化创意产业发展的优势、短板、发展前景的分析，本章节对这些内容进行了整合、分析。

（一）优势

（1）产业基础坚实，区位优势明显

近年来，广东经济总量先后超过新加坡和中国香港、中国台湾，处于世界中

---

① 《深台合作迎来新契机》，2010年8月19日《晶报》。
② 邓越萌：《深圳民间资本热追影视产业》，2010年7月16日《深圳商报》。
③ 《深圳3D产业全国领先》，2010年4月2日《深圳商报》。
④ 参见广东省统计信息网，http：//www.gdstats.gov.cn/tjfx/t20101230_83249.htm。
⑤ http：//news.southcn.com/gdnews/gdjswhqs/xwbd/content/2010-09/05/content_15567880.htm。

等发达国家水平。如果把广东看成一个独立的经济体,以购买力平价计算,它在2007年就排名全球第14位。目前,广东的经济实力在中国位居第一,尤其广东工业制造业发达,产业体系完整,为文化产业特别是以创意和内容为核心的产业门类的发展提供了坚实的基础。

广东文化产业发展起步早、步伐快,一些在全国处于领先的产业门类已经具有较强的产业聚集、辐射和带动作用,例如广东是全国起步最早、实力最雄厚的影视动漫生产基地之一。与此同时,一些新兴的门类如动漫设计、网络游戏产品、工艺美术、设计策划等创意类产业在全国都具有领先位置。广东毗邻港澳的地缘优势,也使广东与港澳之间形成了优势互补、强强联合、协调配套的发展格局。

广东省在以平面设计、动漫设计、影视制作、网络游戏、文化应用软件开发、建筑和工业设计、工艺美术等为主的文化创意产业方面也有了一定基础。广州、深圳、珠海等市在规划建设新的文化创意产业园,采取相关措施努力把握内容产业链条的上游前端,增强在内容服务业的核心竞争力。其中,深圳明确提出要努力建成创意设计之都,建立设计机构和设计师资格认证体系等工作做得比较充分,华侨城创意园、蛇口创意产业区、怡景动漫基地等产业基地建设也都走在了前面,发展前景十分广阔。

此外,广东省民营文化企业发展迅猛,企业和从业人员数量已占全省文化企业及从业人员总数的80%,成为产业发展的重要生力军;文化"走出去"步伐加快,"十一五"期间,广东文化产品及服务出口年均增长20%,2009年达323亿美元,约占全国出口总额的一半。

进入21世纪后,随着长江三角洲地区的迅速崛起,广东的区位优势不如以前突出,但广东与香港等地的区域经贸合作也比过去成熟。近几年,广东也试图以泛珠江三角洲的概念与更广泛的内陆地区建立经贸合作关系,另外也非常重视与东盟各国的经济互动。因此,广东在地理上仍有其独特的优势。

(2)先试先行、勇于探索

敢为天下先是广东的文化特色。在近年的文化创意产业方面,有两方面突出的表现。一方面坚持以科技创新作为增强文化产业核心竞争力的重要途径,积极提升文化产业的科技水平,推动广播影视、新闻出版、演艺娱乐以及印刷复制、游戏游艺设备制造等运用数字、网络等高新技术,促进产业升级。大力建设文化产业园区公共技术平台和"产学研"相结合的文化创意研发中心，推动数字出版、动漫游戏、网络新媒体等快速发展。在如今的信息化时代，新媒体高科技技术与文化的融合，符合文化创意产业未来的全球性、数字化、网络化发展趋势。广东在互联网文化方面，有腾讯、网易、迅雷等国内领先企业，在"三网融合"方面深圳是全国试点地区，网络游戏更是广东的强项，这些文化新业态的突出地位为今后的文化创意产业发展提供了强大的科技创新和发展基础。

另一方面，广东在文化体制改革方面进行了大胆的尝试。2007年，全国对数字出版的认识还处在模糊阶段的时候，就对全省的数字出版进行摸底调研并形成了报告，2008年，广东出台了全国第一个数字出版的"红头文件"——《关于加快推进广东数字出版的若干意见》，确定了八大重大工程项目。广东还是最早成立数字出版行业协会的地方——广东数字出版产业联合会于2010年初成立，是国内首个数字出版社团组织。广东在文化事业单位转企改制方面也取得了重大进展，到2011年，全省已有50家图书、音像和电子出版单位，3家国有电视剧制作机构，2家电影制片厂，省属4家文艺院团全部完成转企改制任务，省和各市党报、党刊、电台、电视台等，也全面完成了经营性业务剥离转制。

值得一提的是，2010年7月南方报业传媒集团与南方广播影视传媒集团在广州举行战略合作协议签署仪式。南方报业传媒集团有强大的传播平台和内容生产能力，有成熟的媒体运营经验和人才积累，南方报业传媒集团目前拥有"十一报八刊四网一社"的媒体阵容；南方广播影视传媒集团的广播电视信号覆盖53个国家和地区，覆盖人口超过20亿。双方都是传媒行业中的佼佼者，在媒体融合时代向全媒体方向发展的共同愿望令这两个集团达成了战略合作协议，有可能在未来实现这两大传统大众媒体的良好合作及互补互容。

（3）建设文化强省意识明确、投入巨大

从政策层面看，目前广东省对发展文化创意产业的目标十分明确、意识非常强烈。这两年来，无论是纲领性、全局性的政策文件《珠江三角洲产业布局一体化规划（2009~2020年）》和《广东省国民经济和社会发展第十二个五年规划纲要》，还是文化建设专项文件——《广东建设文化强省规划纲要（2011~2020年）》，文化创意产业都明确作为广东省产业结构转型、未来产业发展的重点，无论在产业发展布局、未来规划、发展重点等方面都有十分翔实的目标和方向。

在资金投入方面，政府规划了大手笔的投入。根据《广东建设文化强省规

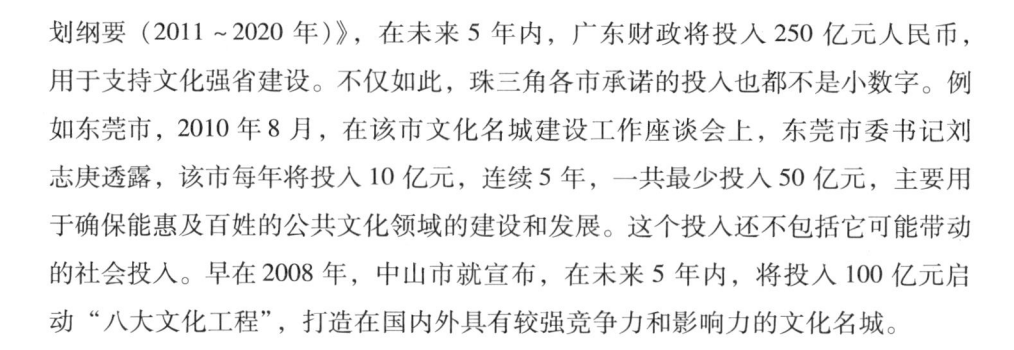

划纲要（2011~2020年）》，在未来5年内，广东财政将投入250亿元人民币，用于支持文化强省建设。不仅如此，珠三角各市承诺的投入也都不是小数字。例如东莞市，2010年8月，在该市文化名城建设工作座谈会上，东莞市委书记刘志庚透露，该市每年将投入10亿元，连续5年，一共最少投入50亿元，主要用于确保惠及百姓的公共文化领域的建设和发展。这个投入还不包括它可能带动的社会投入。早在2008年，中山市就宣布，在未来5年内，将投入100亿元启动"八大文化工程"，打造在国内外具有较强竞争力和影响力的文化名城。

（二）劣势

1. 文化创意产业整体上大而不强

广东文化产业发展虽处于全国前列，但整体上存在文化产业总量规模较小，文化产业的发展速度滞后于整体经济发展速度，文化产业增加值增长速度慢于GDP增长速度的情况。以2005~2008年为例，除2006年文化产业增速与GDP增速基本持平外，其余三年的文化产业增加值增长均低于GDP增长，5年间相关文化服务增加值增速与全行业增加值增速差距分别为3.6、2.2、8.0、5.7、5.3个百分点，相关文化服务增加值低增长导致文化产业增加值占GDP的比重逐年下降。

更为关键的是文化产业内部结构有待优化。目前，广东文化产业的结构比例中，相关文化服务如文化用品、设备及相关文化产品的生产（即制造业）占绝对份额，该份额在2004~2008年均保持在80%以上，文化用品、设备及相关文化产品生产增速的高低主导着相关文化服务的增速，也很大程度上决定着文化产业增加值的增速。这一结构比例是与广东省制造业发达密切相关的。其形成的负面格局是，文化产业占GDP增加值主要源于与文化相关的制造业，而真正与创意、表征、自创品牌等与文化内容相关的、产业的核心构成所占的比例相当有限。

此外，广东文化产业企业经营效益不高。尽管从许多方面的数据看，广东省的文化产业指标在全国居领先地位，但据统计，约有24%的文化企业仍处于亏损状态。企业数量多但"小、弱、散"，还谈不上集约化，造成内部竞争激烈、资源分散。一方面，从企业人员规模看，2008年文化产业平均每家企业314人，除文化产业中的制造业、新闻业、报纸出版业和公园管理外，其余的行业每家企业的职工人数都不过只有几十人，尤其是文化产业中的销售企业人数更少，其中省内的文化用品零售、其他文化用品零售、照相器材零售以及工艺美术品和收藏品零售企业的平均职工人数，均不足 10 人。另一方面，从文化企业经营规模看，2008 年文化产业中年人均主营业务收入只有 5.3 万元左右，文化服务业人均年主营业务收入只有 2 万元左右。同时文化企业亏损面较大，在 4687 家文化制造企业中，亏损企业达到 1148 家，亏损面达近 1/4。

如果从全球化和科学发展的角度来考虑，广东省文化产业发展集中度较低，突出表现为文化产业集群空间布局不合理、核心层自主创新能力不足、辐射带动效应不明显、国际化程度不高。因此，正如有专家指出的，广东省之所以迫切地提出从"文化大省"到"文化强省"的战略发展口号和规划，其实也从侧面反映了一种危机意识，广东政府已经意识到数量并不代表质量。

2. 创新能力和推广意识有待提高

《瞭望东方周刊》"2009 中国城市软实力"排名中，前 10 名依次是北京、上海、成都、杭州、苏州、西安、长沙、青岛、昆明、天津，广东无一城市入选。有专家认为，其关键是真正叫得响的文化产品和文化作品太少。文化软实力的提升主要在于创意、人文、科技等内在因素的提升；在于品牌的美誉度和知名度；在于既能反映广东地方文化特色，又能被广泛认同，最终能够产业化并走向全国甚至走向世界的文化产品。但就目前来看，广东的文化创意产业仍难摆脱代工、制造的初级阶段，缺乏真正有创意的、独树一帜的品牌。因此有人说，广东的文化产业还处在"卖产品"，而不是"卖文化"阶段。

目前，尽管广东文化产业单位数、从业人员数、营业收入、总资产等指标均居全国前列，但形象地说来，广东目前还只是一条文化复制流水线。以广东动漫业为例，其产业利润主要来自于为国外做代工、贴牌的加工制作，"为他人作嫁衣"的"纽扣现象"普遍存在。早期接受国外玩具加工制作的广东人，制作经验丰富、专业技术过硬，却忽视了原创品牌的价值积累。创意、品牌意识与创新能力欠缺，只能令广东沦为一个文化加工大省，而不是文化大省，文化强省。广东文化产业规模总量的确很大，有形的文化产品发展非常迅速，但是加工制造在文化产业中处于下游低端的位置，所以只有努力向上游的研发、创意环节靠拢，才能培养出品牌的核心竞争力。

有学者从广东的文化特质提出，岭南文化偏安一隅，自得其乐。广东人低调务实，不喜张扬的个性不利于文化创意产业发展本身所需要的强有力的营销推广。宣传推广是文化创意产业生产过程中关键的一环，在酒香也怕巷子深的信息社会，不善自我推广无疑是广东文化创意产业发展的一个短板。

3. 人文环境、创意氛围不足

"有专家指出，广东人过于重商的价值观在一定程度上不利于其发展文化产业所必需的良好人文环境的形成。"文化，绝不是一个急功近利的事。几年前，广东文化人才的出走和流失令人扼腕叹息，之所以出现人才外流，主要还是广东的文化环境、人才使用氛围和优化人才的激励机制存在问题。一个一切以金钱、效益为指向的社会环境不可能造就出一批有反思精神的文化人才。在产业化和文化、创意之间，后者永远是核心。因此，文化创意产业的关键在于人，文化更是"人才密集型产业"。和其他一些产业依赖资源、能源、土地、机器设备不同，文化事业和文化产业在更大程度上依赖的是人的头脑。一如此前汪洋书记所说："谁能把经济和文化结合在一块儿，那这个经济就具有无比强大的竞争力。"低端人才过剩，中高端人才又严重缺乏，从而制约了广东文化产业的发展。因此，营造一个鼓励探索、支持创新、包容失败、海纳百川的人才成长环境以及用人机制至关重要。没有高端的人才称不上文化强省，但人才的培养必然是一个漫长的过程，需要有足够的耐心与恒心。

在创意方面，目前广东的文化产业对本土文化中的优秀基因和元素开发得还远远不够。广东历有广府文化、客家文化和潮汕文化，仅广州就有七星岗、五仙观、越王墓、石门泉、光孝寺、六榕寺、怀圣寺、陈家祠、先贤墓、南海神庙、镇海楼等古建筑，但是，目前几乎没有叫得响的、影响力大的带有广东传统文化特色的文化产品，对于"新瓶如何装陈酒"仍缺乏思路。正如有学者指出的，广东的文化投入，无论硬件或软件，大多缺少本土文化特色，很少能植入城市文化形象；广东好资源不少，却没有形成有太大感召力的品牌。事实上，这也与大环境中的人文和创意观念有关。

4. 制度仍有待完善

从2003年开始，尤其是近两年，广东省政府在文化产业发展政策上，其姿态相当积极、愿望十分迫切，但由于长期的制度性缺失，使其在政策、规范方面仍有待提升。

广东省文化产业研究中心主任谢名家认为：广东文化体制改革破题相对滞

后、文化发展环境亟待优化。表现为首先是文化体制改革的主动性不足，破除制度瓶颈的决心不大、办法不多。与之不同的是，上海已经涉足文化体制改革深水区，在宏观文化管理体制的构建、资产扩张和导向管理、公共财政分配等方面，进行了一系列有益的探索和尝试，走上了良性发展的轨道。其次，文化行政管理体制不能适应文化产业发展的趋势。由于文化产业范围广泛，门类、行业间相互交叉，涉及多个政府职能部门，没有权威、高效统一协调的工作机制，就难以形成推进文化产业发展的合力。再次，文化产业新兴业态、新兴媒体层出不穷，跨领域、跨行业的文化企业不断崛起，也要求探索建立与之相适应的新的文化管理体制。

根据调研情况，目前广东省产业建设和文化市场相互割裂，大而全、小而全的现象十分突出。如图书出版发行网络、广播电视网络、艺术演出网络等都处于地域和行政分割状态，行政资源稀缺，市场分散，未能建立起覆盖全省的文化产业网络。大而全、小而全的现象严重，资源无法协调分配、共享造成严重的浪费。这些都需要从政策层面进一步解决。

此外，行业协会是促进广东文化产业发展不可或缺的力量，必须引起政府和社会的关注与重视；知识产权的保护从法律到意识都有待加强；在扶持中小型文化企业方面，政策力度远远不够；在文化产业投入和消费中，政策对广东省大量的外来人口考虑仍不周全；在文化保护和文化产业如何深入民间和社区方面，与香港、台湾等地相比，广东还做得远远不够。

（三）机遇

1. 从宏观层面看：政策思路清晰，市场优势明显

自2008年国务院出台《珠江三角洲地区改革发展规划纲要（2008～2020年）》以来，广东省连续出台了一系列宏观和专项政策，对未来全省的文化产业结构格局、文化产业地方发展步骤、文化产业扶持方案进行了详细的规划，明确了"文化与经济互动"，要建设"文化强省"的发展思路。可以说，这两年广东频频发力，调结构，建体系，抓创新，由"文化大省"加速驶向"文化强省"。

文化产业的快速发展，为加快转型升级提供了重要的实体支撑。目前，文化产业增加值拉动GDP增长超过1个百分点，不仅成为国民经济新的增长点，而且提高了现代服务业在整体产业结构中的比重，优化了全省产业结构。因此，未来进一步推动文化与制造、旅游、教育、电信等行业深度融合，将有助于提高相关产业的产品附加值和品牌竞争力，推动了"广东制造"向"广东创造"转变。

一般而言，人均GDP达到1万美元，社会就进入了文化消费时代，目前珠三角地区的人均GDP已逼近1万美元，文化市场消费进入了一个黄金时代。文化产业的发展，将有效地拉动文化消费，优化居民消费结构。从新兴互联网产业看，广东有着明显的市场优势，如广东网民数量全国第一——2010年年底有4860万，网络普及率超过50%，网站总数60万家——占全国六分之一，手机普及率超过8成……这些都是目前广东文化创意产业发展的机遇所在。

2. 科技与文化的融合为今后文化创意产业指明了方向

广东省强调以科学发展引领文化产业的发展方向，着眼于文化产业科技含量高、资源消耗低、环境污染小、发展潜力大的特点，将文化产业作为"加快转型升级、建设幸福广东"的重要内容和发展路径，并明确将其作为战略性新兴产业加以培育。尤其是近年来，广东省推行"文化+科技"的发展模式，借助IT信息业的技术革命，推动文化产业的发展，取得了令人瞩目的成就，涌现出一批具有核心竞争力的文化企业，如腾讯、A8音乐、华强文化传播、迅雷、奥飞动漫、原创动力等。腾讯公司2010年的营业额超过196亿元，充分说明了"文化也经济"这一硬道理。广东已经成为全国文化创新企业的重要集聚地和领潮者。这些以"三低一高"（低能耗、低污染、低投入、高附加值）为特征的文化产业，开始发力，创造出让人惊讶的"硬效益"。

3. 一些文化品牌渐成气候，文化遗产亟待发掘

经过几年的努力，广东省已经有了一些在国内外享有一定知名度的文化展会和活动，如中国（深圳）国际文化产业博览交易会、中国国际影视动漫版权交易会、中国国际影视动漫版权保护和贸易博览会、广东国际广播影视博览会、中国（中山）国际游戏游艺博览交易会、中国（东莞）国际印刷技术博览会、广东国际旅游文化节、南国书香节、中国（广州）国际纪录片大会、广州国际艺术博览会等，这些活动已经具备了一定的人气和国际影响力，如果能将它们做成强势品牌，广东的文化形象、文化吸引力也将快速提升，广东文化产业的国际影响力也将进一步扩大。

正如有专家提出的，创新曾经成就了20世纪80年代的流行乐坛，也成就了90年代的音像洪流，同样成就了今天蓬勃发展的广东传媒业。在创新大思路的引导下，文化也能借此由"大"变"强"。文化创新工程如果要寻找方向或者突破口，首先还是要从传统上去寻找。广东以其独特的岭南文化，源远流长的文化历史，独特自然人文环境而融合的中原文化、客家文化、海外文化、华侨文化，一直是中华文化独具魅力的一脉，再加上改革开放三十年来所沉淀的"新岭南文化"，很好地诠释了岭南文脉。但在文化产业方面，我们对此的发掘远远不够，毫无疑问，保护和开发岭南优秀文化遗产，是广东追索自己的特色、输出文化的重要途径。

（四）威胁

1. 警惕文化产业唯 GDP 和唯金钱观

正如一些专家提醒的，在中国普遍追求 GDP 的今天，文化产业的年增长值占 GDP 的比重成了地方产业发展的一个重要指标，也是地方政府政绩的衡量标准。事实上，正如前面所分析的，广东省文化产业的 GDP 比重结构相当成问题，制造业、代工业所占比例达 80% 之多，如果以目前的数字化政绩看问题甚至沾沾自喜的话，必然妨碍其文化产业在创意内容方面的发展。而且，就目前来看，地方政府投入大量的资金试点大型的创意产业园，其用意固然不错，但如果不解决民营企业所存在的"小、弱、散"、投融资环境等问题，只是一味求大求全，甚至以创意园为名圈地圈钱，结果只会造成公共资源的浪费。

此外，广东省在规划中对文化产业的投入手笔很大，一方面固然反映出政府发展这一产业的决心，但如何将资金用到真正需要资助的项目、人才和真正有发展前途中小型民营企业上，仍是一个需要认真面对的问题。

发展文化产业的终极指向在于实现市民文化权力、提高市民文化福利甚至市民的文化创造力。因此，文化强省建设并不在于经济排名、GDP 增长、效率究竟有多强大，而在于能否让市民得到文化的共享与文化生活质量的提升，在于区域文化生态是否开放、包容，尤其对于像广东省这样有着大量移民和外来人口的区域，更是如此。这也应该是"幸福广东"的主旨所在。

2. 区域竞争日趋激烈

目前，在全国范围内，文化产业竞争极为激励，许多省市都将文化产业作为地方支柱性产业，以求产业模式的转型、寻求新兴产业的发展与突破途径。虽然广东省目前在全国的文化产业发展方面名列前茅，但一些地区，如上海、江苏、浙江等在文化产业的体制改革方面步子很快，尤其是上海，文化产业结构合理，先天条件较好，国际化程度更高，这一竞争环境可能威胁到今后广东文化产业在全国的地位。尽管广东有良好的区域优势，尤其是改革开放30多年来得益于与港澳台地区的区域性经贸合作，但就目前看来，港澳台三地从政府到民间也都以发展文化创意产业为它们经济发展的突破口，在某种程度上，这些地区与广东既是合作伙伴，也是竞争对手。因此，总体上，区域之间在其文化产业发展方面的竞争将极为激烈，旅游业、会展业、动漫业、设计业等方面尤其如此。

3. 制度性改革道路漫长

广东文化产业的发展仍面临着很多制度性的问题，其中知识产权问题、文化事业单位转制问题、地方行政性条块分割问题，都不是一朝一夕所能解决的。与香港、台湾相比，广东的文化产业仍以政府行为为主导，重新思考、建构政府在文化产业发展中的角色和地位，如何将文化的产业化和产业的文化化与民间、社区相结合，使文化消费与文化保护真正富有生命力、有地方特色、渗透到普通公民的文化生活中去，这些都是在制度上首先要解决的难题。

香港文化创意产业发展报告

黄春平 王 婷 等*

一 香港文化创意产业的概念界定

要了解香港文化创意产业的内涵,我们可以从 21 世纪初的 3 个研究报告着手。它们分别是香港艺术发展局①研究部的《创意工业导论:英国的例子与香港的推行策略》、香港大学文化政策研究中心的《香港创意产业基线研究》和《香港文化及创意产业与珠江三角洲的关系研究》。后两个报告均为香港大学文化政策研究中心受香港特别行政区政府中央政策组委托的顾问报告。香港政府在提出一个区域经济和文化发展新理念和新规划之前,先由政府的研究机构或委托高校专家进行调研,可见其行事的规范、严谨。

香港艺术发展局研究部于 2000 年 5 月发布的《创意工业导论:英国的例子与香港的推行策略》②,可能是最早香港官方对创意产业(报告中称为"创意工业")的界定。此研究追溯了 1997 年 6 月英国的文康广播科成立"创业工业专责小组"形成了"创意工业"(Creative Industries)的概念,其工作定义为"(创意工业是指)那些源自个人创意、技能和才干的活动,通过知识产权的生成与利用,这些活动有潜力创造财富和就业机会"。此外,该研究列述了英国创意工

---

* 黄春平,深圳大学文化产业研究院兼职研究员,深圳大学传播学院副教授,中国社会科学院新闻学博士;王婷,深圳大学传播学院传播学专业硕士。丁未和在读于香港中文大学新闻与传播学院的张晓也参与了本章的编撰。在本章的编写过程中,黄春平访谈了长期从事香港文化创意产业研究的香港中文大学许焯权教授和冯应谦教授,并在文中引用了两位教授的研究报告。

① 香港艺术发展局(艺发局)于 1995 年成立,是政府指定全方位发展香港艺术的法定机构,主要职能包括资助、政策及策划、倡议、推广及发展、策划活动等。官方网址:http://www.hkadc.org.hk。

② 参见香港艺术发展局网站:http://www.hkadc.org.hk/sc/content/web.do?id=ff80818123dbba560123dbf770210018。

业的13项工业类别，即广告推销、设计、艺术品和文物销售、工艺品、产品设计、时装、电影、互动娱乐软件、音乐、表演艺术、出版、电脑软件，以及电视电台广播节目的制作，并对"创意工业"作出了一个最核心、最简单的界定："创意工业是以文化创意为主要增值手段的工业"。

研究报告以大量的篇幅对创意产业作为新兴工业的优势进行了总结，并指出创意工业与传统工业有很大不同，它属于高增值工业，也是"知识经济"的一个具体生产形式。传统工业容易出现资本主义生产的危机，如市场饱和、资金周转不灵、库存积压、恶性倾销等。但创意工业以文化创意的投入为增值方法，体现的是智力密集、智能化生产（电脑辅助），创意工业的从业人员则是不断创新的智能型劳动，而不是重复性的技术或体力劳动。因此，创意工业可以说是继利用兽力的第一次工业革命、利用机械的第二次工业革命后的第三次工业革命的一部分，其特性就在于对人类智力和创新的利用（电脑、人工智能、软件、网络等）。此外，报告还从利润、启动资金等角度分析了创意工业产品与传统工业产品的根本性差异。

但报告也指出了创意产业并非赤裸裸的工业消费品，在分析文化为"体"，工业为"用"这一理念时，强调了多元文化、人文情趣、层次繁复的文化生活等社会因素对创意产业发展的重要性。

2003年香港特别行政区政府中央政策组委托香港大学文化政策研究中心完成了《香港创意产业基线研究》[①]（以下简称《基线》），这是第一份相对完整的关于香港创意产业的调研报告。《基线》对创意产业的定义为："一个经济活动群组，开拓和利用创意、技术及知识产权，以生产并分配具有社会及文化意义的产品与服务，更可望成为一个创造财富和就业的生产系统。"该报告指出，创意产业是一个多样化的概念，用以形容正在增长的经济产业、产业合作动态以及就业市场的景观变迁。与此同时，创意产业的崛起强调经济范畴的根本转型——由制造为主的经济变为以消费为主的经济，在这个转变过程中，文化成为经济发展的重要资源。创意产业是政策制定及学术研究的全新概念，它有时等同于"文化产业"、"版权"或"内容产业"，但事实上，它蕴涵与公共部门及社会文化形态互动的更广泛的意义。研究报告强调，有关创意产业的讨论，必须与以下各项

---

① 参见 http://www.cpu.gov.hk/chs/research_reports.htm。

议题的研究息息相关，例如，文化与经济间的互动关系、创意产业与教育、都市重建、国际或城市形象、文物及旅游之间的关系等。总之，"创意产业"一词最好用作具有多重意义的概念，不但可以形容创意部门的经济系统，同时又用作审查社会文化形态及创意与大众和社会经济部门间的互动。

报告虽然以英国的模式为参照，但认为英国模式以产品及特定产业为本，强调知识产权的重要性，香港的创意产业应在这个模式的基础上，加入了创意产业生产系统及社会与象征意义的交流和生产的概念。因此，香港对创意产业定义的核心概念为：创意、知识产权、社会及意象的创作与交流、创意产业生产系统（Creative Industries Production System）。

在参考英国创意产业13大分类的基础上，考虑到香港本身的文化、社会、技术及经济的特色，研究报告将香港文化创意产业分为11个门类（见表1）。

表1 香港创意产业分布

产业类别	分支部门
广告	广告公司与机构、公共关系服务、市场研究机构、其他广告服务
建筑	建筑设计、景观设计及结构工程
艺术品、古董及手工艺品	珠宝制造、古董、艺术与工艺品、书廊、博物馆及视觉艺术（部分）
设计	设计服务，包括时装、平面、产品、室内设计及家具、鞋类、玩具及产品的设计服务
数码娱乐	互动消闲软件（游戏）、动书、教育及娱乐软件
电影与视像	电影与视像图案机构、电影制作室、电胶片处理及电影院等
音乐	录音与制作、音乐表演
表演艺术	表演艺术、现场表演及戏剧娱乐
出版	印刷、出版及有关行业（包括漫书与多媒体出版）
软件与电子计算	软件顾问、软件服务、数据输入、网页设计、设计及互联网应用等
电视与电台	电视与电台制成及有关服务

资料来源：《香港创意产业基线研究》，http://www.cpu.gov.hk/chs/research_reports.htm。

报告中也指出，许多国家和地区都仿效英国的研究模式，包括澳大利亚、新西兰及新加坡，在经济政策上采用了"创意产业"这一名目。欧洲其他国家（如荷兰、西班牙、德国）和亚洲部分地区（如韩国、日本和中国），则使用"文化产业"。中国台湾将两词合并，采用了全新的"文化创意产业"（简称"文创产业"）。其实，2005年1月香港特别行政区第一任行政长官董建华在立法会的施政报告《合力发展经济，共建和谐社会》和2005年10月香港特别行政区第二任长官曾荫权在施政报告《强政励治，福为民开》中都开始使用"文化及（和）创意产业"为官方用词。① 董建华在2003年施政报告的"拓宽经济领域"和2004年施政报告的"创意产业"部分，都专门提到"创意产业"。但2005年1月他的施政报告第一次将文化和创意产业这两个概念整合在一起，使用了"文化及创意产业"这个一直到现在仍在沿用的术语，且对香港的文化及创意产业进行了全面的定位、分析，认为："综观亚太地区超过二十亿人口的范围，香港是最适合发展文化及创意产业的其中一个地方"，并第一次以正式官方的名义确定了香港创意产业包括设计、建筑、广告、出版、音乐、电影、计算机软件、数码娱乐、演艺、广播、古董与艺术品买卖等11个种类。

2006年香港大学文化政策研究中心又一次受香港特别行政区政府中央政策组委托发布的《香港文化及创意产业与珠江三角洲的关系研究》② （以下简称《港珠关系研究》），也将以前的"创意工业"或"创意产业"改名为"文化及创意产业"。

该研究报告对香港和内地的文化及创意产业的内涵、定义进行了详尽的比较。报告强调：内地和香港在文化及创意产业的定义方面有所不同，香港强调的是"一个经济活动群组"和"一个创造财富和就业的生产系统"，非经济性质和非生产系统的文化活动，以及创意附加值很低的制造业并没有被列入创意产业的范围之内，而内地强调的是"为社会公众提供文化、娱乐产品和服务的活动"，并没有把公共的文化服务系统和产业化的文化生产系统截然分开，所以内地的文化及相关产业分类更为宽泛，把新闻、文物及文化保护、图书馆档案馆、群众文化服务、休闲健身，以及文具、照相器材、乐器、玩具、游艺器材、纸张、胶片胶卷、磁带、光盘、印刷设备、广播电视设备、电影设备、家用视听设备等也列入其中。事实上，中国香港的文化及创意产业一开始就以英国的概念界定为参照标准，将公共的文化服务系统与私人工业进行了较为严格的区分，认为创意产业（文中称"创意产业"）应以纯私人企业为主。但事实上，随着香港政府对文化创意产业的日益重视，政府与民间机构（以非营利机构为主）对文化创意产业

---

① 许焯权：《香港文化及创意产业与珠江三角洲的关系研究》（终期报告），第38页。
② 参见 http：//www.cpu.gov.hk/chs/research_reports.htm。

的扶持，将这一产业纯粹归为私人企业已不再合适。或者说，香港在文化创意产业的发展过程中，已经远远超出了纯粹私人企业的范畴，且日渐与香港政府和民间有关香港经济、文化发展策略的共识、香港作为亚洲或国际化大都市的发展定位联系在一起，因而越来越注入公共政策和公共文化领域的要素。

二 香港文化创意产业概况

进入21世纪，香港陆续推出产业调研报告，全面梳理文化创意产业的现状。2002年9月，香港贸易发展局（香港贸发局）公布了首份题为《香港的创意产业》的研究报告，评估文化创意产业对香港经济的贡献。根据资料显示，截至2002年3月，香港创意产业聘用员工超过9万人，占香港总就业人口的3.7%；创意产业在2000年的出口总值达100亿港元，占香港服务出口总额的31%；同年，创意产业产值为250亿港元，约占香港本地产值的2%。[①]

2003年6月和2004年8月，香港与内地签署了《内地与香港关于建立更紧密经贸关系安排》（Closer Economic Partership Arrangement，CEPA）第一、第二阶段协议，内地承诺开放26个服务业领域，其中有多个行业（如广告、视听、文化娱乐等）属于文化创意产业范畴。按有关规定，香港影视制作等行业可以进入内地投资，并可从事文化市场开发等活动，这大大促进了香港相关产业的发展。

随后，香港特区政府于2004年正式策划推出香港创意指数（HKCI），拟定了5Cs作为香港的创意指数，即创意的成果、结构及制度资本、人力资本、社会资本与文化资本。研究结果表明，香港1999～2004年的整体创意指数显示出正增长，指数由1999年的75.96上升至2004年的100（以2004年作为基准年）。

2005年香港特区政府在施政报告中，则更详尽地论述了推动文化创意产业的原因和限制，并指出目前香港文化创意产业只占本地生产总值的4%左右，相对于英国的8%尚有很大的增长余地。2006年以来，CEPA在实施中不断深化，内地居民访港"个人游"的计划逐步扩大，已遍及泛珠三角全部省会城市；2007年元旦起进一步扩展至石家庄、郑州、长春、合肥及武汉等5个省会城市。

---

① 参见http：//www.hktdc.com/info/mi/a/tdcnews/sc/1X00LVSN/1。

《香港创意产业基线研究》是香港第一次对文化创意产业的较为全面的调研。这一研究深入地分析了香港创意产业当时的景况，包括产业结构、营业额、就业人数、产业的内外联系、国际享誉及经济效益等，同时将香港的文化创意产业与其他国家和地区进行了比较。据当年《基线》提供的统计数据，香港2002年与创意产业相关的机构共有17920间，从事创意产业人士有105060人，占总劳动人口的3.08%。创意产业的增值额达298.5亿港元，占本地生产总值（GDP）的2.5%。我们可以拿这组数据与2009年的相关数据进行比较。据2011年2月香港政府网站发布的《香港统计月刊》的专题文章《香港优势产业在2008年及2009年的情况统计》[1]，文化及创意产业2009年的增值额为629.35亿港元，占本地生产总值（GDP）的4.1%；就业人数188250人，占总劳动人口的5.4%；其分别比2002年的数据增加情况为：文化及创意产业的增值额在7年之后增长了1.1倍，共计330.85亿港元；占本地生产总值（GDP）增长了1.6个百分点，就业人数增加了83190人。

三　香港文化创意产业政策背景[2]

香港文化创意产业政策的发展可以分为以下三个阶段。

第一阶段：1997~2004年，创意产业概念的逐步形成与明朗

香港第一任最高行政长官董建华在1997年的施政报告中专门提到了旅游业、电影业、广播业等，在1998年的施政报告中他还提到对香港在科技创新能力方面的未来定位，即要使香港成为世界一流的设计和时装中心以及亚洲的多媒体信息和娱乐中心，并建议在电影业面临全球激烈竞争的环境下于1999年拨款1亿港元，设立电影发展基金，资助那些有助于提升电影专业和科技水平的计划，鼓励业界制作更多具有创意的影片，协助业界采用更先进的特技效果，并提高电影从业员的专业技术。

董建华在1999年的施政报告中提到了时代面临的三大转变：全球经济一体

---

[1] 参见《香港统计月刊》，2011年2月。下载地址：http://www.censtatd.gov.hk/hkstat/sub/sp10_tc.jsp?productCode=B1010002。

[2] 香港政府历年的施政报告请查询 http://www.policyaddress.gov.hk/11-12/sim/archives.html。

化、内地发展迅速、金融风暴后的经济转型。在这个形势下,香港也面临经济结构的转型。这要求香港一方面提高知识经济的比重和地位,另一方面坚定、明确自身的定位。将香港建设成为"世界级大都会"是香港政府提出的长远目标,它要求香港在原有优势和基础上,发展各种先进的、知识密集的行业,树立新的经济支柱,增强实力,为香港再绘宏图。

自此,从2000年的施政报告开始,董建华一再强调知识经济(创意、新科技)在香港经济发展中的重要地位,并认为创意、新科技观念在香港已深入人心;2003年在"拓宽经济领域"中他则特别提到了创意产业是知识经济体系中的重要环节,除了加强支柱产业外,政府还将积极推动创意产业,为香港经济注入新的元素。同时,第一次对创意产业的定义、类别进行划分与规范。创意产业是文化艺术创意和商品生产的结合,包括表演艺术、电影电视、出版、艺术品及古董市场、音乐、建筑、广告、数码娱乐、计算机软件开发、动画制作、时装及产品设计等行业。香港的创意产业已有一定基础,存在着进一步开发的潜力。民政事务局局长、工商及科技局局长与其他相关的决策局及部门,将会共同研究具体方案,营造有利环境,推动及协助创意行业的发展。2004年,香港最高行政长官董建华的施政报告第一次专门将创意产业单列出来,可见其重视程度一年甚于一年。该报告提出香港长期以来是中西文化交汇的地方,有利于创意产业的发展,工商及科技局和民政事务局会按照不同的需要,鼓励发展各种创意产业,包括推动结合内地的资源和市场,创出新境界。

第二阶段:2005~2008年,文化及创意产业和创意之都的确定

2005年董建华在他任期内最后一份施政报告《合力发展经济,共建和谐社会》中正式使用了"文化及创意产业"这一概念,从而以官方的姿态第一次将文化与创意产业结合起来,大大拓展了原来创意产业的内涵和外延,并用有史以来最大的篇幅对这一产业在香港的定位、概念、意义、措施进行详细论述。董建华将文化及创意产业视为香港发展的一个新经济增长点。在列举香港社会在制度、经济、人才等多方面优势的同时,他认为:"综观亚太地区超过二十亿人口的范围,香港是最适合发展文化及创意产业的其中一个地方",与英国相比,中国香港的文化及创意产业显然尚有增长的余地。关于原先的创意产业更名为文化创意产业的缘由,董建华认为:"在全球化的新竞争年代,要提升产品和服务的附加值,便要通过设计、包装、形象和广告等手段,实际上是凝结和体现文化的无形价值",扩大概念及内涵是为了"更清楚表明我们努力的方向"。

在施政报告中,董建华还提到了香港政府为推动文化及创意产业所采取的政策措施:(1)在数码化创作方面,设立了数码媒体中心和数码港资讯资源中心,今后还将设立培育中心,推动电视游戏创作;(2)在设计方面,不仅成立了设计中心,还推行了一项2.5亿港元的设计智优计划,发展一个服务中心,作为高增值设计的集中地;(3)在电影方面,通过CEPA为香港电影业打开内地市场,并加强现有电影基金的功能和运用等。2005年3月香港政府首次结合香港国际电影节、香港国际影视展、香港电影金像奖颁奖典礼、数码娱乐领袖论坛等多项活动,举办"香港影视娱乐博览",并将其作为一项世界级盛事。

董建华指出,提升文化水平既是香港市民追求的目标,也是文化及创意产业发展的前提。政府对香港文化的定位及发展的原则和策略,确认以人为本,尊重表达自由,保护知识产权,由民间主导和政府促进,全方位推动发展。

2005年10月12日,第二任香港特别行政区行政长官曾荫权发表了题为《强政励治,福为民开》的施政报告。报告指出:香港经济是高度外向型的经济,其发展策略是"背靠内地,面向世界",在高度自治的范围内开展经贸、金融、文体、旅游等对外交流,提升香港在国际上的知名度和竞争力,发挥内地与世界之间不可取代的桥梁作用。在强调香港是亚太地区的重要国际金融中心以及香港与广东、深圳之间特殊的区域发展关系的同时,报告提出:(1)通过策略发展委员会,促进运用创意发展经济,制造更多机会让创意人才交流互动;(2)通过康乐及文化事务署、香港艺术发展局、香港演艺学院、香港艺术中心艺术学院和教育界等,推动文化和艺术教育的发展;(3)成立电影发展委员会,全面深入检讨本港电影业的现况、面临的机遇与挑战,并策划发展方向和拟订明确的行动计划;(4)计划将石硖尾一幢空置工厂大厦,改造成为一所创意艺术中心。长远而言,香港必须就种种与文化及创意产业发展有关的重大议题,进行深入探讨和研究。政府鼓励文化界人士及民间团体积极研究有关议题,并乐意考虑协助他们成立文化与创意智库,以汇集和培养文化与创意研究的专才,与政府一起推动文化和创意产业的发展。

曾荫权在接下来的2006~2007年施政报告中又专门谈到文化创意产业,认为居于世界前列的金融和贸易中心都不缺少蓬勃的文化创意产业。香港流行文化产业在亚太地区内一直占据领先地位,音乐、电影、电视片集行销全球华人市场。电影作为香港创意产业重要的一环，在亚太地区内和全球拥有崇高声誉。凭着 CEPA，香港电影背靠强大的内地市场和资源优势，面对着新的机遇，加上政府的适当协助，可以再创新的辉煌。香港政府会理顺有关电影发展和支持的政府及公营机构架构，由工商及科技局局长全面统筹有关的政策、规划和活动，包括人才培训、海内外推广、摄制支持等工作，并成立由业界代表组成的电影发展局，协助工商及科技局局长的工作。

在同一份施政报告中，曾荫权又以"文化艺术城市"这一概念，强调香港要发展文化创意产业，需要汇聚世界各地的创意人才。吸引创意人才来香港，除了要有良好的发展机遇，还需要适当的城市文化氛围。政府已接纳了"表演艺术委员会"的建议，将在康乐及文化事务署辖下的演艺场地，推行"场地伙伴计划"，让场地管理者与艺术团体建立伙伴关系，制定有场地特色的艺术推广策略，扩大观众层面，协力寻求赞助，并鼓励更多市民参与艺术发展。政府将物色新的场地，支持中国传统表演艺术及各类演艺发展，并将注资 4000 万港元予"艺术及体育发展基金"，用以加强对文化界的支持。

2007~2008 年曾荫权的施政报告《香港新方向》对香港的经济、文化、社会进行了新的定位。曾荫权不仅确定了西九文化区作为香港文化艺术长远计划的"都市新发展区"，并就文化及创意产业的发展前景进一步提出了"创意之都"的新概念。

关于"创意之都"，曾荫权进行了详细论述：随着经济全球化，各种文化创意产业相继崛起，休闲产品、广告、电影、电视、旅游、设计、建筑、艺术等市场蓬勃发展，这种高增值且不影响自然环境的产业，符合全球城市的经济发展模式。香港在 20 世纪 70 年代开始在电影、电视、音乐、广告、设计及旅游等行业处于亚太地区领先地位。其中，"港产片"是香港最成功的创意产品典范，令香港的创意产品得以进军全球市场，并扬威国际。在对韩国、中国台湾、中国内地等周边国家和地区的创意产业竞争环境进行分析之后，曾荫权认为：未来 5 年香港的创意产业需要加快发展，否则优势不保。财政司长、商务及经济发展局将会主理香港创意产业发展计划，与有关政府部门、非政府机构及专业团体联手策划，制定今后的总策略、配套设施及人才培训等。曾荫权希望刚公布的西九文化区计划会成为香港文化创意产业发展的龙头，带动香港创意产业的发展，同时需要大量富有创意的人才和有鉴赏力的群众。教育局会推动中小学培育学生的创意、才能及艺术与文化方面的鉴赏能力，并鼓励大学扩展有关创意、演艺和文化人才的培训。在品牌推广方面，政府将请财政司司长推展有关工作，制定策略，为"香港品牌"注入新动力，加强宣传香港作为亚洲国际都会的形象，同时鼓励及推动品牌产品的发展。2010年上海世界博览会是宣传香港优质城市生活及创意之都的好时机，本次世界博览会以"城市创造美好生活"为主题，筹划了一系列香港城市形象推广活动作配合。

在2008～2009年的政府施政报告中，曾荫权为推动创意产业的发展提出了商务及经济发展局将整合并调配现时分属影视及娱乐事务管理处、创新科技署、政府资讯科技总监办公室及工业贸易署的资源，成立创意产业的办公室，负责政府跨部门协调工作。创意产业办公室将与业界紧密合作，携手推动创意产业发展，亦会考虑整合资源，以便更有效支持创意产业。

第三阶段：2009年至今，以六项优势产业为概念进一步推动文化创意产业

曾荫权在题为《群策创新天》的2009～2010年的施政报告中，以发展"创新"和"知识"为本的知识型经济为前提，提出香港不仅要发展传统的四大支柱产业（即金融、旅游、贸易及物流和专业服务），还要发展包括文化及创意产业在内的六项优势产业。此外，曾荫权还提到了2009年6月成立的"创意香港"专责办公室以及刚刚推出的"创意智优计划"，并特别强调了粤港合作开拓珠三角市场的重要性。

在2010～2011年的施政报告中，曾荫权进一步强调了发展文化及创意产业等六项优势产业的发展目标，指出："这是长远的产业计划，能令香港经济朝着多元化、高增值方向进发。我们今后仍会不断关注六项优势产业的发展，尤其是与内地市场的结合，为经济注入新动力。"曾荫权提到为配合西九文化区的发展，会加强文化软件内涵，培育观众，扶掖更多中小型艺术团体，并向艺术及体育发展基金注资30亿港元，为有潜质的艺术家及团体提供持续发展机会。

此外，香港政府2010～2011年的施政纲领提出了更为细致的措施和方案。其中，涉及文化及创意产业的新措施包括以下内容：

（1）推行"深港创新圈"三年行动计划，通过"港深边界区发展联合专责小组"与深圳市政府共同进行落马洲河套地区发展规划及工程研究，探讨以高等教育为主，辅以高新科技研发设施和文化及创意产业，发展落马洲河套地区的可行性。

（2）继续与文化艺术界紧密合作，加强发展文化软件，包括发展艺术节目、拓展观众，提供艺术教育与培育人才，为西九文化区计划做好准备。

（3）培养香港创意人才，包括资助一项专门技术培训计划，为本地电影业提供前线人才，以及赞助本地创意人才参加海外比赛，以展示香港的创意并争取国际地位。

（4）在2010年11~12月举办了多项推广创新及创意的公众及商业活动，包括"创新科技月"及"设计营商周"，以提高社会的创新及创意能力。并与各个创意产业界别合作，举行大型创意活动，增加在香港举办的创意盛事，推动香港成为亚太地区创意盛事之都。

（5）支持业界利用新媒体拓展市场并向国际推广本港的创意产业，包括资助建筑界建立展示香港建筑作品的网上平台，支持香港漫画界设立使用流动电话的销售平台，以便在本地及海外推广和销售香港漫画。

（6）检讨香港现行的表演艺术资助安排，为受资助的演艺团体厘定一套合适的评估准则，并改善有关的监察机制。

（7）推广香港设计，并鼓励善用设计为香港产品、服务及政府与公众间的联系增值，包括向珠三角地区推广香港的设计服务。

（8）推动电影业发展，包括推行电影发展局所提出的建议。在内地、台湾及东南亚地区举办电影节及商业配对活动，推广香港电影并介绍香港导演。继续发展电影数码发行网络，并通过电子媒介在本地的数码影院放映海外影片。

（9）鼓励香港创意产业善用3亿港元的"创意智优计划"，进行有助于业界发展的项目。

（10）与香港创意产业合作，培养本地创意人才，包括推行培训及见习计划，为大专学生及应届毕业生提供创意产业实习机会。支持香港建筑界将建筑元素加入中学课程，培育学生对建筑及创意的欣赏能力及兴趣。继续提供多样的学生学习经历、教师专业发展课程和学与教资源，加强设计和创意元素的学习，以提升中小学生的创意。

纵观上述，从1997~2011年香港两任行政长官历年的施政报告和2010~2011年的施政纲领中，不难发现，香港文化及创意产业的政策发展路径基于以下三个特点：

（1）始终以国际经济转型、香港的城市定位、香港自身产业优势、香港与内地的经济合作关系为依归。可以说，施政报告都是从反思两次国际金融危机并确立发展知识经济的思路、全球化经贸发展趋势、东南亚邻国创意产业发展动向为香港提升、发展文化及创意产业的大背景出发，从对香港的城市定位，包括香港作为中西文化交汇之地、亚洲国际都市、世界级大都会、创意之都这样的城市定位，思考香港目前和未来的城市发展方向，从香港自身在旅游、电影、音乐、演艺等产业方面的发展优势，从香港与内地尤其与广东地区的经贸互动与共荣之发展的眼光来思考、确定其文化及创意产业的整体发展定位、思路及措施。

（2）从产业强项，到概念的提出与清晰，再到概念的拓展，思路越来越清晰。从1997年董建华在第一份施政报告中重点提到的旅游业、电影业、广播业等产业，到2003年、2004年特别提到"创意产业"这个概念；从2005年董建华和继任的曾荫权都在施政报告中采用"文化（及）创意产业"这一扩展了的概念，并确定了所涉及的11个产业类别，再到近几年以重点发展六项优势产业的概念，将文化及创意产业提升到一个更高的区域经济、文化发展高度。总体上，这一系列施政报告是一个循序渐进的过程，发展文化及创意产业的思路越来越明确，其在香港整个城市发展中的地位越来越受到重视。

（3）政策措施越来越具体化。香港政府一向提倡"大社会、小政府"的理念。但对文化及创意产业政策的扶持及落实却相当具体、切实，包括设立专门的机构、加强与业界的互动、大金额的资助、对创意人才的培育、对青少年创意教育的重视等。这方面比较突出的是香港政府对电影业的支持，还有就是2009年曾荫权提到的专责机构"创意香港"的成立。

"创意香港"[①]是香港政府扶持文化创意产业的一项重要举措，是致力于推动创意产业、把香港发展成为创意之都的一个重要里程碑。"创意香港"的提出，源自国际金融危机之后香港政府发展六项优势产业中针对文化及创意产业而提出的新举措。[②]"创意香港"统筹政府在创意产业方面的政策和工作，把政府用作推动和加快香港创意产业发展的资源集中起来，并与业界紧密合作，推动创意产业的发展。这不仅可使政府内部推动创意产业发展的工作更加协调，还让香港政府更有效地响应业界需求，为业界提供更佳的"一站式"服务。此外，"创

---

① 创意香港，http://www.createhk.gov.hk。
② 2009年6月成立的"创意香港"是商务及经济发展局下属的一个专责办公室，重点工作是牵头、倡导和推动香港创意经济的发展。

意香港"亦积极协助业界团体在港举办大型创意活动,吸引各地的创意企业、人才及学者来港参与,巩固香港作为亚洲创意之都的地位。

"创意香港"的7个策略范畴:①

(1) 培育创意人才,让其成为发展本地创意经济的中流砥柱;

(2) 促进创意企业成立和发展;

(3) 制造对创新和创意的需求,并扩大创意产业的本地市场规模;

(4) 在内地和海外推广本地创意产业,协助业界开拓外地市场;

(5) 在社会上营造创意氛围;

(6) 在本地凝聚创意产业群组,以产生协作效应和促进交流;

(7) 推动香港成为亚洲创意之都。

"创意香港"提出的愿景是"把香港发展成为亚太地区内的创意之都",其使命为"在香港营造有利环境,促进创意产业的发展"。在本书的撰写期间,"创意智优计划"最新资助了2011年度由香港当代文化中心举办的"中华创意产业论坛"。②此论坛旨在建立强大网络及研究平台,以便大中华区创意产业的专业人士/企业家、创意教育学院、投资者与从业员、传媒、研究人员和决策者进行跨专业的交流与合作。

香港政府近两年来对文化创意产业的支持,还具体反映在以下几个方面:

(一) 资金方面

近年来,香港政府对文化创意产业的资助可谓不遗余力。在2010～2011年度财政预算案中,香港政府宣布向"艺术及体育发展基金"注资30亿港元作为种子基金,艺术及体育部分各占15亿港元,利用每年投资的回报,提供持续性的额外资源,资助文化艺术及体育的长远发展。香港民政局从相关的投资回报中每年预留一定金额给香港艺术发展局用于推动文化艺术,期望种子基金能提供稳定的投资回报,以支持香港艺术的持续发展。香港艺术发展局也会通过积极推动"香港艺术发展公益基金",争取社会资源支持本地文化艺术的发展。

我们以香港政府对2009～2010年度香港艺术的拨款为例(见图1):

---

① 参见http://www.createhk.gov.hk,"愿景及使命"。
② 参见"中华创意产业论坛",http://www.ccif.hk。

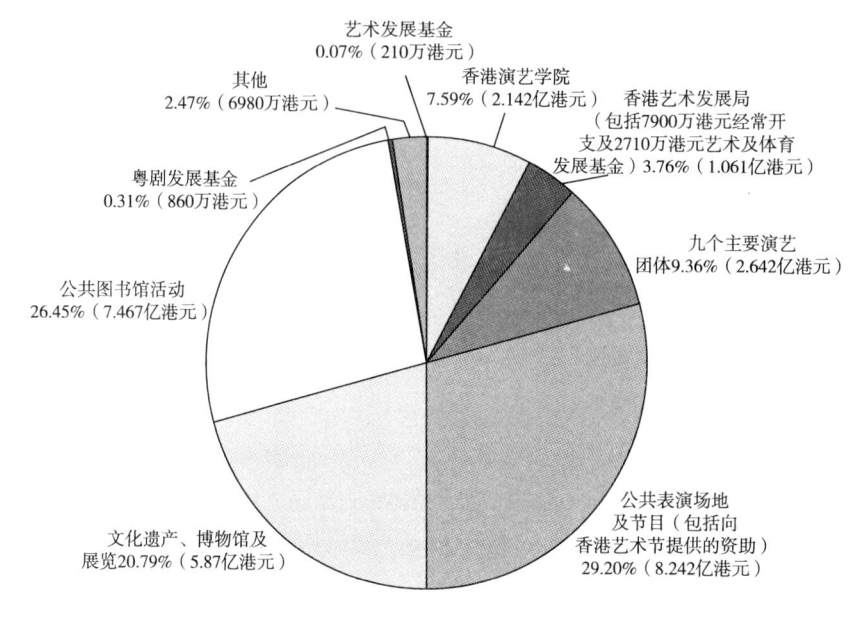

图1 2009~2010年度香港文化艺术拨款情况

资料来源：《香港年报2010》第19章"康体艺术"。

1. 经常拨款：艺术及体育发展基金及粤剧发展基金[①]

2009~2010年度，香港政府共拨出28.2亿港元（约占政府总开支的1%），用于资助艺术团体、艺术教育和推广，以及支付相关的行政费用，但并不包括基本工程开支。艺术及体育发展基金（艺术部分）在2010~2011年度获注资15亿港元成立种子基金，而每年取得的投资回报将用来资助文化艺术的长远发展。以每年投资回报率约4%计算，预计该基金每年可带来约6000万港元的投资收益。此外，香港政府会与2010年11月成立的艺术发展咨询委员会携手推出一套新的拨款机制，务求在现行的资助制度上提供更多支持，并推动公私营界别合作发展本地艺术。

香港政府亦在2010~2011年度向粤剧发展基金注资6900万港元，以支持更多承传、推广和发展粤剧的计划。该基金成立于2005年，截至2010年底，共拨出约3300万港元，资助约340个粤剧计划。

---

① 参见《香港年报2010》之"康体艺术"部分，http：//yearbook.gov.hk/2010/sc/index.html。

民政事务局从为数28.2亿港元的文化艺术经常拨款中拨出款项，定期资助9个主要演艺团体，让市民以负担得起的价格欣赏优质演艺节目。获资助的团体包括：香港中乐团、香港舞蹈团、香港话剧团、香港管弦乐团、香港小交响乐团、香港芭蕾舞团、城市当代舞蹈团、中英剧团和进念·二十面体。这些演艺团体在2009～2010年度共获得约2.64亿港元拨款。

2. 工程拨款

香港政府亦通过兴建和营运各类文化艺术表演场地、公共图书馆和博物馆来支持香港的文化艺术发展。在2010年，全港各区共有15个不同大小的表演场地，遍布多个交通便利的地区。此外，进行中的工程包括把油麻地戏院和红砖屋改建成戏曲活动中心（预计费用为1.867亿港元），兴建高山剧场新翼大楼（预计费用为6.832亿港元）。政府亦正筹划在观塘建设大型演艺场地，以满足东九龙地区的需要，并研究为新界东地区提供新演艺场地的可行性。

香港政府同时管理14所公共博物馆、香港电影资料馆、2所文物中心及艺术推广办事处，营运由66间固定图书馆和10间流动图书馆组成的公共图书馆系统。政府还推行多项工程，包括重置天水围、蓝田、白田和元朗的公共图书馆，以及兴建新的小西湾公共图书馆。此外，政府已向西九文化区管理局提供216亿港元的一笔过拨款，用以发展西九文化区计划。这是政府为配合文化艺术界的长远需求而作出的一项策略性投资。

（二）场地方面

在寸土寸金的香港，特区政府在保证文化及创意产业的场地（包括演出场地、创意工作室、创意教育场地等）方面所做出的努力，充分反映了政府对文化创意产业的重视程度。这方面，我们主要介绍"场地伙伴计划"和"活化工厦计划"。

1. 场地伙伴计划

曾荫权在2006～2007年的施政报告中，提到了"场地伙伴计划"：政府已接纳了"表演艺术委员会"的建议，将在康乐及文化事务署辖下的演艺场地，推行"场地伙伴计划"，让场地管理者与艺术团体建立伙伴关系，制定有场地特色的艺术推广策略，扩大观众层面，协力寻求赞助，鼓励更多市民参与艺术发展。政府还将物色新的场地，支持传统表演艺术及各类演艺发展。

表2 香港康乐及文体署2009~2010年的场地伙伴

(1) 香港大会堂	香港小交响乐团	(5) 北区大会堂	壹团和戏
	香港话剧团	(6) 西湾河文娱中心	夸啦啦艺术集汇
(2) 香港文化中心	香港管弦乐团	(7) 沙田大会堂	粤剧营运创新会
	香港中乐团		香港儿艺联盟
	香港芭蕾舞团	(8) 上环文娱中心	焦媛实验剧团
	进念·二十面体	(9) 荃湾大会堂	香港舞蹈团
(3) 葵青剧院	中英剧团		明日艺术教育机构
	W创作社及风车草剧团	(10) 屯门大会堂	春天戏曲发展及汉风戏曲新创念
(4) 牛池湾文娱中心	团剧团	(11) 元朗剧院	中英剧团
	东边舞蹈团		多空间

资料来源：香港康乐及文体署2009~2010年报。

香港康乐及文体署由2009年4月起全面推行为期3年的"场地伙伴计划"，以提供一个支持表演艺术持续发展的环境。在这项计划下，20个场地伙伴（包括以个别、联合和联盟形式参与的艺团）在11个演艺场地举办不同类型的演艺活动。这项计划旨在鼓励演艺场地与演艺团体建立伙伴关系，以达到建立个别场地的艺术形象和特色、扩大观众层面、善用现有设施、鼓励社会各界参与艺术发展、促进演艺界健康发展的目标。

康乐及文体署为这些场地伙伴提供不同形式的支持，包括容许他们优先订租场地设施、提供拨款，以及加强活动的宣传工作。在2010~2011年度，该20个场地伙伴共举办了613场舞台表演和545项观众拓展活动，参加者约有79.5万人次。

2. "活化工厦"计划

曾荫权在2007~2008年的施政报告中，针对历史建筑物提出过"活化"概念："我认为历史建筑物不应单单保存，而是应该活化，发挥它们的经济及社会效益，这样才符合可持续保育概念。"① "活化"其实是在政府的干预和资助下，对被废置的工厂、酒店等历史建筑的再利用、可持续发展和保育计划。在2009~2010年的施政报告中，曾荫权提出：释放逾千幢工业大厦的潜力来配合推动包括文化创意产业在内的六项优势产业，并通过政府的"活化"计划，使香港中

---

① 参见http://www.policyadress.gov.hk/11-12/sim/archives.html。

环码头用地和中环街市成为闹市的休闲新去处。此外，社会对将中央书院"活化"成创意文化地标反应积极，政府已为两座前警察宿舍制订复修计划，在未来数月会邀请有兴趣的团体或企业，提交营办创意产业的建议书。①

其实，早在2005年，香港就启动了位于九龙磡石硖尾的一所高九层的旧工厂大厦的"活化"计划。这个后来名为"赛马会创意艺术中心"②的多元艺术中心于2008年正式开幕。作为自负盈亏的注册非营利机构，该中心以推广艺术和文化、培育创意艺术人才为目标。该中心提供完善的展览设施和一个黑盒剧场，并有100多个为不同艺术形式而设的工作室，包括绘画、雕塑、陶艺、玻璃艺术、版画、装置、摄影、动画及录像制作、音乐、舞蹈和戏剧，可供艺术工作者或艺团租用。2010年，中心举办的主要项目有季度性的"JCCAC山寨市集"，以及与其他机构合办的大型艺术节活动，包括"香港舞蹈节2010"和"香港摄影节2010"。赛马会创意艺术中心的成立，其意义一方面是香港政府的"活化工厦"（活化工业大厦）的规划直接用于文化创意产业的发展；另一方面，它是由香港浸会大学这样地方高校、"香港赛马会慈善信托基金"、香港艺术发展局这样的官方组织和香港艺术中心这一自负盈亏团体等几方共同努力的结果。这种由官方、半官方、高校、NGO等组织合作建立的文化创意产业基地，其建制、运作模式无疑是一种大胆的尝试。

而好莱坞道前已婚警察宿舍项目，延续了赛马会创意艺术中心的模式。它由同心教育文化慈善基金会有限公司，连同香港理工大学、香港设计中心和职业训练局辖下的香港知专设计学院，共同"活化"成名为"原创"的标志性创意中心。

香港发展局局长林郑月娥在2010年11月的记者会上表示，获选的"原创坊"项目计划周详，内容充实全面，充分照顾到推广创意产业、文物保育和提供邻舍休憩用地三项政策目标。"原创坊"将提供可作展销创意产品的设计工作室、室内多功能创意活动厅、户外创意活动空间、创意资源中心、供访港交流的设计及艺术工作者的住宿房舍、展示中央书院墙基遗迹和诠释该址历史的设施、美化休憩空间及其他商业配套（如餐饮设施）等，公众设施占地多达2000多平

---

① 参见 http://www.policyaddress.gov.hk/09-10/chi/p55a.html。
② 香港赛马会创意中心，详见本文附录。

方米。她说："随着好莱坞道前已婚警察宿舍的甄选工作完成，加上由香港赛马会负责的中区警署建筑群的当代艺术中心和市区重建局负责的中环街市的城中绿洲，一片保育'点'、'线'、'面'的'面'正逐渐形成。几年后的中环不仅是香港的金融中心，亦是一片令人流连忘返的好地方。"她表示，政府已在工务计划下预留约4.2亿港元，由政府负责进行翻新工程。同心教育文化慈善基金会有限公司会承担政府工程以外的修葺工程费用，以及配合计划用途的装修费用，并负责营运该标志性的创意中心。①

（三）人才方面

商务及经济发展局在2009年6月成立的"创意香港"专责办公室，联系不同创意界别，为本地创意产业界提供"一站式"服务，与业界携手推动本地创意产业的发展。香港政府同时成立为数3亿港元的"创意智优计划"，为创意产业发展提供财政支持。计划推出以来，业界反应积极，至今已批出6800万港元资助38个项目。获资助项目包括：支持本地创意人才参与国际性比赛，为有意投身创意产业的年轻人提供有薪实习工作机会，以及支持业界在内地及海外举办推广活动，展示香港创意人才的才华，同时提供洽商平台，协助他们拓展市场等。此外，"创意香港"亦积极协助业界团体在港举办大型创意活动，吸引各地的创意企业、人才及学者来港，巩固香港作为亚洲创意之都的地位。

通过"创意香港"的支持，浸会大学电影学院及来自美国的萨瓦纳艺术设计学院分别于2010年6月及2011年10月正式成立，两校合共将提供超过1900个不同程度的学位，进一步加强本港培育创意人才的能力，为香港创意产业提供生力军。

"创意香港"成立至今，协助及支持举办的创意产业推广活动逾60项，吸引来自超过30个国家及地区超过38万人次参与。总体而言，"创意香港"过去一年多的工作，就向外推广本港创意产业、在本地培育创意人才、于社会间凝聚创意氛围及巩固香港亚洲创意之都的地位等方面，均取得了初步的成效。

---

① 参见 http：//www.createhk.gov.hk/sc/news/wn_101115.htm。

四 香港文化创意各产业发展现状

本章节的相关数据来源主要出自香港政府网站（香港政府一站通，http：//www.gov.hk）中的公开资料、香港与文化创意产业有关的专业网站[①]、实地考察所得研究报告及访谈所得材料[②]。在"香港政府一站通"中，与创意文化产业有关的"政府部门"有：知识产权署、建筑署、旅游事务署、康乐及文化事务署、影视及娱乐事务管理处；在"有关机构"中，与创意文化产业相关的有：西九文化区管理局、香港旅游发展局、香港艺术中心、香港艺术发展局和广播事务管理局。这些政府机构与部门为我们提供了大部分资料数据。

康乐及文化事务署是专门扶持和管理香港表演场所的重要机构，其发布的年报内容主要涉及香港演艺业与博览业的概况，如各文化场地（大会堂、文化中心、剧场、艺术中心、文娱中心、体育馆、科学馆和太空馆等）的表演场数、入场人次及使用率，按演艺办事处划分的文化节目表演场数及入场人次；博物馆，历史博物馆、文化博物馆、艺术馆、科学博物馆及香港电影资料馆的入场人数等，也是本章节重要的数据来源之一。

另外的主要统计数据包括"香港政府一站通"提供的诸多年度报告等数据资料，主要有：《香港2010》、《香港统计月刊》、《服务业统计摘要2011》、《香港统计数据一览2011》、"香港艺术发展局2009～2011年主要计划"、"香港艺术发展局2009～2010年报"、"香港设计中心2009～2010年报"、"香港青年艺术协会2009～2010年报"、"香港青年艺术协会2010～2011年报"、贸易发展局的"香港行业概况主页"[③]（建筑设计、影视娱乐业、出版业等）等。我们尽量以香港政府最新公布的2010年的统计数据为基础，适当采用2009年和2011年的资料。同时，我们也适度参考了内地有关香港文化创意产业的网站，如香港文化创意网报（http：//hongkong.china9986.com/）、中国文化创意产业网香港站（http：//www.ccitimes.com/xianggang/）等。[④]

[①] 具体见本文附录。
[②] 负责本部分基本资料的黄春平副教授对香港中文大学的许焯权教授和冯应谦教授进行了专题访谈。
[③] 参见http：//www.hktdc.com/info/mi/hkip/sc。
[④] 上述统计数据资料在文中引用时将不再一一注释。

本章采用的香港文化创意产业以2003年《基线》中的11类产业为分类标准，但根据资料收集情况和香港文化创意产业的发展动态而略有改变。在此，我们将香港的文化创意产业分为九大类，包括：设计，建筑，广告，出版，电影与录像，软件、电脑游戏及互动媒体，演艺，广播（电台、电视台），旅游与会展。

由于资料的不足，我们去掉了"音乐"和"艺术品、古董及手工艺品"两类，将原来的"数码娱乐"和"软件与电子计算"两类合并为"软件、电脑游戏及互动媒体"。① 另外，由于香港作为亚洲自由贸易中心和国际化大都会，其旅游和会展业在粤港澳台四个区域中占有特别重要的地位，因此，本书将"旅游和会展"作为香港文化创意产业的一大内容。

（一）设计业

在2011年2月由香港设计中心公布的《香港设计指数初阶发展报告》，对设计的界定为：包括专门的设计活动、建筑服务、城市规划及设计、室内及家具设计、多媒体、视觉及平面设计、时装设计和工业设计。这定义亦被香港特区政府官方行业分类采用。据2009年的统计，香港设计人员约有4.7万人。香港政府对设计行业非常重视，2009年的"设计智优计划"投入了1900多万港元，在"创意智优计划"中投入了2000多万港元。

香港拥有国际视野，尊重传统和文化，其商业和设计团体均为富有国际化和充满活力的企业，这使设计师能在不同商业领域中——包括时装、珠宝、动漫、汽车设计和产品设计及服务等——享有国际声誉。香港非常重视对设计人才的培养和鼓励，香港设计中心于2010年12月3日公布了"亚洲最具影响力设计大奖"、"设计领袖大奖"、"世界杰出华人设计师"以及"香港青年设计才俊大奖"，让彼此欣赏当代卓越设计的背后理念和手法，成为设计界的楷模。各大奖项反映了亚洲设计的发展轨迹，鼓励设计师、业界和相关参与者朝着更恰当、更具意义的方向迈进。

---

① 2003年的《基线》研究中，原有"软体与电子计算产业"和"数码娱乐产业"这两个类别，在最新的2011年7月由香港教育局主办的"香港六项优势产业讲座系列之二：文化及创意产业"的"行业范围"中，将原有的这两个产业合并为"软件、电脑游戏及互动媒体产业"，似乎更符合目前电脑与软件业发展中的文化创意部分的内涵。

其中，"亚洲最具影响力设计大奖"旨在表扬来自世界各地的机构和设计师以优秀独特的设计为亚洲生活文化增添光彩，并促进社会发展，为企业带来商业成就。该奖项自2003年推出以来，已成为亚洲区内一个重要的设计交流平台。"亚洲最具影响力设计大奖"征集的作品种类非常广泛，包括服饰设计、产品和工业设计以及环境设计，共18个组别，最优秀的前三名会被授予金、银、铜奖。2010年的"亚洲最具影响力设计大奖"共收到650份来自亚洲、欧洲和美洲的参赛作品，数量为历年之冠，反映此大奖的认同度与日俱增，深受本地和世界各地设计专才的重视。2010年共公布108个奖项，包括9个最高荣誉大奖，3个特别奖——分别为文化、科技及可持续发展，9个金奖、16个银奖、23个铜奖，以及48个优秀设计奖。

"世界杰出华人设计师"大奖旨在表彰传承中国传统文化的杰出华人设计师，其设计才华广受赞赏，在国际上享誉盛名。工业设计师陈秉鹏凭借其杰出成就获此殊荣。而"香港青年设计才俊大奖"以设计中心的核心理念为本，在社会上担当一个重要的平台，为青年设计师寻找和提供赞助，支持他们在创意和知识上的进深。在此前提下，"香港青年设计才俊大奖"以拓宽香港新一代设计师的思维为目的，下设四个奖项。

2010年香港设计界最重要的活动主要有：

2010年5月，由香港设计中心主办的"香港：创意生态——商机、生活、创意"活动在上海隆重揭幕。此项为期6个月的大型活动，通过主题展览及教育工作坊等形式，让内地观众及汇聚上海的全球世博会参观者，从多角度认识香港创意产业的水平及优势，包括香港设计师的时尚活力、领先风格、推陈创意及卓越品牌建构。此次活动的主题"香港：创意生态"彰显了香港创意产业的发展与这个持续蜕变都会的紧密关系，即香港作为一个充满活力的国际城市，不但吸引海外专业人才驻足发展，更培育众多扬威国际的本地设计师。作为香港参与上海世博会而举办的一系列官方活动之一，此次活动旨在通过万众期待的上海世博会，展示香港殿堂级设计大师的耀目作品及不同领域的创意产业。

"香港：创意生态"活动包括三大主题展览、两个论坛、五个研讨会及三个工作坊、新书发布及五个特别为学生及年轻设计师举办的上海交流团。此次活动展出了众多香港本地杰出设计师的作品，涵盖时装及奢侈品、产品、空间设计及服务系统。

此外，香港设计中心还邀请了50名青年设计师，利用由"进念·二十面体"艺术总监荣念曾设计的"天天向上"人形塑像为蓝本，以无穷创意展现50具设计风格迥异的人形塑像。整体而言，该展品展现了香港本地星级青年设计才俊的多元化活力及创作思维背后所蕴涵的理想。

每年12月的"设计营商周"由香港设计中心于2002年首次举办，标志着设计、创新及品牌概念的"设计营商周"享誉国际，每年吸引着全球最优秀的设计精英汇聚香港，成为全球创意工业不容错过的年度盛会。"设计营商周"旨在推动设计与商界紧密互惠的联系，借此鼓励商界发掘优良设计及创新思维的商业价值和潜力。"设计营商周"每年网罗来自设计、商界、中小企业及教育界的权威人士出席，就现时全球最关注的议题举办不同类型的精彩活动，包括展览、国际论坛及一连串的设计外展活动，为业界提供交流、互动、引发创意及建立网络的平台。

2010年6月10日由香港设计中心主办的DFAA（亚洲最具影响力设计大奖）对话广州设计师活动在广州举行。优质和独特设计是成功营商的先决，也是谋求稳健发展及提高生活素质的基石。穗港设计界逾150名设计师齐聚广东美术馆，出席由香港设计中心主办的DFAA对话广州设计师活动，共同探讨"如何成为亚洲最具影响力的设计"。

表3　2010年香港设计中心活动

日期	活动	主办机构
2010年12月~2011年5月	香港国际海报三年展2010	香港文化博物馆
2010年12月~2011年2月	大师讲座系列	香港知专设计学院
2010年12月10日~2011年1月3日	李永铨与设计二十年展	李永铨设计有限公司
2010年12月7日~2011年1月5日	"书法·设计"海报及创作展览	香港设计中心
2010年12月7~29日	日本设计新视野展览2010	香港设计中心
2010年11月29日~12月4日	设计营商周2010	香港设计中心
2010年11月26日~12月12日	Detour 2010Design Mart	香港设计大使 香港设计中心
2010年11月26日	Designed in Denmark(Macau)	丹麦王国驻香港总领事馆 丹麦出口协会

续表

日期	活动	主办机构
2010年11月25日~2011年2月25日	红点设计大奖展览	香港知专设计学院 香港专业教育学院 Reddot
2010年11月23日	Designed in Denmark(Hong Kong)	丹麦王国驻香港总领事馆 丹麦出口协会 Manks Limited
2010年11月20日	2010好香港海报设计大赛——截稿日期	Outer Limits Design Association
2010年11月19日	加快升级转型与提升企业睿智:设计与品牌	香港设计中心
2010年11月17日	知识产权文化系列2010:中小企业创意营商环境观研讨会	香港设计中心
2010年10月29日~11月1日	Open Academy 2010展览	香港设计中心
2010年9月16日~10月15日	我的家在紫禁城展览	何鸿毅家族基金 设计及文化研究工作室
2010年9月15日	The Second This Happened HK	香港设计中心
2010年9月10~26日	地毯,横额与皮革——升级再造实验展	香港当代文化中心
2010年8月13~15日	Mini-Design Mart 2010	香港设计中心
2010年8月1~15日	HongKong Ambassadors of Design Open Academy 2010	香港设计中心 香港设计大使
2010年7月29日	"亚洲最具影响力设计大奖"免费设计讲座	香港设计中心
2010年7月26日~8月13日	"设计体验营"2010	香港设计中心
2010年7月14日~9月29日	免费知识产权咨询服务	香港设计中心
2010年7月8~26日	从"设计思维"出发——学校协作计划	香港设计中心
2010年6月26日~9月18日	2010"志在创业——设计与创意工业"课程	香港设计中心
2010年6月21~25日	设计创新机(ReD)2010	香港设计中心
2010年6月8日	Design Innovation Affecting Government Policies and Businesses-Sharing from Denmark's Innovation Unit:MindLab	香港设计师协会
2010年6月3~17日	理大设计年展二〇一〇	香港理工大学
2010年5月15日~10月31日	"香港:创意生态——商机、生活、创意"于上海世博会上大放异彩	香港设计中心
2010年4月1~3日	"设计出路2010"春季展览	香港设计中心
2010年3月25日~5月30日	"ONE"设计展览	香港设计中心
2010年3月19日	时装世界精英大奖	香港制衣同业协进会
2010年3月13日	"志在创业——设计师学会计"	香港设计中心
2010年3月6~27日(每周六)	"设计·星期六"——"设计在饮食"	香港设计中心
2010年1月22~24日	MaD 2010	香港当代文化中心

资料来源:香港设计中心。

说到香港设计就不得不提香港设计中心。香港设计中心在业界的支持下于2001年成立，是获得政府拨款运营的非营利机构，其宗旨是推动香港成为亚洲的设计之都，利用设计和创新来创造价值和改善生活素质。香港设计中心举办广泛而多元的活动，包括与设计相关的研讨会、展览、会议、工作坊、论坛、刊物、奖项及其他项目。该中心希望通过多元化的项目和活动，使香港成为设计知识的汇聚点，并策略地使用设计和创新保持地区竞争力，最终达到经济繁荣发展和社会安泰的目的。

《香港设计中心2009~2010年报》（以下简称《年报》）称，香港设计中心不仅每年对设计人才进行嘉奖，设立"亚洲最具影响力设计大奖"、"设计领袖大奖"、"世界杰出华人设计师"和"香港青年设计才俊大奖"，以激励设计人才，扩大香港设计的国际影响。此外，该中心还以设计师为对象举办知识产权咨询服务及其他文化系列活动，如志在创业设计、创意工业2009、海外设计大师班等，还有系列调研，如香港设计指南、香港设计指标研究等。

虽然设计师是设计行业的核心，但是香港设计业十分看重设计的实践价值，因而香港设计中心为相关商界和公营机构特设了以下项目："设计创新机"及其研讨会、"设计营商周"、品牌管理国际会议、知识产权营商论坛、设计教育亚洲会议、创新科技亚洲会议、Global Design Network 2009、创新科技及设计博览、深圳工业设计论坛、设计游、"智营设计"午餐会系列、"寻找设计师"指南、与公营机构合作提供设计服务试点计划——香港邮政等。

除了设计师、商界和公营机构，香港设计中心还为公众提供设计方面的服务，以此实践其"利用设计和创新来创造价值和改善生活素质"的宗旨。在《香港设计中心年报2009~2010》中提到，以公众为对象的设计项目有：创意学习系列（从"设计思维"出发）、设计体验营、设计论坛、社会能量（当代荷兰设计展览）以及"志在创业——设计与创意工业"等。

除此之外，香港设计中心还举办各种活动以推广香港设计业，以此践行"推动香港成为亚洲设计之都"的宗旨和目标。《年报》中提到的具体活动有：香港设计大使筹款晚宴、"一砖一瓦建亚洲2009——我的文化城市"、"Pecha Kucha Night"、"融荟：深圳·香港设计邀请展"、创意香港展览、港台电视节目《设计城市》等。

另外，为使政府内部推动创意产业发展的工作更加协调，2009年香港政府成立了"创意香港"专责办公室，隶属于商务及经济发展局，旨在推广设计和创意。创意香港统筹政府在创意产业方面的政策和工作，把政府用于推动和加快香港创意产业发展的资源集中起来，并与业界紧密合作，推动创意产业的发展。

"创意香港"通过多种渠道为设计提供支持。一是创意智优计划。这个为数3亿港元的"创意智优计划"于2009年6月成立，旨在为香港创意产业发展的项目提供资助。二是设计智优计划。该计划一方面为设计业和商界合作的项目提供等额资助，鼓励中小企业使用设计服务，另一方面通过设计创业培育计划培育新晋设计公司。三是香港设计中心推广设计作为增值活动，将香港打造成为亚洲设计之都。

（二）建筑业

据2010年10月香港贸易发展局公布的《香港建筑设计业概况》，香港建筑业有以下几大优势（或特色）：(1) 香港的建筑业专业人才在多类建筑及发展项目中的设计素质均跻身世界最佳之列；(2) 香港在高层建筑设计、斜坡设计、高密度房屋设计及有限空间设计等方面相当先进，尤以高层建筑设计著称，中区的建筑物充分表现出香港建筑师的多才多艺；(3) 专业建筑设计服务输出是香港建筑设计业的重要组成部分；(4) 不少香港公司参与亚太地区特别是中国内地的住宅发展项目、酒店、商业中心、大型城市规划及基础设施项目。据香港贸发局有关数据的统计，2008年香港输出的建筑设计、工程及其他技术服务总值按年增长65.2%，达31.93亿港元，是2005年的3倍。

2010年6月与建造及地产活动有关的建筑、测量及工程策划服务的行业数据显示，香港的机关机构数目为1930家，从业人员共21683人。建筑师的服务范围大致上可分为三类，即计划、设计及发展。据2010年10月的统计，香港建筑师学会有3774名注册会员。以前，香港的建筑师事务所大多是本地资本。随着亚太地区的商机涌现，不少外国建筑师前来香港工作。与此同时，香港建筑师承接的境外项目，不少来自在境外投资的香港公司。中国内地是香港建筑设计服务输出的最大市场。近年来，中东建筑业亦吸引不少香港建筑师探索当地市场。例如，巴马丹拿集团及凯达环球等香港知名的建筑事务所，已在中东建立业务，以拓展当地市场。

自从香港政府在2007年公布十大基建项目后，香港对建筑服务的需求有增加迹象。此外，政府着手"活化"历史建筑，也为香港建筑师和建造工程师带来不少商机。香港政府在2010~2011年度财政预算中重申，会继续大力投资基建，其中包括港珠澳大桥香港口岸和启德邮轮码头大楼。在2010~2011财政年度，政府将拨出496亿港元发展基建项目，较2009~2010财政年度的451亿港元有所增加。预期未来数年，政府每年将拨出500亿港元作为公共开支。与此同时，随着中国内地城镇化发展以每年1%的速度推进，预计将有超过1300万人从农村迁往城镇，推动建筑服务需求，建造项目势必将增加，为香港建筑事务所缔造商机。

香港的建筑事务所自20世纪70年代后期起进入中国内地市场。由于擅长处理需要采用先进技术的复杂项目，香港建筑师曾经参与设计多个主要城市的地标大楼及多用途设施。他们也曾为中小城市的高档住宅项目以及"绿色"楼宇绘制蓝图。截至2008年底，内地共有474家香港、澳门及台湾投资建筑服务企业，其中109家独资经营，另有363家外商投资建筑企业，其中106家独资经营。截至2008年9月，共有412名香港建筑师学会会员取得内地资格，注册后便可成为一级注册建筑师。同时，共有347名内地建筑师取得香港建筑师学会会员资格。

此外，2010年4月，香港绿色建筑议会推出"绿建专才"计划，为建造业专业人士提供关于环保楼宇的培训。目前，共有141名建造业专业人士被认可为"绿建专才"，其中不少是来自建筑界。

值得一提的是，2009年首个以建筑为主题的艺术节"建筑是艺术节"（Architecture is Art Festival）在香港文化中心举行。这一艺术盛会由香港艺术团体"进念·二十面体"策划，邀请了来自影视、戏剧等多领域的名流参加，从艺术的角度重新审视建筑，从生活和艺术的角度，认识建筑、理解建筑、学习建筑。这一以建筑为主题、将建筑艺术与演艺艺术结合起来的、颇具新意和现代气息的艺术节于2011年再次举行。

2010年在香港设立并颁发的与建筑有关的奖项有："中国建筑传媒奖2010"、"环保建筑大奖2010"、"香港建筑师学会2010年年奖"和"优质建筑大奖2010"、"亚洲都市景观奖2010"等。

（三）广告业

广告业是香港文化创意产业的一个重要组成部分。资讯自由流通、商业文化高度发达、城市经济国际化、创意人才集聚等得天独厚的因素，使香港的广告业发展得较为成熟。

据统计，2007年香港经营广告业务的公司超过1100家，其中约半数从事广告策划代理及顾问服务，其他广告招牌制作以及广告赠品制作公司分别约200家，宣传展览公司约50家，广告喷画制作公司40多家，电视广告制作公司20多家，户外广告制作公司约20家，直销市场服务、报纸及期刊广告制作公司，以及网上广告制作公司各10余家等。

据香港广告商会提供的信息[①]，2009年企业投放在香港的广告开支达261亿港元，同比增长约5.9%（其中香港企业投放于广告的开支为246亿港元）。这些企业中列于前三位的分别是银行金融业、家居用品业及医药业，其中银行金融业的广告开支最多，为24亿港元。但从投放媒体的分布看，投放于电视的广告开支占35%，报纸30%，互联网3.6%，电台5%。

据《大众传播业：2010年人力调查报告摘要》的数据，截至2010年2月，香港从事广告与公共关系业的人员有22338人，是同期9905名新闻业从业人员的2倍多。

香港的广告作品在全球最负盛名的广告业颁奖盛典——戛纳国际广告节中屡获殊荣，显示出香港广告业的国际水平。在2010年第57届戛纳国际广告节中，共有超过2.4万份来自世界各地的广告作品参加竞逐，香港作品最后荣获10个奖项，包括由"创意香港"资助的两位金帆广告大奖得主所获得的1项银狮奖和3项铜狮奖。

2010年，香港广告商会（HK4As）参加了2010年上海世博会，发表了《中国品牌走向全球——现在与未来之成功因素》的研究报告。该研究报告的目的是巩固香港在中国独特的市场及国际城市地位，并展示香港广告业作为香港创意产业的支柱所提供的世界级专业服务。香港广告商会首次集合全球四大广告集团，包括宏盟集团（Omnicom）、WPP集团、Interpublic及阳狮集团（Publicis Group）的领军人物，发表对中国品牌的建设性意见和建议，令这一研究更具权威性和国际化专业视野。

（四）出版业

香港是地区性出版中心，印刷业十分发达。言论自由及对传媒态度开放是国

[①] 《去年香港广告业收入261亿港元》，新华网，2010年2月26日。

际著名出版物汇聚香港的重要原因,不少国际性报纸、杂志及书籍出版商都在香港设立其亚洲总部。同时,香港优越的通信网络惠及出版行业。例如,国际出版商可以利用卫星通讯把文稿及高质量图像传来香港,制作亚洲版书刊。据香港贸易发展局公布的"香港行业概括"的统计数据,截至2011年3月,香港印刷及出版业机构数目为4135家,印刷及出版业的从事人数为37156人。

香港的出版业制品可分为以下几类:

(1)报纸杂志:香港的报纸杂志多种多样,有中文、英文及其他语种版本,由本地及国际出版商出版。不少国际出版商以香港为基地,处理改编、印刷、广告销售及订阅等工作。

(2)书籍:由本地及国际出版商出版,包括大众化书籍、教科书、参考书,以及专业书籍。

(3)非书籍出版物:主要包括增长迅速的电子出版业产品,如多媒体只读光盘及网上出版物等。

出版业的服务提供者分为:

(1)报纸杂志出版商。2010年7月底,香港共有47份报纸及652份注册期刊(包括多份电子报纸)。众多报纸中,中文22份,英文13份,双语7份,日文5份。中文报纸中,17份主要报道本地及国际新闻,3份专门报道财经新闻,其他关于赛马。香港是不少地区刊物的基地,很多国际传媒机构在香港设有办事处。例如,香港是《远东经济评论》的地区基地,而《亚洲华尔街日报》、《金融时报》、《USA Today International》、《国际先驱论坛报》和《日本经济新闻》也在香港付印。一些专业出版商制作商贸刊物,在本地或国际发行,它们之中不少也是展览会主办机构。

(2)书籍出版商。在香港有业务的国际书籍出版商包括,牛津大学出版社、朗文、读者文摘和麦美伦。这些出版社除了为香港市场制作、推广和发行书籍之外,更将书籍出口到它们在世界各地的姊妹公司。近年来,不少外文书籍都有中文译本,包括管理、个人理财、自我增值等,亦有漫画及流行小说,特别是曾经改编拍成电影或电视剧的作品。此外,由于方便储存、搜寻和检索的特性,只读光盘出版被非书籍出版商重视,不少出版社将书籍以光盘形式发行。多媒体只读光盘的内容主要是教育和参考资料。随着网上出版渐趋普及,越来越多杂志、地区报纸、本地报纸及通讯社上网,也有不少纯粹的网上出版商。

在2011年上半年，中国香港的印刷品出口达8.76亿美元，较2010年同期上升8.4%。美国、英国、澳大利亚及中国内地市场合占中国香港印刷品总出口接近6成。香港是中文书刊的主要出版中心之一，有一些中文报纸及杂志也在中国台湾、大陆及海外华人聚居的社区发行（见表4）。

表4 2010~2011年上半年香港印刷品发展状况

经印刷的书籍、报纸、图画及其他印刷品（HS49）	2010年	2011年1~6月
出口总值（亿美元）	18.90	8.76
增减（%）	+10.5	+8.4
主要出口市场（比重%）	—	—
美　　国	34.4	32.7
英　　国	14.5	14.1
澳大利亚	6.3	6.2
中国内地	6.2	6.1
德　　国	4.6	4.7
日　　本	4.2	4.4

资料来源：http://www.hktdc.com/info/mi/a/hkip/sc/1X006NW7/1/香港行业概况/香港出版业概况.htm。

每年一度的香港书展是香港出版业的盛事，吸引来自中国台湾、中国内地以及世界各地的出版商、图书销售商、发行商、作家及读者参与。与香港书展2011同期举行的国际出版论坛，主题是"出版电子化的新机遇"。2011年，共有526家商号参加香港书展，其中约100家来自外地，大会吸引了近95万人到场参观。①

值得关注的是，随着电子书热潮横扫全球，香港出版业也积极配合这股数码化趋势。2010年，香港出版超过1000本电子书。光波24书网是一家本地综合性电子书商，自2010年推出流动电子书应用程序以来，业务已取得10%~20%的稳定增长。"香港书展2011"为迎合电子书日趋普及的大势，特别为电子出版业设立两个专区，吸引了32家商号参展，较2010年增加60%。其中，"未来书店体验区"在2011年首次登场，吸引了10000名参观者。此外，由"3香港"与

---

① 参见http://hkbookfair.hktdc.com/tc/Media_PRPage.aspx?id=3112。

香港贸发局携手合办的电子书阅读平台，自6月底起已经有超过18000次下载。

香港的印刷业十分发达，为香港出版业提供有力的支持。不过，据香港印刷业商会估计，逾70%的香港印刷厂已迁往珠三角地区。

香港的书刊注册组一般为本地印制的书刊注册，协助保存香港的文学遗产，并监察国际标准书号系统的有效应用。该组每季在《政府宪报》刊登《香港印刷书刊目录》。据其统计，在2009年度，该组共登记了13763册书籍、12226份期刊和886个国际标准书号的出版社识别代号。该组每三个月在《政府宪报》刊登香港印刷书刊的最新目录，市民也可在互联网上浏览有关目录。2010年，该组登记了14471册书籍、11736份期刊，并为1031个出版社发出15890个书号（国际标准书号）。

（五）电影与影像业

电影、录像及电视节目制作活动服务业在香港的文化创意产业中占有重要地位。在电影产业的鼎盛时期，香港电影出口仅次于美国好莱坞，高居全球第二位，香港也因此获得"亚洲梦工厂"、"东方好莱坞"的美誉。香港电影发展基金专门为中低成本的电影制作提供资金，并为有利于香港电影业长远发展的项目提供资助。

目前，香港影视娱乐业仍位居全球规模最大及最有活力之列。以人均产量计算，香港高居亚洲首位。香港还是全球最大的电影及电视剧出口地之一。过去几年，亚洲的有线电视及卫星电视频道大增，为制片商提供丰厚的市场。中国香港的电影及电视剧目在韩国、中国台湾及东南亚市场均占有不少份额，许多制片商还转移目标，进军北美电影市场。

据统计，2010年的服务机构有制作、后期制作或发行电影、录像、电视节目的公司，以及电影放映公司，共有近1500家，从业人员7300多人。其中商业电影的票房收入超过13亿港元（本土电影为2.76亿港元，境外电影为10.63亿港元），较2009年上升13.7%。影碟及其他已录制的磁带产品进口总值为1.94亿元，出口总值为2.85亿港元，较2009年分别下跌38.7%和上升18.0%。

现在本地电影公司大多直接与院线交易，以分账方式在香港公映其制作，然后将影片版权卖给发行商，以影带/影碟形式租售，在电视台播放。同时，香港也有公司专门发行外国影片。截至2010年11月，香港有49家电影院，外国电影主要通过联艺（United Artists）、百老汇院线、洲立影艺、AMC 及泛亚院线发行，新宝院线及嘉乐院线则发行港产片。电影的其他发行渠道包括 DVD 与 CD 销售，以及本地免费电视台、收费电视台及收费卫星电视服务播放。

目前，3D 电影热潮横扫全球市场，香港电影业也紧随趋势。香港电影发展局与香港电影后期专业人员协会于 2010 年 3 月联合举办名为"香港 3D 电影 New Action"的一系列活动，旨在巩固香港作为亚洲 3D 电影中心的地位。此后，本地制作的 3D 影片不断涌现，突出的有《童眼》及《梦游》。

多个业界组织为电影业争取权益，包括香港电影制作发行协会、香港影业协会、香港电影导演会以及香港电影编剧家协会。

香港是全球最大的电影出口地之一。2010 年，香港发行了 54 部港产片，电影出口总值约 3700 万美元，形式包括录影带、DVD 影碟及其他光盘。鉴于香港本土市场规模有限，整体来说，香港电影业主要依赖海外收益，其中以亚洲为最大的出口市场。近年来，中国内地市场对香港电影十分重要。

如今，香港与内地合拍的电影数目日益增多，造就不少获奖的优秀作品。例如，《唐山大地震》在第五届亚洲电影大奖中荣获最佳视觉效果奖及最佳女主角奖，《让子弹飞》则夺得最佳造型设计奖。

港产片也日益得到国际同业认可。例如，在 2010 年柏林电影节中，香港凭借怀旧电影《岁月神偷》首次夺得最佳影片水晶熊奖（"新世代"题材组别）。此外，在第五届亚洲电影大奖中，香港电影明星洪金宝凭着功夫片《叶问 2》勇夺最佳男配角奖。好莱坞除了购入香港电影发行权之外，亦有意收购香港电影的版权重新拍摄。例如，2007 年荣获 4 项奥斯卡奖项的好莱坞电影《无间道风云》（*The Departed*），是 2002 年香港电影《无间道》的重拍版本。2008 年好莱坞电影《异度见鬼》（*The Eye*）也是根据 2002 年香港彭氏兄弟执导的《见鬼》重拍。

香港拥有独特优势，作为中国内地与西方观众的桥梁之一，为内地观众打开了世界之窗。香港电影人才和专业人士已于东西方电影市场闯出名堂。例如，梁洛施于 2007 年第 27 届葡萄牙波图国际电影节荣获"最佳女主角"殊荣。吴宇森、周润发、袁和平、杨紫琼、元奎、洪金宝和于仁泰等，都是扬名东西方影坛的香港演艺人士。此外，香港电影人参与制作的电影《赤壁》，在日本市场的发行权取得 1200 万美元的收益。

大型电影公司一般都有自己的发行部，但小型独立制片商则通常依靠发行公司在海外市场销售影片。国际发行的主要渠道是在洛杉矶、戛纳及米兰举行的三大影展,这些影展汇聚不少制片商、发行商及买家,洽谈影片发行事宜。自1997年起,香港每年均举行影视展,推广香港作为区内电影发行中心的地位。2011年香港国际影视展吸引了596家商号参展,共有5073名买家出席,其中海外参展商及买家分别有463家及2616名。

香港国际影视展、戛纳影展的电影交易市场以及美国圣莫尼卡美洲电影交易会,被电影业者选为全球电影业三大盛事。参展商及买家均认为,香港国际影视展是亚洲首要的电影交易盛会,亦日益被公认为是发掘亚洲合拍电影机会的重要平台。一些外国制片商选择以香港为亚洲区基地,借此拓展中国内地和亚洲市场。例如,制作《潜行凶间》(Inception)及《醉爆伴郎团》(Hangover)的Legendary Picture已于香港设立附属公司Legendary East,以摄制含有中国元素和文化的电影。

外国摄制队亦经常到香港拍摄电影、电视节目和广告片。近年来,多部外国电影到香港取景,包括 Transformers: Dark of the Moon(美国)、Saving My Wife(韩国)、Red Nights(法国)、Hong Kong Confidential(拉脱维亚)、Sunday Morning in Victoria Park(印度尼西亚)、Jasmine(美国)、Blood Moncy(澳大利亚)、Largo Winch 2(法国)、Contagion(美国)、Shadow Boxing(俄罗斯)、Johnny English Reborn(英国)等。

根据CEPA协议,香港拍摄的华语影片可获得内地放宽市场准入条件,不受年进口配额限制。香港与内地合拍的影片经内地主管部门审查通过后,可视为国产影片在内地发行,这为香港影视娱乐业缔造了庞大商机。

另外,2010年与电影和录像业相关的活动有:

由香港艺术中心主办,康乐及文化事务署赞助的香港独立短片及录像比赛举办了一系列节目及活动,活动时间为2009年9月至2010年5月。除了录像、短片、动画及互动媒体项目的比赛之外,这届作品还将在世界各地巡回放映。其他相关活动有创作伙伴平台、学校巡回讲座、社区计划等,还有压轴举行的短片节及颁奖礼,体现其"城传独立精神,联结创意社群"的口号和本色。

2010年5~12月由香港艺术中心主办的"寂寞夜"经典电影系列,于艺术中心的电影院举行。该活动网罗了电影大师如英玛·褒曼、法斯宾德、费里尼、高达、柏索里尼、沟口健二等难得一见的享誉佳作。

2010年9月举办了"鲜浪潮短片竞赛"。"鲜浪潮短片竞赛"自2005年起开始举办，旨在发掘、培养具有潜质及有志于电影发展的年轻一代，让他们有机会从事电影创作，并提供一个创作及展示作品的平台。2010年为能更广泛地推广短片及促进国际交流，除"本地竞赛部分"之外，还增设了"国际短片展"。本届邀请到国际著名电影导演李沧东先生，以及5位来自德国、以色列、日本和韩国的年轻得奖短片导演来港出席分享会，与本地年轻电影创作人进行交流。

2009~2010年的香港康乐及文体署在"电影与录像节目"中重点推出了"儿童电影合家欢"、"中国电影展2009"和"第三十八届法国电影节"。除了在"世界电影经典回顾2009节目二——尚·卢·高达"中放映了这位法国电影大师享誉全球的经典作品之外，办事处亦安排上映由费穆导演的久佚名片《孔夫子》。其他专题节目包括"儿女情长：易文电影"、"日本电影大师巡礼：向川喜多夫人致敬"、"荧影相随：戏·梦·人生——方育平回顾展"、"云裳情影情不了——林黛文物展"，以及"丝路光影"。

另外，香港一年一度的"香港电影金像奖颁奖典礼"是亚洲著名的电影盛会。每年的电影活动还包括，由香港艺术中心举办的"香港独立短片及录像比赛"和微波有限公司举办的"微波国际新媒体艺术节"，以鼓励本地电影工作者摄制独立短片及录像作品和推广媒体艺术。

此外，还有香港一年一度的夏日国际电影节。2010年的第五届香港夏日国际电影节搜罗了全球最热门的电影，来自14个国家及地区的37部佳作，包括4部亚洲首映、6部国际首映及1部世界首映。2011年8月9~23日第六届香港夏日国际电影节（http：//www.hkiff.org.hk/）专题是"新人类，新喜剧"，网罗了日本、韩国、中国台湾、美国、意大利、法国等国家及地区共10部喜剧。金基德、朴赞郁和洪尚秀三位韩国名导的瞩目新作，各有各的精彩。另外，该电影节还安排了回顾节目：日本女优高峰秀子的两部喜剧经典，以及法国新浪潮巨匠查布洛4部巅峰时期的佳作。

2011年8月27日~9月5日香港还举办了跳格国际舞蹈录像节。跳格舞蹈录像作为一种艺术表现形式，结合了舞蹈与录像两种艺术元素，由2D转为3D，充分体现了舞蹈的动感之美，从而成为一派独门美学。每届跳格舞蹈录像节目均吸引来自世界各地的艺术家报名参赛，同时约请本地舞蹈和录像界的艺术家创作全新的舞蹈录像，积极推动香港的舞蹈录像文化，并为创作人与观众建立交流的平台。跳格国际舞蹈录像节于2004年由城市当代舞蹈团主办，现已经成为亚洲规模最大、水平最高的舞蹈录像节盛会，并积极在中国及亚洲地区建立一个交流平台，通过委约制作、比赛、工作坊、影展及座谈，促进导演及舞蹈家之间的合作。跳格以香港为基地，2009年起巡回至英国、法国、巴西、新加坡及中国北京、广州、澳门及深圳等国家和地区，逐渐成为极具规模的地区性舞蹈录像展。

（六）演艺业

演艺娱乐业主要包括高雅文艺演出、娱乐场所的演出、主题公园演出、商业促销演出和旅游场所的演出，以及相关的策划、导演、教育等内容。

香港拥有一流的文娱设施，以供举办各类型的文化活动。这些设施包括13个表演场地、7所大型博物馆、7所较小规模的博物馆、2所文物中心、1所电影资料馆、1所视觉艺术中心、2间室内体育馆，以及1个拥有66间固定图书馆和10间流动图书馆的图书馆网络。其中，"香港艺术节"是亚洲地区最重要的国际艺术节之一。"2010香港艺术节"的售票表演节目多达113个，观众约有12万人次。

香港康乐文体署辖下设有11个区域及地区文娱中心。就文化节目而言，2009年康文署的文化节目组举办了音乐、舞蹈、中国戏曲、戏剧和跨媒体演艺节目等980项文化节目，入场观众约45万人次。2010年举办1057场表演节目，入场观众逾45.9万人次。2009年康文署音乐事务处举办了约390项音乐活动，共吸引了16.5万人参加；就娱乐节目而言，康文署共举办了645个嘉年华会和地区艺术表演，吸引观众84.5万人次。

另外，为提高学生和市民对文化艺术的认识，康文署在2009年度于全港各区举办了1143项艺术教育及观众拓展活动，全年合计参加者逾32.8万人次。2010年筹办了1334项艺术教育及观众拓展活动。

为推动和鼓励基层市民参与艺术，在2009年度，约有110个社区艺术团体获康文署赞助场地，为区内居民举办了约740项活动，参加人次逾12万。2010年，康文署为不同年龄和体能的人士举办了约36500项康体活动，参加者约200万人次，筹办活动的开支总额为1.2402亿港元。2010年康文署推行的"场地伙伴计划"中，这些场地伙伴于年内举办了627场舞台表演和583项教育、推广及观众拓展活动，观看表演和参与活动的人数约为66.75万人次。

作为香港演艺业的服务机构，城市电脑售票网为节目主办机构和市民提供各种方便可靠的订票服务，是香港主要的票务系统之一。在2009年度，城市电脑售票网共为超过7400场表演节目售出门票414万张，总值达6.77亿元。2010年经城市电脑售票网售出门票的收入逾8.59亿元。①

2010年香港康文署所属的主要文艺团体的演艺活动如下②：

（1）中英剧团

2010年，中英剧团上演多出经典剧目，包括改编自英国小说家玛丽·雪莱笔下科幻名著的《科学怪人》、丹尼尔·凯斯的科幻短篇小说《天才一瞬》、莎士比亚名著《威尼斯商人》，以及广受欢迎的《相约星期二》和《头柱香》。此外，剧团又与春天实验剧团合作演出音乐剧《Q版老夫子》。剧团还积极举办各类外展及专业课程，通过舞台表演及戏剧教育与市民联系。

（2）当代城市舞蹈团

2010年，舞蹈团共制作了4个原创作品，又在香港、澳门及广州举办第四届跳格国际舞蹈录像节。此外，舞蹈团亦获邀到广州及北京演出。舞蹈团在上海演出的两个新作品《双城记——香港上海张爱玲》及环境舞蹈《衣食住行》，均为上海世博会的节目。此外，舞蹈团的舞蹈中心继续为市民提供多元化的舞蹈课程。

（3）香港芭蕾舞团

2010年，舞团先后上演45场著名芭蕾舞剧，包括《胡涂爆竹贺新年》、《芭蕾进化论》、《睡美人》及《胡桃夹子》，又参与了在哥伦比亚卡利和布里斯本举行的芭蕾会演，并获邀到上海为世博会献上《仲夏芭蕾精品》，令观众赞叹不已。

（4）香港中乐团

2010年，乐团继续肩负香港文化大使的责任，先后举办了香港2010作曲家节，以及《香江华采》大型户外音乐会，呈献20位本地作曲家以香港为题材委约创作的新曲。此外，乐团亦获邀参与上海之春国际音乐节和上海世博会的演

---

① 香港2009年和2010年演艺业的所有数据均来自《香港2010》, http://www.yearbook.gov.hk/和康文署，"康乐及文化事务署2009~2010年报", http://www.lcsd.gov.hk/dept/annualrpt/2009-10/tc/culture_ p5.htm。
② 2010年的演艺活动内容均来自《香港2010》第十九章"康体艺术"部分。

出，并展示由乐团研发的环保胡琴系列，所有演出均获高度评价。

（5）香港舞蹈团

2010年，舞团共举行约50场演出，吸引超过36500名观众入场欣赏。节目包括《雪山飞狐》（重演）、《画皮》、《清明上河图》、《童话天地》、《三国风流》和《潇洒东坡》。

（6）香港管弦乐团

香港管弦乐团成立100多年以来，不断为本地文化生活增姿添彩，如今已成为一个云集华人与海外音乐精英的杰出乐团，吸引着世界级艺术家同台献艺。乐团现有90名团员，每年约举行150场演出，吸引约20万名乐迷入场欣赏。2010年9月该乐团到上海、西安和北京巡回演出，而首站上海的演出更成为世界博览会的节目。乐团亦推行音乐教育计划，有逾45000名学生参加。

（7）香港话剧团

2010年，香港话剧团共上演10出剧目，重点制作的有英国当代惊悚喜剧《2029追杀1989》、乔治·费杜创作的法国经典闹剧《横冲直撞偷错情》、英德经典悲喜剧《魔鬼契约》、法国新喜剧《豆泥战争》、本地原创剧《我爱阿爱》和戏曲闹剧《才子乱点俏佳人》。此外，剧团亦曾前往广州、澳门、北京、重庆和深圳巡回演出，以拓展香港本土之外的观众和建立国际形象。

2010年，剧团还继续举办多元化的教育、小区和外展活动，积极推广戏剧教育以培养更多观众。剧团为香港大会堂的场地伙伴，每月都会举行"读戏剧场"（Reader's Theatre），以及戏剧教育剧场《星光下的蜕变》。

（8）香港小交响乐团

香港小交响乐团是香港主要的专业乐团之一。乐团致力于把古典音乐融入香港各阶层市民的生活。2010年，乐团演出超过90场节目，包括与霍活特、多诺浩及施密特等名家的合作演出。2011年，乐团更突破传统，以崭新的观众拓展音乐会推广古典音乐，其中包括香港首个专为幼儿而设的管弦音乐会。此外，乐团年内曾多次出访，在南美洲及日本多个城市演奏。乐团的跨媒体制作《士兵的故事》亦成为上海世博会香港周的闭幕节目。

（9）进念·二十面体

进念·二十面体在1982年成立，致力于鼓励以跨媒体及跨地区的合作形式创作实验剧场，并积极推动艺术教育、艺术评论、艺术政策研究及国际文化交流工作。2010 年，进念的原创剧目包括社会剧场系列《东宫西宫九之十大九官》、儿童卡通音乐剧《魔笛》、荣念曾实验剧场《舞台姊妹》、多媒体歌剧《利玛窦的记忆宫殿》，以及国民艺术教育计划《书法生活设计》。

（10）香港艺术节

为期 32 天的 2010 香港艺术节于 2010 年 2 月 25 日～3 月 28 日举行，来自世界各地共 41 个演出团体的顶尖艺术家为观众献艺，推出各类演出共计 140 个。

香港艺术节一如既往致力于继承传统，同时不忘展示当下潮流，为观众呈献一系列充满想象力、跨媒介、原创的作品。为艺术节揭开帷幕的是本地传统艺术粤剧——香港八和会馆倾力推出了《百年回顾八和鸣》，闭幕节目是指挥大师戈济耶夫指挥马林斯基乐团音乐会；本次艺术节有六大乐团 6 位著名指挥的庞大交响阵容；室内音乐方面，享誉国际的钢琴家米哈伊尔·鲁迪、世界顶级男高音安德烈斯·舒尔、英国钢琴怪杰马克·拉蒂玛、世界口琴冠军英皇口琴五重奏等给观众带来极美好的悦听感受；爵士乐及世界音乐方面，探戈 Buena Vista Social Club 阿根廷探戈大乐队、西班牙灵眸乐队、大卫·梅利与他的黑圣人四重奏以及盖·巴克的"莫扎特爵士计划"等联袂给观众带来佳作；戏剧方面，莎士比亚名作《暴风雨》、中国戏剧先锋林兆华的《老舍五则》、英国名导演史蒂文·伯科夫的《码头风云》等备受评论与观众推崇；舞蹈方面，荷兰国家芭蕾舞团再度访港。此外，艺术节还举办第二届"亚太舞蹈平台"，旨在多元展现舞蹈新思潮。

此外，2010 年 11 月首次推出的全港性项目"香港舞蹈节 2010"，以"跳出创意，舞在生活"为主题，全面展示香港舞蹈艺术的原创性及多元面貌。

（七）软件、电脑游戏及互动媒体业

在香港，数码娱乐产业是指游戏、动画和漫画 3 个行业。

香港最有影响力的动漫电玩盛会要数从 1999 年开始已经举办了 12 届的"香港动漫电玩节"。它集合了最受欢迎的动画、漫画、电玩、游戏、玩具模型、限量精品及一系列多元化的精彩表演及活动，是香港最多人参与的夏日嘉年华。香港动漫电玩节不但受到香港各政府部门的支持，更吸引了来自中国内地、中国台湾、日本、韩国及欧美等国家和地区的动漫电玩企业参与。

2010 年的第 12 届香港动漫电玩节吸引了 68 万人参加，会场共设摊位 500

个，共计有150个参展商，其中漫画社、游戏公司、动漫玩具、动漫精品和年轻人创意地摊各占面积约两成。本届动漫电玩节举行了多项鼓励创意的活动以吸引年轻人，如首届香港原创首办模型设计比赛、原创漫画新秀比赛、动漫人物扮演比赛等。来自中国内地、中国香港、中国台湾和日本的游戏公司、动漫玩具、动漫精品、漫画社及香港青年创意地摊参展商参与，琳琅满目的商品令人目不暇接。

2011年7月29日~8月2日在香港会议展览中心1号展厅举办的第13届香港动漫电玩节，其内容包括独立漫画家原创汇展、香港电击高达模型王大赛及展览、动漫缤纷嘉年华、动漫玩具展、X-Zone创意地摊、Heartbeat青年音乐祭、Dance Power劲舞大赛、香港原创漫画新星大赛、动漫Cosplay等活动，内容丰富精彩，并在创意设计等方面非常重视女性动漫爱好者。一连五日的"第13届香港动漫电玩节"吸引了逾69.6万人，较2010年微升2.2%。此外，本届入场的内地旅客人数达1.6万，创历年新高，为"香港动漫电玩节"写下新的一页。①

影音内容迅速数码化是影响媒体娱乐业的重要发展之一，这个趋势不仅影响影视产品的制作方法，也影响其发行方式。香港拥有亚太地区最出色的设计及多媒体业者。例如，总部设于香港的数码动画制作公司意马国际，成功取得好莱坞巨擘梦工场（DreamWorks SKG）的合约，为大受欢迎的电影《史力加2》（*Shrek 2*）制作电脑动画。该公司为梦工场制作的数码动画电视片集 *Father of the Pride* 于2004年8月在美国全国广播公司（NBC）电视频道的黄金时间首播。意马国际还于2007年推出其首部电脑动画电影 *TMNT*，2009年10月放映同类电影《小飞侠阿童木》（*Astro Boy*）。该公司的新作《神勇飞鹰侠》（*Gatchaman*）也是电脑动画电影，现正进行前期制作，预期于2012年在全球影院上映。此外，先涛数码特技于2007年在中国内地放映以创新立体视觉效果技术制作的《宝葫芦的秘密》。

另外，2010年由香港艺术发展局9月开始征集"第三届大型互动媒体艺术展"。该艺术展已于2006年和2008年举办过两届（第一届叫Body Movies，第二届取名A-Glow-Glow）。在艺发局的《邀请计划书》中对"媒体艺术"进行了界定：媒体艺术是使用先进科技（如数码科技）融入艺术创作，形成的一种崭新

---

① 参见http://www.expo-china.com/pages/exhi/201107/43520/index.shtml。

的艺术表现模式。它趋向探索性，是一种使艺术与科技合成、交错的创作。它通过重组、重构、数位转移等方式构成，并着重与参与者的互动。媒体艺术可以不同的模式展现，例如，互动网站、电脑游戏、录像/音响装置、虚拟画廊/表演等，更可以跨界别的形式展现，结合不同艺术媒介（如音乐、舞蹈、视觉艺术、文学艺术等）。① 第三届互动媒体艺术展于2011年下半年在香港展出。

由香港从事及关注本地数码文化创意产业发展的专业人士组成的"香港数码文化创意产业联盟"（以下简称"联盟"），于2010年6月正式成立。"联盟"致力于结合社会资源，推动数码文化创意产业的发展。联盟发起人之一谭伟豪议员致辞时表示，香港与内地和台湾之间确实存在很大的合作空间，期望香港发展成为亚洲区域的数码创意文化产业合作中心，以促进日后与内地和台湾的交流合作。他认为，融合信息科技，特别是数码化和网络化，是未来数码创意产业发展的核心动力。在网络经济下，内容数码化将是必然趋势，所以他跟业界朋友决定选择与数码化发展关系较密切的7个主要组成部分，包括影视音乐、数码出版、动漫、互联网产业、游戏产业、移动增值服务及互动广告，成立"香港数码文化创意产业联盟"。

未来一年，"联盟"初步构思通过举办本地和亚洲业界峰会，到北京、韩国、日本参观访问，并争取继续与香港计算机商会合作，在香港计算机节内设立"香港数码创意展区"（Digi Create Zone），借此推动数码文化创意产业发展。"联盟"的主要任务包括，争取开拓国内市场、建立国际伙伴和网络，以及凝聚企业，培训人才。②

近期该产业的动态为：2011年8月1日，作为亚洲网络游戏大奖的重要活动之一，首届亚洲网络游戏高峰会（AOGS）获得"创意香港"全力赞助，如期举行。亚洲的网络游戏市场是全球增长最快的区域。单单中国的网络游戏市场2010年就已经有高达人民币323亿元的营业额，而亚洲区内还有不少国家的市场尚未开发。因此，主办单位特别邀请多位业界翘楚出席此次高峰会并探讨亚洲地区的未来网上娱乐发展、移动互联网及社交网络对网络游戏的影响及

---

① 参见 http：//www.hkadc.org.hk/tc/content/web.do?id=ff8081812af60f8a012bf6325a11017f "下载文件"中的"邀请计划书"。
② 参见 http：//www.hkgia.org.hk/news.php?id=169。

转变。

本届亚洲网络游戏高峰会的主题为"探索亚洲网络游戏未来黄金十年的商机",主办单位邀请来自不同游戏平台的游戏开发商及营运商重量级人马,包括 Angry Birds 游戏开发公司 Rovio 亚洲区高级副总裁 Mr. Henri Holm、Sony Computer Entertainment 香港区副董事村瀬胜彦、盛大游戏副总裁及制作人陈光及 Asiasoft 集团董事主席陈天成,就亚洲游戏市场的未来发展发表演说及专题讨论,同时邀请来自亚洲9个国家及地区的业界代表包括:中国内地、菲律宾、印度尼西亚、泰国、韩国、马来西亚、中国台湾、中国香港及新加坡,就亚洲不同地区的网络游戏市场作汇报,让大家透视亚洲网络游戏市场现况。

这次高峰会吸引超过 200 多位来自世界各地不同地方的嘉宾及媒体出席及参与。在参与本次高峰会的人员中,本地业界占65%,海外业界占35%。由此可见,亚洲网络游戏市场的发展潜力已为全球业界所关注。[①]

此外,据香港游戏产业协会在 2009 年进行的调查显示,香港网络游戏的总收入为 5.2 亿港元,并预计 2010 年为 6.3 亿港元及 2010 年为 7 亿港元。香港中文大学新闻与传播学院完成的《2010 年香港及澳门网络游戏产业调查》表明,2010 年香港网游市场规模约 6.5 亿港元,正增长为 1.3 亿港元,较预期增长高出 2000 万港元,占国内生产总值约 0.03%。相比之下,2009 年韩国游戏产业全球销售额为 442 亿港元,占其国内生产总值的 0.6%。由此可见,香港的游戏产业还有很大的发展空间。与此同时,目前业界较具规模的游戏公司已有 36 家,其投入资本更高达 1.32 亿港元。

香港 2010 年的网游公司收入排名:第一位游戏橘子,第二位智傲控股,第三位中华网龙,第四位智凡迪,第五位游戏新干线。以名列三甲的游戏橘子、智傲控股及中华网龙为例,三家公司在市场各有定位。游戏橘子为台湾上市公司的香港分公司,在香港成立十年,以产品多元化为比较优势,并多以韩国游戏为主,如《龙之谷》、CS online 等。智傲控股则是本地最具代表性的公司,擅长代言人及动漫品资源,集合代理、研发及媒体的优势,以营运中国研发产品为主,更获得香港特首高度评价。中华网龙则是台湾最大研发公司的香港分公司,每年推出 4~5 套自主研发的游戏,内容多以武侠为题材,或以改编小说及漫画作品

---

① "香港游戏产业协会"官网,http://www.hkgia.org.hk。

为主,作品包括《天子传奇 online》及《黄易群侠传 2》。按收入排名,前 5 家公司的营业额占全港营业额接近 7 成。①

(八) 电台、电视业②

截至 2010 年底,香港有 2 个本地免费电视节目服务持牌机构、3 个本地收费电视节目服务持牌机构、18 个非本地电视节目服务持牌机构、1 家政府电台以及 2 家商营电台。

香港是应用先进广播和电讯科技的先驱。政府广播政策的目标,是通过竞争来增加节目的选择和种类,协助业界推出新颖和创新的广播服务,并提升香港在亚太地区内的广播枢纽地位。

广播类流动电视服务将在 2012 年初把服务覆盖范围扩展至香港最少 50% 的人口。新服务可让消费者收看更多元化的优质电视节目,推动流动电视市场进一步发展,并巩固香港作为世界级无线城市的地位。

现在香港约有 700 条数码化的卫星及收费电视频道,在网络电视技术方面领先全球,网络电视用户约有 100 万。此外,香港现有 18 个持牌卫星电视广播机构,通过大约 200 个频道为亚太地区提供服务。

截至 2010 年底,免费电视频道的数目已大幅增至 4 个模拟电视频道和 12 个数码电视频道。政府部门的香港电台就公众所关注的题材制作节目,在免费电视频道播放。现时香港共有 3 家电台,包括 2 家商营电台及 1 家政府电台,共提供 13 个模拟广播频道。

政府对香港电视节目服务和网络传输服务分开管理,电视节目服务提供者可以租用任何传输网络来传送服务,而无须自行投资建设传送网络。这可降低进入市场的门槛,并鼓励竞争。

香港《广播条例》按照电视节目服务的特性和普及程度而非传送方式进行管理。根据该条例,电视节目服务分为四类,分别是本地免费、本地收费、非本地(主要是为亚太地区提供的卫星电视服务),以及其他须领牌的服务(主要是

---

① 《2010 年香港网上游戏产业调查》(初稿) 由主持该项目的香港中文大学新闻与传播学院冯应谦教授提供。
② 香港的"广播业"用的是 Broadcasting 的概念,包括了电台广播和电视广播。为了便于内地读者理解,本书特将香港政府网站中的"广播业"以"电台与电视业"代替。

为酒店房间提供的电视服务）。至于声音广播服务，则根据《电讯条例》及《广播事务管理局条例》的有关规定。政府采用自由、宽松和有利竞争的管理模式，令香港的广播业蓬勃发展，市民可通过众多电视和电台频道收看、收听多元化的节目。

港台目前营运7条电台频道，每星期制作逾1030小时不同类型的电台节目，以粤语、英语及普通话广播。2010年，港台制作约600小时的电视节目，在香港2家商营电视台及收费电视频道播放。

政府鼓励香港业界采用数码地面电视广播技术，以便更有效使用频道，并提供崭新服务（如高清电视广播）。两家现有的地面广播机构（即亚洲电视有限公司和电视广播有限公司）在2007年展开数码地面电视广播，包括推出免费的高清电视节目和频道。根据2010年12月进行的公众意见调查，香港约60%的住户现时已通过机顶盒、综合数码电视机或电脑接收数码电视服务。2家电视台于2010年把数码广播的范围进一步扩展至覆盖89%的人口，并会继续扩展数码网络，以期在2012年大致覆盖全港。

2010年11月，行政长官会同行政会议原则上批准3家机构的声音广播牌照申请，以提供覆盖全港的24小时数码声音广播服务。该3家申请机构（包括1家现正提供模拟电台服务的持牌机构）以及港台计划提供18条数码声音广播频道。

（九）旅游会展业

旅游包括入境旅游及外访旅游。入境旅游包括零售业、住宿服务、餐饮服务、其他个人服务、客运服务及旅行代理、代订服务及相关活动，但只限于向抵港的旅客提供服务的部分。外访旅游包括过境客运服务及旅行代理、代订服务及相关活动，但只限于向香港居民提供到境外旅游的服务的部分。

旅游、会展服务本来并非一个服务行业，它们横跨不同的行业，但属于与一个共同主题相关的经济活动。它涉及酒店及旅行社、为旅客提供服务的零售、运输及其他服务机构、会议及展览主办机构。

香港作为一个国际性的旅游城市，举办了很多国际会议和展览。2010年，贸发局举办了逾30个展览会，其中有10个是亚洲同类展览中规模最大的，有3个更是同类展览中世界最大的。这些活动吸引了超过3.2万余家公司参展，参观的买家达66万名。

旅游业方面,2010年从事旅游服务业的产业人员(如酒店及旅行社)有5.1万余人,而另有37.4万余人从事部分业务与旅游服务有关的行业(如食肆、零售商、运输服务营办商及其他为访港旅客提供服务的机构)。访港旅游及外访旅游在2009年为香港带来509亿港元的增加值及19.3万余个就业机会,分别占香港本地生产总值的3.3%及就业人数的5.5%。

2010年访港旅客为3600万人次(其中内地为2270万人次,占63%),较2009年的2960万人次上升21.8%。其中以"个人游"方式访港的内地访客逾1424万人次,占内地旅客总人次约63%。2010年香港的酒店及旅客宾馆共提供了6.6万余个房间,入住率为87%。具体见表5:

表5 2010年访港旅客及其消费情况

	2010年	对比2009年(%)
访港旅客总数(人次)	36030331	21.8
过夜旅客(人次)	20085155	18.7
不过夜旅客(人次)	15945176	25.9
酒店平均入住率(%)	87	9
酒店平均房租(港元)	1165	13.9
过夜旅客平均留港时间(晚)	3.6	0.4
过夜旅客人均消费额(港元)	6728	16.6
与入境旅游相关的总消费(亿港元)	2100	32.7

资料来源:香港旅游发展局,http://www.discoverhongkong.com/china/about-hktb/annual-report-2010-2011.html。

2010年,旅游局在全球进行多项以美食和美酒为主题的推广活动,并与主要餐饮协会、约2000家食肆、热门景点以及著名美食区合作,向全球展示香港的多元化餐饮特色,进一步奠定香港"美食之都"的地位。

为配合政府减免葡萄酒税,加上出版《米芝莲指南》(又译《米其林指南》)香港版,香港旅游发展局推出"香港美酒佳肴年"的推广平台,以此作为2009~2010年的全年主题。

政府在持续发展家庭和商务旅游的同时,也主力发展另外四个范畴——会展旅游、邮轮旅游、举办盛事和绿色旅游。

(1) 会展旅游

香港是环球金融中心及亚太地区航空枢纽，也是通往内地的门户，加上拥有世界级会展设施，并为旅客提供多姿多彩的旅游体验，因此一般成为首选的会展旅游目的地。政府已预留1.5亿港元用作推广为期5年的会展旅游。香港旅游发展局亦已成立"香港会议及展览拓展部"，为会展活动主办机构提供"一站式"专业支持服务和加强宣传工作，以吸引更多会展项目来港举行。

在政府、会议展览拓展部和会展旅游业界的共同努力下，2010年共有143万名过夜会展旅客访港，较2009年上升22.8%。2010年，香港再次被会展旅游业界刊物评选为"全球最佳商务城市"。该年在港举办的大型会展项目，包括亚洲国际水果蔬菜展览会、亚洲殡仪博览、亚洲海鲜展、亚洲智能卡工业展、亚太地区电影博览会、专业视听与系统集成展会、亚洲移动通讯大会、第二十七届国际神经精神药物联盟大会等。同时，香港在2010年成功夺得多项大型会展项目的主办权，包括2011年亚洲计算机图像与互动科技研讨会议及展览、Vitafoods Asia 2011食品展会、2012年国际青年商会亚太大会及2012年世界牙科联盟年会。

(2) 邮轮旅游

启德新邮轮码头项目正在全速进行。该码头工程已于2009年11月展开，首个泊位和码头大楼预计在2013年年中启用。政府与邮轮业咨询委员会亦会继续推进有关发展邮轮航线、推广邮轮旅游和培训人才等方面的工作，以将香港发展成亚太地区具有领导地位的邮轮枢纽。旅发局亦会继续宣传香港作为必到的邮轮目的地，并通过参与各个邮轮业的会议，加强宣传这一信息。

(3) 举办盛事

举办盛事不仅可丰富旅客的体验，还可为香港增添姿彩和活力。每年都有多项广受欢迎的大型盛事在香港举行，例如香港国际七人榄球赛和香港马拉松。为进一步推广香港作为亚洲盛事之都，政府在2009年设立了总额1亿港元的"盛事基金"，为非营利机构在此后三年筹办大型艺术、文化和体育盛事提供资助。基金至今共资助了13项盛事，涉及的资助总额为4500万港元。这些盛事均具有相当规模，包括国际龙舟赛事及嘉年华、多媒体艺术展及国际网球精英赛，预计可吸引约58万人参加。截至2010年底，共有7项盛事顺利举行，共吸引了34万人参与，其中包括7.8万名旅客。除此以外，旅发局亦举办多项盛事，吸引旅客访港。这些盛事包括在2月举办的周年贺岁巡游会演、于5月推出串联4个中式节庆的香港传统文化汇、7月及8月的香港夏日盛会、10月的香港万圣狂欢月、10月28～30日举行的香港美酒佳肴巡礼，以及年底压轴的香港缤纷冬日节和除夕倒数咏香江。

（4）绿色旅游

旅发局在11月再度举办"香港郊野全接触"，鼓励旅客踏足这条全港最长的远足径，欣赏香港的怡人自然景观。

香港艺术发展局在2010年3～4月及6～8月，分别在广东美术馆及香港艺术馆举行第53届威尼斯视觉艺术双年展的回应展。此外，艺发局亦参与由国家文化部主办的2010港澳视觉艺术展，并参与协办在上海世博会期间举行的京港沪三城青年戏剧导演作品世博展演季。艺发局还与香港建筑师学会合作，派出本港13位优秀建筑师参与第12届威尼斯双年展的国际建筑展。

五 香港文化创意产业的区域合作

香港政府统计处公布的数据显示，2007年香港本地GDP总量为16126亿港元，人均GDP为232836港元，本地产品出口总值为1091亿港元，内地是其第一大贸易伙伴。截至2006年底，已有超过600家内地企业来港投资，涉及投资额超过39亿美元。2007年，广东省来自香港地区的合同外资额216.75亿美元，实际利用外资83.03亿美元，比上一年分别增长56.7%和21.9%，在广东实际吸引投资的来源国家和地区中排名第一。[①] 香港作为内地的最大外来投资者，截至2010年底，对内地的投资额达4560亿美元（相当于外来对内地的投资总额的43%）。由此可见，香港经济与内地的逐步一体化是未来的发展趋势。在这种背景下，香港应以自己独特的优势扮演不可替代的角色：它既是内地文化创意产业发展壮大并走向世界的跳板，同时也是海外文化艺术产业进入内地的跳板。香港的文化创意产业应该凭借已有的品牌、质量保证、市场推广和销售方面的丰富经验，积极利用科技与创意优势，提高文化产品的质量，开拓内地市场；同时还应该凭借自身发达的现代服务业和国际化城市中心地位外向拓展，使其文化创意产业在珠三角、东盟地区以至更大范围形成更强的辐射能力和影响力。

---

① 《新时期粤港澳经济合作的发展态势》，http://www.gdass.gov.cn/2010/0427/65.html。

（一）与内地的合作情况

1. 与广东省的合作

香港创意产业与内地的合作源于20世纪80年代末。2003年香港举办了粤港澳文艺合作会议并签署了《粤港澳文艺合作协议书》，该年6月与中央政府签署了CEPA协议，在WTO框架内实现香港与内地的紧密合作。2006年的《香港文化创意产业与珠江三角洲的关系研究》指出，香港要发展文化及创意产业，必须结合珠三角的实力，实现内地与香港的优势互补。另外，由于香港的文化产业发展空间非常狭小，因此需要与内地合作来拓宽发展空间。

2008年底，《珠江三角洲改革发展规划纲要》开始实施，它把粤港澳合作上升到国家战略层面，使得粤港澳紧密合作、构建世界级珠三角都会区有了制度保证。

2009年《珠三角地区改革发展规划纲要（2008~2020年）》明确提出，继续保持香港的国际金融中心地位，同时珠三角与香港实现错位发展，共建国际文化创意中心。2009年2月20日，第十次粤港澳文化合作会议在香港举行，签署了《粤港澳文化交流合作发展规划（2009~2013）》，确立了三地在舞台艺术、人才培训交流、文化信息网建设、图书馆资源共享体系、非物质文化遗产、文化创意等七大领域的全方位合作。

2010年4月香港特别行政区行政长官曾荫权和广东省省长黄华华在北京签署《粤港合作框架协议》。2010年5月香港与内地签署《〈内地与香港关于建立更紧密经贸关系的安排〉补充协议七》，进一步扩大两个经济体系的开放服务贸易，增强双方的贸易投资便利化合作。

近几年，通过实施CEPA，粤港澳三地服务贸易合作进一步加强，三地经济融合的趋势日益明显。香港、澳门特区政府的施政报告都突出强调，深化粤港澳合作、加强三地合作已成粤港澳三地的共识。目前粤港澳发展态势良好，合作层面已从区域战略上升为国家战略。

2. 与深圳的合作

香港与深圳相邻，合作尤为紧密。2004年6月深港签署了"1+8"协议（《关于加强深港合作的备忘录》），在以前的民间合作基础上增加了政府层面的合作。该协议内容涉及法律服务、经贸合作、投资推广、旅游和科技等方面。

2007年深港两地签署《深港创新圈合作协议》，提出推进和加强科技合作，以形成创新资源集中、活跃的区域。2008年深圳市工业设计行业协会与香港设计中心双方签订了《深港创新圈——深港设计战略框架合作协议》。2009年5月26日出台的《深圳市综合配套改革总体方案》提出在粤港澳合作的框架下，与香港功能互补，错位发展，推动深圳市成为全球性的物流中心、贸易中心、创新中心和国际文化创意中心。这些合作协议曾提出将深港两地合作定位为"深港自由贸易区"、"深港双子城"、"双核一体化"、"深港都市圈"。另外，两地还签署了关于教育、文化、旅游、医疗、港深创新圈、检验检疫等七项合作协议。2010年12月6日，香港设计中心和深圳市工业设计行业协会联合主办了"2010深港文化创意论坛"，贯彻实施深港共同打造国际文化创意中心的目标，为深港两地文化创意产业搭建合作平台，以更好地实现两地在创意文化产业方面的融合与发展。

事实上，近年来，内地的文化产业一直勃勃生机。据不完全统计，2010年1~5月，中国文化产业延续快速增长的趋势，平均增幅达17%，其中新闻出版业销售增长20%，电影票房同比增长40%。[1] 目前内地已经成为香港最大的进出口市场和最大的转口货源供应地，而国内的进出口贸易中有四成多经香港转口或转运。

香港文化创意产业要实现新的突破，必须与内地接轨。内地有大量高水平的文化艺术专业团体、专业人才和广阔的市场，香港则有大批高素质的管理人才和外向型、复合型的文化经营人才，可以在文化交流与合作方面实现优势互补，共同发展。另外，内地有深厚的文化底蕴和以此为依托的庞大文化市场，香港可以利用自己的地缘优势成为内地文化创意产业走向世界的窗口，两相衔接，相互合作，这样才能各自加强自身的竞争力，保持目前的优势。例如，在文娱服务、视听服务、华语影片、合拍影片、合拍电视剧、电影院服务、有线电视技术服务、印刷及出版物分销等领域，港商可以独资、合资、合作经营等方式在内地参与。这不仅可以帮助内地创意企业拓宽资金来源渠道，提供资金支持，还可以及时为投资者及从业者建立国际交流平台。

因此，香港加强与内地的文化产业交流，开展全面合作，打开市场，势必将

---

[1] 裴闯：《内地文化创意产业项目首度在港推介融资》，新华网，2010年7月29日。

成为香港文化创意产业拓展的新目标,也将成为香港经济振兴的新依托。为此,香港可以考虑把深圳作为进入内地市场的桥头堡,如电影产业方面可以合拍影片进入内地市场。同时,CEPA 的逐步实施可以为香港文化产业的北上提供便利。内地文化创意产业市场之大远非香港所能企及,正能帮助香港文化创意产业突破本土市场狭窄的瓶颈。

(二) 与其他地区的合作情况

香港与台湾、澳门的文化创意产业合作,可能因后两者的产业基础不同而使合作方式有所区别。与广东、台湾相比,澳门文化创意产业还处于起步阶段,目前主要靠博彩娱乐业独木支撑。今后在文化产业设计人才、运营管理人才和打造具有澳门特色的重大文化产业项目方面,还有待进一步的突破。据我们收集的资料发现,近年来,香港与澳门在文化创意产业方面的合作与推进,几乎没有新的重大举措与官方的介入。

相反,香港与台湾两地文化产业基础各有千秋。香港拥有专业服务经验以及国际金融等优势,台湾拥有对外投资知识经验、中下游产业群聚效应、科技及创意产业研发技术。近年来,两地频频推出新的合作举措。

2010 年 8 月 10 日,香港特区政府宣布,委任 11 名文化艺术及创意产业界人士为新成立的"港台文化合作委员会"成员。该委员会于"港台经济文化合作协进会"(协进会)下成立,作为台湾"台港经济文化合作策进会"(策进会)辖下"文化合作委员会"的对口组织,以促进港台两地在文化艺术及创意产业方面的交流、联系和合作,并就双方关注的事宜沟通和交换信息。该委员会将发挥的四大功能是:第一,促进香港与台湾文化艺术及创意产业界的友谊和了解;第二,加强香港与台湾之间在文化艺术及创意产业方面的合作;第三,就可能影响两地文化艺术及创意产业的事宜进行讨论和交换信息;第四,向有关当局陈述两地关注的事宜。①

2010 年 8 月 30 日,香港"港台经济文化合作协进会"与台湾"台港经济文化合作策进会"在台北举行第一次联席会议。双方达成 4 项共识,并就台港经济文化交流过程中涉及需相关部门处理的议题提出 7 项建议。其中涉及文化创意产

---

① 《香港成立港台文化合作委员会 推动两地交流》,中国新闻网,2010 年 8 月 10 日。

业的有：双方同意将轮流举办经贸、文化论坛或研讨会等交流活动，论坛以每年至少举办一次为原则；为了进一步促进台港双方民间交流与互动，将鼓励各自所属的经济及文化合作委员会协助举办各种展览、互访、表演等活动；促进双方观光旅游合作，增进两地人民彼此的了解；鼓励双方在文化、教育与创意产业方面更深入落实的交流与合作；加强促成台港双方投资合作交流，进一步提升双方经贸关系，等等。这些将进一步深化港台经济、文化多方面、多层次的交流与合作。[①]

2011年5月，首届"港台文化合作论坛"在香港文化博物馆举行。来自香港和台湾的百余位文化创意界代表与会，达成了旨在推动港台文化产业深化交流合作的10项行动纲领。包括：每年定期互访，轮流举办文化合作论坛，建立文化创意合作平台，推动青年交流，促进两地文创主题式交流，加强宣传推广，促进经济合作，共同培植新秀，促成知识产权合作，打造华人创意品牌等。[②]

另外，近年来成立的粤港澳合作促进会文化专业委员会在三地文化创意产业的合作中，起到了越来越重要的作用。其成立不仅有助于落实粤港、粤澳合作框架协议，推动粤港澳在文化创意产业领域的合作进一步深化，而且对于促进粤港澳三地和大珠三角区域的经济发展、文化繁荣，提升大珠三角区域文化竞争力具有重要意义。

香港也面临着在国际竞争中提升竞争力和避免边缘化的问题，同时，要维护和提升国际金融、贸易、航运中心的地位，亟须新的发展新思路。目前，香港面临现代服务业发展空间不足的问题，迫切需要调整经济结构，使服务业向珠三角延伸和拓展空间；土地资源十分匮乏的澳门，在金融风暴和国内相关出入境政策调整下显得更加窘迫，博彩娱乐业独木支撑的弊端也显现，同时，澳门面临经济结构单一的问题，要实现产业结构多元化，就必须通过粤港澳区域合作。粤港澳已在新时期发展中成为利益共同体，共同携手站在了新的起跑线上。[③]

按照目前的发展趋势来看，香港与台湾、澳门、内地的文化创意产业合作会

[①] 《香港"协进会"与台湾"策进会"达成4共识并提7建议》，中国新闻网，2010年8月30日。
[②] 赵博：《首届"港台文化合作论坛"推10项行动纲领促两地文创交流》，新华网，2011年5月17日。
[③] 《"十二五"期间如何深化粤港澳合作的建议》，南方网，2010年12月6日。

逐步加强，官方、企业也会越来越相互配合。因为粤港澳文化毕竟同宗同源，它们取得的成绩备受关注。香港的数码娱乐、电影与录像、音乐、表演艺术等，广东的平面媒体、广播电视、数位出版、印刷出版等，澳门的旅游业、娱乐文化产业等，都可以参与国际竞争。今后三地应该促进相互之间的协作，优势互补，共享资源，继承与发扬中华民族优秀的传统文化，吸纳世界优秀文化，建立多层次的文化空间，形成更广阔的文化市场，推动文化创意产业的纵深发展。[①] 有学者认为，粤港澳文化产业方面的合作前景是光明的。香港可以利用自身的独特城市优势在粤港澳文化产业合作方面发挥特殊的作用。如香港是亚洲的金融中心，所以可以实现广东城市文化与香港资本的对接；香港还是一个国际性都市，因此，香港可以作为展示岭南文化的平台，把广东的文化产业乃至中国的文化产业推向国际。[②]

六　香港文化创意产业 SWOT 分析

近年来，香港文化创意产业的发展所呈现的特点用 SWOT 分析如下：

（一）优势

一直以来，香港拥有健全的市场经济制度、税率低、商业运营简单高效、入市门槛低、司法公正独立等传统优势。截至 2009 年，香港已连续 15 年被美国传统基金会评为"全球最自由的经济体"。

首先，从政策、环境看，香港文化创意产业的优势表现在：

(1) 出台了持续渐进的政策支持计划

香港特区政府一直重视对文化创意产业的支持，从 20 世纪 90 年代就开始关注文化创意产业，在 2001 年和 2002 年的施政报告中都强调了创意产业的重要性，2003 年正式提出"文化创意产业"并纳入施政报告。指出"创意产业是知识经济体系中的重要环节"，预示创意产业开始成为香港政府未来的重点政策议题之一。2005 年立法会讨论香港创意产业发展所需的有利环境，并于当年的施

[①] 《借"十二五"春风发展香港文化创意产业》，香港文汇网，2011 年 8 月 17 日。
[②] 欧阳杏蓬：《加强粤港澳合作促进珠三角文化产业的发展》，南方网，2010 年 12 月 30 日。

政报告中将文化产业的发展列入城市发展的议程。2006年广泛咨询西九龙文娱艺术发展计划,力图将西九龙打造成香港未来文化创意产业发展中心。2009年6月,香港特区政府专门成立"创意香港"专责办公室,负责管理"电影发展基金"、"电影贷款保证基金"和3亿港元的"创意智优计划",力图通过"看得见的手"引导香港文化创意产业的发展。"创意智优计划"于2010年批出29个项目,资助额达5470万港元,惠及多个创意领域。其中2004年推行的"设计智优计划"在2010年内共资助62个项目,资助额达2000万港元。旗下的创新中心截至2010年12月底租户共有62家设计公司,参与设计培育计划的有79家。

目前,香港文化创意产业已形成相当规模,其电影、电视、设计、动漫和数码娱乐行业已产生了较大的国际影响力。文化创意产业现已成为香港整体经济的重要组成部分。

(2) 形成了自由市场主导的运作机制和健全的法律保护机制

香港对于文化创意产业的管理,以市场主导为主,文化商品与文化商业服务可以自由流通,市场上的文化商品只有在违法或受到市民正式投诉之后,政府才依法处理。

在这种机制中,政府作为管理者,其职责是在战略层面为产业发展提供服务,包括必不可少的政策支持、法治基础与公平透明的商业竞争环境并资助公共文化服务。政府承担的责任是非常有限的,一般在私人企业能力达不到的范围之外,对符合公共利益和资源许可的文化项目才予以协助,其角色定位是"积极不干预"的"有限政府"。

除了政府部门的协管外,非政府组织、学术团体、相关咨询组织、法定组织和民间法人团体也积极参与香港文化创意产业的支持和管理,以保证文化服务的公益性质,正是它们的积极参与,才有机会使政府保持管治距离,保证文化创意产业自由市场机制的良性运行。同时,它还使得香港的文化企业具备较强的适应性和灵活性,能够随国际政治、经济形势的变化,做出快速及时的经济结构调整和转变。

香港是法治社会,其法律、法规与政策相当完善。香港独立的司法制度,保证了法律面前人人平等以及文化创意产业发展所必需的法律环境。

在所有的法律机制中,知识产权的保护是文化创意产业发展的关键。香港先后出台的《商标条例》、《专利条例》、《注册外观设计条例》、《防止盗用版权条例》和《知识产权条例》等，为香港文化创意产业的长久发展提供了法律保障。它们为香港的音乐、电影、动漫等创意产业的繁荣提供了良好的生存和发展的土壤。工商及科技局、工业贸易署、知识产权署、香港贸易发展局、香港生产力促进局、香港艺术发展局、香港科技园等相关部门也制定了相关的政策措施来支持香港创意产业的发展。

（3）官方资助制度和非营利经营机制日渐完备

香港已经形成了良好的官方资助机制。"创意香港"专责办公室成立后推出的第一个项目是"设计智优计划"，共计拿出2.5亿港元用于资助和孵化设计类型的项目。以演艺业为例，香港民政署下属的康乐及文化事务署是专门扶持和管理香港表演场所的，每年会花大量资金投入购买优秀剧目。以香港演出为例，其主要靠政府的大力支持，每年政府拨款占1/3，马会等社会赞助占1/3，香港艺术节协会有限公司作为非营利组织全程运作，只有1/3的成本靠票房回收，所以演出票价一般较为低廉，从而能让香港市民享受到低票价的快乐，观看演出成为市民们日常生活的一种需求与习惯。[①] 另外，境外的团体到香港演出，可以申报高雅艺术补贴。以每年的香港艺术节为例，从筹办机构提供的收支数字来看，总预算开支接近7000万港元，其中1718万港元资助由香港政府通过康乐及文化事务署拨款，香港赛马会慈善信托基金提供约900万港元的资助，其他机构及个人捐助款项为1280万港元，赞助款项几乎占去总开支的一大半。[②]

香港在文化创意产业方面的经费赞助有相当一部分源于非营利式经营模式和机构。这是香港一些企业和个人对香港文化创意产业在香港经济、文化、城市定位中的重要性产生的共识、所形成的良好机制。本着"目的是让香港更加多姿多彩"的意愿，大家致力于政府、商界、业界、民间共同努力发展文化创意产业。上述提到的香港艺术节协会就是一个非营利机构。公司董事会成员不受薪，连戏票也没得送。目前，艺术节协会员工有17人，其余是合约期少至一周多至数月的临时员工。每年艺术节的策划、联络、接待、筹款等繁重而琐碎的工作都由他们完成。非营利性质令艺术节得到政府和社会的资助，从而能够在保证演出高品质的同时，实现低票价，让尽可能多的市民欣赏到节目，收到商业化演出达

[①] 于雪：《参考香港打造国际演艺之都》，2010年8月4日《深圳商报》。
[②] 于雪：《参考香港打造国际演艺之都》，2010年8月4日《深圳商报》。

不到的效果。艺术节虽然有33%来自商业机构和个人捐助，但所有赞助机构的名称都只出现在节目广告的下方、节目单和宣传册的末尾等不显眼的地方。由此可见，香港虽然历来重商，但在香港艺术节这一领域，其商业气息并不浓厚。

此外，香港赛马会是除政府外最大的赞助机构，通过其慈善信托基金已连续赞助艺术节37年。2008年起，该马会改变赞助方式，向艺术节提早拨款，支持3年后举办的艺术节，每年平均700万港元，资助邀请3个不同范畴的世界顶级艺术团体参加艺术节。2010年，马会赞助了马林斯基芭蕾舞团、爱乐管弦乐团和八和会馆的演出。香港赛马会还是目前香港唯一一家由旧工厂改造的赛马会创意艺术中心的主要资助者。

其次，从地缘、人才、行业、经济等方面因素看，香港的文化创意产业还有以下优势：

(1) 地缘优势

香港是个多元、包容的国际大都会，它作为连接亚洲和西方的通道，是中西文化交汇融合的重要之地，更是世界金融中心、财富管理中心和创意中心，具备发展创意产业的良好环境。它在国际化视野、信息沟通、理念创新、资本丰厚、人才国际化等方面有明显优势。20世纪70年代开始，香港的电影、电视、音乐、广告及设计等产业已处于亚太地区的领先地位。

目前，香港文化创意产业已形成相当规模，在多个领域拥有并保持了很大优势。其中在电影、电视、设计、建筑、动漫和数码娱乐等领域有着广泛的影响力，占据着亚洲的重要位置，促进了香港整体经济向知识型经济迈进。

(2) 人才优势

香港的文化创意人才，一般具有企业经营技巧、国际合作经验，具备国际融资、成本控制、人才搜罗与市场开拓等技能，同时具有既熟悉本土化的运营策略，又具备国际化运营视野的优势。这为香港文化创意产业的不断发展奠定了强有力的人力基础。截至2009年9月，香港文化创意产业从业人数超过17万。[①]

香港8所本地大学以及香港演艺学院都提供有一定数量的相关专业学士学位课程，以培养文化创意产业专门人才。如香港城市大学设有创意媒体学院，训练

---

① 香港贸发局2009年9月23日演示文稿，转引自黄玉蓉《深港共建文化创意中心的意义与条件》，《特区实践与理论》2010年第4期。

培养专门创意人才；香港理工大学的设计学院，提供设计、多媒体及创意课程。政府专门资助创意类研修课程。另外，香港的职业培训委员会、香港生产力促进局（HKPC）等部门负责专业技术的资格培训，有利于文化创意产业管理人才和专业人才。近年来，实施的"输入内地人才计划"也为香港网罗内地优秀创意人才提供了条件。这些都为香港文化创意产业的不断发展奠定了充沛的人才基础。

（3）行业优势

香港文化创意产业已经形成了一定的品牌，如香港电视、电影、漫画、设计已有数十年根基。这些"香港制造"在中国内地市场有一定的叫座力。其中网络游戏、动漫电影、文化艺术，在当前已经成为推动香港文化及创意产业的三个主要支撑点。

随着新媒体时代尤其是移动互联网的到来，"创意香港"专责办公室推出"香港短片新里程"和"动画工房"两个新项目，对香港的影视和动漫进行重点资助。

2009年香港政府以3亿港元设立"创意智优计划"，资助不同的机构举办创意产业活动，如网上游戏产业推广、动画短片比赛、广告界参与国际比赛、设计人才与国际同业互相交流观摩等①，以将香港打造为亚洲创意之都。"创意智优计划"包括两个主要项目，即资助"设计支持计划"和设立名为"创新中心"的"一站式"服务中心，作为设计组群的集中地。

电影发展基金主要资助电影的制作，为有利于香港电影业长远及健康发展的项目提供财政资助，协助电影业复苏和进一步发展。香港政府于2007年7月将3亿港元注入电影发展基金，为中低成本的电影制作提供部分融资。

就游戏产业而言，也有优先发展计划。香港游戏产业协会曾向"创意香港"办公室提出未来5年的发展规划，建议分三阶段将香港游戏产业市场规模逐步提升，并以构建深港创意游戏中心为长远目标。②

（4）经济优势

香港文化创意产业与整体经济发展的关联度很大，它把大量的文化及创意附加值提供给其他产业，并在与其他产业的共同发展中获得回报。因此香港经济的

---

① 《香港已批出5000万港元资助28个创意产业项目》，2010年10月13日《中国信息报》。
② 《香港：游戏业定出五年规划发展创意产业》，香港贸发局周讯，2009年12月11日。

发展，一方面为文化创意产业的发展提供了重要的支撑环境，另一方面也成为其文化创意产业发展成功与否的一个重要因素。

香港已成为世界服务业之都，服务业的发展支撑了香港这个国际大都会的繁荣。数据表明，香港本地生产总值的90%以上来自服务业，约有300万香港人从事服务业，服务贸易出口总值位列全球前10名。[①] 2010年整体就业人数达350万人，其中服务业就业人数有310万人。过去20年，服务业在总就业人数中所占的比率由1990年的63%上升至2000年的83%，2010年再升至88%。服务业对本地生产总值的贡献由2000年的87.2%上升到2009年的92.6%。目前香港15大服务行业中，就有电影、录像及电视节目制作活动服务业，专业、科学及技术服务业，电脑及资讯科技服务业，旅游、会议及展览服务等属于文化创意产业范畴，它们在服务业中占有相当重要的一部分。香港经济的繁荣与发展既为创意产业的发展提供了良好的环境和机遇，也成为文化创意产业本身发展的一个重大因素。

（二）劣势

1. 本土市场的局限

由于市场的局限，香港文化创意产业发展后劲不足，加上香港高昂的土地、劳动力费用与生活费用，使本地营商成本不断增加，制约了文化创意产业的发展，同时无法满足文化创意产业发展所需要的场地，从空间上也限制了文化创意产业发展壮大。为此，香港的文化及创意产业不得不集中力量发展产业的高端部分，而把生产和销售的低端部分扩散到其他地区。典型的例子就是，把过去的印刷设计业采取的"前店后厂"式的经营模式扩展到深圳加工生产。问题是随着深圳房地产价格和劳动力价格的不断提高，使以文化制造业为主的深圳文化企业不断从租金昂贵的中心区域向租金相对便宜的边缘区域转移，甚至迁往成本更低的地区，这种"前店后厂"式的经营环境正在发生改变。

目前，香港文化及创意产业面临的最大困境是，部分产业在香港的既有市场已面临饱和。有数据表明，过去10年，香港文化创意产业占本地生产总值的比例一直介于3.8%~4.1%。[②] 尽管近年来香港的创意产业已经把市场发展的重心

[①] 《新时期粤港澳经济合作的发展态势》，http://www.gdass.gov.cn/2010/0427/65.html。
[②] 乐正：《深圳与香港文化创意产业发展报告（2010）》，社会科学文献出版社，2010，第8页。

转移到内地市场,但它一直未能与庞大的内地市场实现本土接轨,而这种接轨恰恰是香港文化创意产业突破市场和场地的局限、实现未来发展的重头戏。

2. 内地制度门槛的制约

我们知道,文化是意识形态领域的一个重点。香港回归之前,它与内地完全属于两种不同的意识形态领域,这构成了两地文化创意产业发展的严重障碍。香港回归以后,由于实行的是一国两制,香港的文化体制与意识形态仍旧存在着相当的特殊性。如此一来,香港文化创意产业向内地的拓展必然面临着一些门槛制约,如文化产业核心层的制约、内地行政手段的干预、合作发展的程序繁复,等等。虽然CEPA涉及的合作范围非常广泛,但唯独没有直接与出版、印刷相关的内容。另外,政府对印刷业的管理与控制相当严格,税项繁多,需要办理手续的相关行政部门也非常繁多。

3. 政策目标的非长远性

文化创意产业被纳入香港政府的六大重点发展产业之一,这是一个良好的开端。香港特区政府最近几年尽管陆续出台了一系列的文化创意产业政策,但总体而言,香港目前仍然缺乏一套具体和全面的文化创意产业政策以一定深度、有效的措施来对应各项创意产业的状态。目前为止,香港政府最系统而又具备相当权威性的文化产业发展规划仅仅止于2003年的创意产业《基线》报告,时隔8年,尽管各种形势发生了变化,但再无新的全面的政策规划出台。[①] 而现有政策的重点,往往只是提供短期项目性的资助,以及为文化创意产业的发展提供土地资源。如香港政府2009年的施政报告针对"文化及创意"的施政方向基本上只提到增加对表演艺术团体的资助及发展西九文化区,还有过去由贸发局主导的设计和影视产业的推广只重举办活动式展销会,缺乏一些策略性的产业平台。造成这种局面的原因主要在于,对文化创意的相关科研缺乏应有的重视。由于缺乏全面和深入的研究,政府对各项创意产业的现况(优势与弱势)缺乏深度的理解,因此其政策目标往往不能对症下药,强化优势,改善弱点。

(三) 威胁

目前,香港的文化创意产业在以下三个方面面临着一定的威胁:

[①] 据黄春平2011年3月28日对香港文化产业专家许焯权的访谈《香港近年来的文化创意产业政策》。

1. 内地文化产业的崛起

随着近年来以长三角、环渤海区域为代表的区域文化产业的迅速崛起，以香港、广州、深圳为核心的珠三角文化产业的领先优势已经开始呈现出明显弱化的迹象，而且珠三角地区内部文化产业的发展与转型也亟须香港重新作出定位。

一方面，如果广州、深圳借助粤港澳的合作机会，进一步做大做强金融、物流等现代服务业，势必在一定程度上影响香港未来的业务量与收益，香港的国际金融中心、航运中心地位虽然不会从根本上被动摇，但将会受到一定程度的影响，而金融、物流等现代服务业恰恰是香港文化创意产业发展与创新的根基与重要支撑。如广州和深圳的机场扩张、货运码头的建设、会展、旅游业的迅速崛起，都对香港的优势产业构成具体而实在的威胁。

另一方面，随着广东经济发展的逐步崛起，粤港澳三地已经从原来的"前店后厂"关系逐步转化为一定程度上的平等竞争关系。在珠三角区域文化产业的地位与身份上，香港"老大哥"的现状也正在悄然发生变化。在文化产业领域也不排除以后会出现产业同构现象、重复建设与无序竞争等问题。而"粤港澳三方的合作是要讲互利的，一旦没有一个分配利益的理念和法律法规制度做保障，利益就无法合理共享，这样三地继续合作的吸引力将会降低，甚至还可能陷入各自为政、恶性竞争的混乱局面"，[1] 而香港文化创意产业的未来可持续发展，离不开粤港澳的合作与珠三角的给力。因此，香港必须考虑如何再造其区位优势，考虑如何消除、解决粤港澳合作中彼此内部的利益矛盾，形成"利益共同体"，实现共赢，这是香港在文化创意产业发展中不得不未雨绸缪优先考虑的问题。

2. 技术发展需要创新与升级

20世纪90年代以来，西方文化产业的一个新趋势是创意经济的出现，其逻辑起点是文化与技术的融合。最近几年，广东特别是珠三角地区资源、能源和劳动力成本逐步升高，其产业结构正处于紧锣密鼓的转型和优化升级阶段，呈现出利用科学与技术融合创新的背景加速文化创意产业快速发展与转型的趋势。

作为珠三角文化创意产业重镇的香港，同样也面临着在国际竞争中如何提升竞争力并避免被边缘化的问题。一方面，香港如果要维护和提升国际金融、贸

---

[1] 罗林虎：《"十二五"期间如何深化粤港澳合作的建议》，南方网，2010年12月6日。

易、航运中心地位，打牢文化创意产业的发展根基，就亟须拿出一套长远的发展新思路。另一方面，香港面临现代服务业发展空间不足的问题。随着长三角、环渤海地区文化产业的崛起与珠三角文化产业发展重点的重新洗牌，以及世界范围内文化产业结构的转型与调整趋势，"前店后厂"的发展模式逐步成为过去。对此，香港文化总会会长、香港与内地投资商务促进会会长高敬德指出，香港在过去20多年完成制造业扩散的同时，本身的技术创新也随之萎缩，没有国际上新兴的高技术门类和产业，也没有大规模的研发活动和投入，而高端服务业也由于"边界"的限制不可能像制造业那样自由转移。近年来，香港带动大珠三角产业走向价值链高端化的能力和功能明显减弱，腹地拓展功能也随之衰退。① 而以广州、深圳为中心的珠三角地区正呈现出制造业北移的趋势。香港迫切需要调整经济结构，使以文化创意产业为重点的服务业向珠三角延伸和拓展新的发展空间，同时还必须抓住机遇利用香港的技术资源优势、人才资源优势，追赶世界文化创意产业转型发展的潮流，在"前店后厂"的发展模式基础上重新进行技术创新与升级、提升文化创意产业的竞争力。"如果再过若干年，内地超过香港，与之竞争将更困难"。②

3. 自身体制还有待健全与梳理

除了来自外在因素的威胁，香港自身体制的不健全也是一个重要因素。有学者对近年来香港文化创意产业发展的弊端与缺陷进行了归纳：士气低落，渐趋于保守和官僚化，社会、业界缺乏方向感，社会协调不够，业界、政府内部跨单位合作习惯薄弱，学界与业界协作不足及与内地合作的经验缺乏全面整理等。③

就香港的文化产业人才培养体制而言，文化创意产业本来是跨领域产业，可以说几乎"每一元素都是专业"。其牵涉范围极大，包括文化、创意与产业三大领域，而当前香港各大学科系课程，"鲜能培育同时兼具三者知识能力的人才"④。尽管香港政府近年来一直比较重视专业教育，但在通识教育和推广教育

---

① 高敬德：《香港联手深圳广州澳门共建珠三角国际大都会是繁荣稳定强港富民和实现国家战略的重大抉择》，2008年9月23日《文汇报》。
② 郭少棠：《香港和内地文化创意产业合作的机缘与香港创意工业的未来策略》载于乐正主编《深圳与香港文化创意产业发展报告（2010）》，社会科学文献出版社，2010，第164页。
③ 郭少棠：《香港和内地文化创意产业合作的机缘与香港创意工业的未来策略》载于乐正主编《深圳与香港文化创意产业发展报告（2010）》，社会科学文献出版社，2010，第162页。
④ 《借"十二五"春风发展香港文化创意产业》，香港文汇网，2011年8月17日。

方面似乎还有很长的一段路要走。

另外，香港的优势只有与内地融合才能体现出来，否则香港不仅亚太地区金融贸易中心的作用难以发挥，而且还会面临边缘化的危机，导致地位难保。在文化创意产业领域它必须立足珠三角与内地其他地区，与其保持紧密合作才是出路。因此香港除考虑个别产业的发展潜质外，"还需要兼顾内地不同省市和澳门对文化创意产业的发展政策，令本港文化创意产业企业与内地城市和澳门相互配合"①。这属于典型的文化创意产业的体制机制问题。

目前，澳门、深圳、广东及其他地区的政府都积极出台相关政策，主动推动与香港的合作。而香港方面由于历史原因在文化产业机制上一直推行政府的消极干预，至今尚未出台文化创意产业发展的长远之计，除了与其他地区的政府部门进行配合之外，几乎很少主动兼顾内地不同省市的文化创意产业的发展政策，更不用说对与内地合作经验的全面整理与长远规划的制订。这在相当程度上隔断其至孤立了香港未来文化创意产业的发展，非常不利于成长为未来的世界文化创意中心。

（四）机遇

1. 文化创意产业逐步成长为支柱产业

据香港政府统计处的有关统计数据显示，2000年香港的创意产业产值为250亿港元，约占香港本地生产总值的2%，其中出口总值达100亿港元，占香港服务出口总额的31%。而《香港创意产业基线研究》指出，2001年香港创意产业为本地经济带来了461.01亿港元的收益，占整体本地生产总值的3.8%。2002年香港与文化及创意产业相关的机构共有30838家，从事文化及创意产业的从业人员高达170011人，占当时香港总就业人口的5.3%。到2008年，全港创意企业达到3.2万家，从业人员17万人，产值600亿港元，占本地生产总值的4%，已超过传统香港四大主导产业之一的旅游业。2009年香港文化及创意产业每年总增值额近630亿港元，占本地生产总值的4.1%（2008年为630.8亿港元，所占本地生产总值已达4%），创意产业正式成为支柱产业，在香港的六项优势产业中独占鳌头。特首曾荫权在2009年的施政报告中曾指出，"文化创意"是香

---

① 《借"十二五"春风发展香港文化创意产业》，香港文汇网，2011年8月17日。

港的六大产业之一。这六大产业包括文化及创意产业、医疗产业、教育产业、创新科技产业、检测及认证产业以及环保产业,它们是香港经济的六项优势产业。特区政府确认这些产业在香港享有明显的优势,并建议进一步发展这些产业。

其中设计业、广告业、文艺演出业在香港传统文化创意产业的发展中扮演了十分重要的角色,在一定程度上成为香港文化创意产业的标识。香港共有3.2万家与创意产业相关的企业,每年增值额逾600亿港元,占香港本地生产总值约4%。[1] 在六项优势产业中居于第一位。根据统计处的最新统计数字,香港文化创意产业就业人数达188250人,占整个就业人数的5.4%,并已经形成了影视、设计、广告、文艺四大优势板块类型。香港政府在2010~2011年度用于文化产业的公共开支超过28亿港元。[2] 因此,无论从就业人数,还是文化创意产业在每年生产总值中的比例来说,香港的文化创意产业已经逐步成长为支柱产业。

2. 与内地合作的政策机制逐步完善

经历了20多年的合作,香港与珠三角已发展出各自的分工,珠三角地区广泛从事有关的制造,而香港则从事地区性执行管理、融资及专业服务等决策性工作。

2004年《内地与香港关于建立更紧密经贸关系的安排》(CEPA)正式实施,其中有多项内容(如广告、视听、文化娱乐等)属于文化创意产业范畴。按有关规定,香港影视制作等行业可以进入内地投资,并可从事文化市场开发等活动,大大促进了香港相关产业的发展。这一系列合作的政策机制进一步推动了香港和其邻近城市如珠三角地区的合作伙伴关系,拓展了双方文化创意产业的发展空间,对振兴香港的经济和文化产业与推动内地的文化产业进入国际市场有着重要的意义。

2006年香港大学文化政策研究中心发布的报告书指出,发展香港的文化及创意产业须结合珠三角的实力,并把着眼点放在全球,包括实行人才、资金和技术的引入,使创意产业成为香港的支柱产业。2007年深港两地政府正式签署了《深港创新圈合作协议》,香港与深圳在科技、文化、教育等方面进入全面合作发展的新时代。

---

[1] 《2010年各地文化创意产业政策前瞻》,2010年1月11日《北京商报》。
[2] 魏杨:《港府助创意文化起飞 业界冀打开国际市场》,中国新闻网,2011年5月25日。

2008年7月的CEPA补充协议五和2009年5月的补充协议六又得到签署，使内地与香港形成了更紧密的经贸关系。2011年4月，广东省成立了粤港澳合作促进会文化专业委员会，对于推进粤港澳三地文化界更紧密的合作有着重要的意义。

2010年4月签订的《粤港合作框架协议》首次明确提出，粤港两地金融合作以香港为龙头，打造世界级经济区。其中的第五条专门对文化创意及工业设计进行了专门的阐述：制定文化创意产业发展规划和扶持政策，加强文化创意产业合作；建立文化产业园区，打造两地及海外企业合作平台；加强工业设计产业合作，联合开展教育培训、成果推广、项目建设等，在珠江三角洲产业集群引进香港工业设计服务。

另外，《珠江三角洲地区改革发展规划纲要》和《深圳市综合配套改革总体方案》的出台又为深港合作创造了良好的政策环境，更有利于香港文化创意产业的发展。

3. 根据本地优势，重点突破特色行业

香港在电影、电视、音乐、设计、建筑、动漫游戏和数码娱乐等创意产业领域具备一定的优势，这些也是文化创意产业领域内的特色行业。

问题是如何发挥这些特色性的行业优势，壮大文化创意产业。为此我们必须认识到：创意产业并不是同质的产业群，它需要按行业门类制定专门的产业政策以适应其发展。如香港的电影业是华语电影的重要供应者，远销国内、欧美及东南亚市场。但适合电影业的政策，并不一定适用于设计业，不同的产业需要不同的政策协调和配合。

正因为如此，可以将香港的先进技术、管理经验和内地的成本优势、广阔的市场结合起来，重点在工业设计、动漫、旅游、电影等香港的优势行业方面实现突破。

中国动漫、动画及相关产业的年市场规模至少有人民币50000亿元，未来20年，中国有望成为全球第一大动漫市场。据统计，内地目前有5000多家动画企业，年产电视动画片超过17万分钟，而且还在以每年20%~30%的速度递增。据高盛中国预测，到2015年，中国动漫产业的总产值将占到国民生产总值的1%，达到人民币6000亿元。① 可见动漫市场潜力之大。如从动漫市场的角度

---

① 《动漫行业市场简报》（第十九期），http://www.e-bq.com/news/report/2010/0728/200200.html。

切入，香港和内地在创意产业领域的合作将是一个双赢的结果。

游戏产业方面，根据香港与台湾市场的人口比例，香港网游市场有望在5年内发展至10亿元，香港可定位为大中华区和东南亚游戏的交易中心。首先是香港可利用CEPA合法进入内地市场，加上香港与珠三角同属粤语文化。香港人才可与深穗人才合作，开拓全新视野游戏产品，打造珠三角7000万人口的粤语系市场。目前，动漫出版、网络游戏产业发展方兴未艾，内地与香港的合作机会很多，在动漫出版、电子出版、网络游戏领域，香港政府设立了多项基金给予支持，发展速度很快。内地的动漫游戏产业发展也很迅猛，内地的文化企业能多到香港上市。两地可以抓住机遇加快合作步伐，充分发挥内地的资金、资源优势和香港的技术、经验优势，进一步做大做强动漫游戏产业。

会展业方面，广州市对外贸易经济合作局与香港贸发局签订的《专业展览合作框架协议》，在琶洲设立穗港澳会展合作试验区，有利于建立泛珠三角会展业协作网络，形成影响华南、辐射东南亚的会展中心。[①]

旅游业方面，旅游业是港澳两地的优势产业，香港可以与内地在旅游推广、开拓旅游市场、消费者教育、旅游市场监督及管理工作、旅游信息交流等几个方面深化合作。

4. 打造粤港澳台合作的文化创意产业园区

香港作为东、西方文化融合之地，条件得天独厚，文化创意产业在人才、品牌、信息、资本、视野等方面具有明显优势，而珠三角同样在载体、政策、环境等方面具有优势。双方的合作已经出现了一些新的进展。如广东首个粤港澳文化创意产业实验园区于2010年9月30日在广东东莞松山湖科技产业园揭牌，标志着粤港澳文化创意产业合作开始启动。2010年7月出台的《广东建设文化强省规划纲要（2011~2020年）》提出，要在广州、深圳、珠海、东莞、惠州等地建设粤港澳文化创意产业实验园区，促进粤港澳文化创意产业合作。

广东已经迈出了合作的步伐，如建议粤港两地应从建立合作协调机制、加强人才交流培训、共建产业载体、构建合作平台、打造合作品牌多个方面加强合作，把粤港文化创意产业合作作为《粤港合作框架协议》的具体措施之一加以落实，优势互补，互利共赢。香港政府应加强香港十一个文化创意产业行业的科

[①]《穗港澳会展合作：圆梦大珠三角》，2009年9月15日《中国贸易报》。

研、投资、市场发展、服务支持，及其与广东省的联系和合作，使之成为施政重点之一。① 这对香港而言，是向内地市场开拓的一个重要机遇。

另外，应该加强粤港澳台四地文化产业发展概况、政策介绍及项目推介活动，进行四地文化创意产业重点项目的跨境合作，实施四地文创产品展示及销售的空间置换。通过会议展览或参观访问活动，加强四地在影视、动漫方面的人才互动与交流，同时逐步开展文化创意产业相关的人才培训与研究合作，特别是在影视、动漫方面，开发和整合四地文化创意产业的人才和技术资源，共同打造文化（创意）产业基地，建立粤港澳台文化创意产业园区和动漫游戏产业合作基地。

目前，香港举行的以"建立文化合作平台，打造华人创意品牌"为主题的首届"港台文化合作论坛"，就是一项比较切实有效的合作活动。它涵括了10项行动纲领，如每年定期互访、轮流举办文化合作论坛、建立文化创意合作平台、推动青年交流、促进两地文创主题式交流、加强宣传推广、促进经济合作、共同培植新秀、促成知识产权合作、打造华人创意品牌等。② 同时，应该不断拓宽粤港澳台民间合作的渠道和领域，大力促进四地民间往来，调动民间力量，进一步形成推进粤港澳台紧密合作合力。

5. 继续发挥民间团体力量的先导作用

粤港澳台四地合作的空间非常广阔，而民间团体的力量相当重要。在创意产业这方面的合作，过去是以民间层次为主，后来逐步开始提升到政府层面。香港本地一直活跃着很多民间基金会，有不同的资助对象，比如平面设计类、音乐、舞蹈类等。

即使是官方举办的文化活动，也充分利用和发挥民间团体的力量。以康文署的文化工作为例，曾委任了195名文化艺术专家顾问，就表演艺术、文学艺术和博物馆活动等事宜向该署提出意见。这些顾问分别来自26个专业领域，包括艺术家、学术界人士，以及在所属领域内有重大贡献的从业员。这是一支重要的民间力量。另外，康文署举办的艺术节的特别活动，也是该署与中华世

---

① 《十二五与香港发展："十二五"规划与粤港文化产业合作》，2010年11月9日《香港文汇报》。
② 赵博：《首届"港台文化合作论坛"推10项行动纲领促两地文创交流》，新华网，2011年5月17日。

界文化遗产保护基金、香港佛教联合会和艺术地图合办的，积极发挥了民间团体的重要作用。

我们进一步以印刷业的民间合作为例，新闻出版总署2003年启动了"珠三角印刷业在国际印刷业中的地位和作用"的调研，提出将珠三角印刷业与香港印刷业进行大范围整合，共建世界印刷中心。深圳市印刷行业协会与香港印刷业商会近年来经常就印刷业所遇到的问题联合向政府主管部门反映现状，争取政策支持，为企业排忧解难，联手推动产业发展。通过两地印刷行业协会牵头，成立了"深港印刷产业发展协作委员会"，探讨在深港沿边境线建立新经济开发区，在该开发区内划出"深港印刷创新工业园"，促进两地在印刷质量检测、印刷标准化项目、印刷高新技术、节能减排、绿色印刷、出口贸易等方面的合作，以走高新技术、绿色印刷、质量管理、标准化领头的新路。

6. 以西九文化区为未来文化创意产业的发展方向

西九文化区（以下简称"西九"）是香港特区政府为支持香港文化艺术发展所作出的一项重要策略性投资。西九将提供香港文化艺术界长远发展所需的基础设施，以及促进文化和创意产业的发展。该文化区将发展成具备世界级文化艺术设施、卓越人才、地标式建筑及优质节目的综合文化艺术区，成为提高生活素质的推动力，以及珠江三角洲地区的文化门廊。

西九用地位于西九龙填海区南端，占地40公顷，其中23公顷将辟作休憩空间，供公众享用。西九将分阶段提供15个不同种类和规模的表演艺术场地，包括大型表演场地、音乐厅、室乐演奏厅、戏曲中心、大剧院、中型剧院和黑盒剧场。此外，西九将兴建一所具备博物馆功能，并聚焦20~21世纪视觉文化的文化设施，以及专注于文化艺术和创意产业的展览中心。西九亦将设有零售、餐饮和娱乐设施，以及住宅、酒店和办公室。区内各项文化艺术设施将由2015年起分阶段落成并启用。政府和合作伙伴正通过多管齐下的方针，即发展艺术节目、拓展观众、加强艺术教育及人才培训，进一步加强香港的文化软件。

香港政府对西九发展规划极为重视。1999年，首任香港特别行政区行政长官董建华在施政报告中，提出将西九龙填海区建设成为文娱艺术区，这是一项具前瞻性的重要计划。2005年10月12日，第二任香港特别行政区行政长官曾荫权发表的第一个施政报告《强政励治，福为民开》，就提到了西九龙文娱艺术区发展计划，认为"西九"除可丰富文化艺术生活外，还可以促进旅游，创造就业机会，并希望早日落实"西九"建设。曾荫权在2007~2008年的施政报告《香港新方向》中，对香港的经济、文化、社会提出了新的定位。在"都市新发展区"中，提出西九文化区是对香港文化艺术基础建设的一项重大投资，也是推动香港文化艺术长远发展，以及支持香港成为一个创意经济和亚洲国际都会的策略性计划。曾荫权在2008年10月23日公布委任西九文化区管理局董事局成员时说："西九文化区是一项推动艺术文化发展的重要项目，旨在丰富香港市民的文化生活。"已经成立的西九管理局是西九文化区的管理机构，其职责是负责规划、发展、劳动及维持西九文化区的艺术文化设施及相关设施，政务司司长唐英年出任董事局主席。管理局成立初期是要确保西九文化区的艺术文化设施及辅助基建设施能在规划和设计方面获得良好的协调。

目前，西九文化区管理局已经收集了三项世界级规划设计团队方案，并向公众征求意见。为配合西九文化区的发展、加强文化软件内涵、培育观众、扶掖更多中小型艺术团体，香港政府已向艺术及体育发展基金注资30亿港元，并会用部分基金的投资回报，配对私人及商界捐款，为有潜质的艺术家及团体提供持续发展机会。相信随着西九文化区的建设与启用，西九将成为香港文化产业，甚至亚洲文化创意产业的一个重要基地，并带动整个香港文化创意产业的升级与繁荣。

附　录

香港文化创意产业网络资料主要来源：

1. 康乐及文化事务署（http://www.lcsd.gov.hk/）

康乐及文化事务署（简称康文署，Leisure and Cultural Services Department, LCSD）是香港特别行政区政府民政事务局辖下的部门，专责统筹香港的康乐体育、古物古迹及文化艺术有关的活动和服务，约有10000名职员。现任署长为冯程淑仪。康文署以"竭诚提供优质文康服务，以配合香港发展为世界级大都会及盛事之都"为理想和目标，致力于提供优质文康服务，为市民生活增姿添彩；发挥专业精神，务使文康服务更臻完善；与体育、文化及社区团体紧密合作，发挥协同效应，以加强香港的艺术和体育发展动力；保护文化遗产；广植树木，美化环境；为顾客提供称心满意的服务；建立一支积极进取、尽忠职守、敬业乐业的工作队伍。他们坚守以客为本、素质至上、创意无限、专业精神、讲求成效、成本效益和精益求精的基本信念，实践工作使命。

2. 香港广播事务管理局（http：//www.hkba.hk）

广播事务管理局是独立的法定组织，1987年根据《广播事务管理局条例》（第391章）成立，负责规管本地的广播业。广播事务管理局的职责是：提供一个公平、稳定的环境以便广播机构和业内人士运作；确保广播服务维持适当的标准；协助香港特别行政区政府执行广播政策；推行一切相关的法例和牌照规定。广播事务管理局采取宽松及鼓励竞争的规管模式，致力于营造有利的营商环境，让业界得以健康发展。同时，也通过监管并推动优质广播服务，挚诚致力于为市民服务，从而使香港成为区内广播中心。

3. 香港旅游发展局（http：//www.discoverhongkong.com）

香港旅游发展局（Hong Kong Tourism Board，简称旅发局）于2001年4月1日成立，是香港政府资助的旅游推广机构。旅发局的主要职能是在世界各地宣传和推广香港为旅游胜地，提升旅客在香港的旅游体验，其使命是尽量扩大旅游业对香港社会和经济的贡献，并致力于巩固香港世界级旅游景点的地位。

4. 香港艺术发展局（http：//www.hkadc.org.hk）

香港艺术发展局（艺发局）于1995年成立，是香港政府指定全方位发展香港艺术的法定机构。艺发局专责策划、推广和支持香港艺术的整体发展，包括文学、表演及视觉艺术、电影及媒体艺术，其愿景是将香港建立成一个充满动力和多元化的文化艺术都市。除了鼓励公众参与和提倡艺术教育外，艺发局亦致力于推动艺术评论、提升艺术行政的水平，加强艺术政策研究工作。

香港艺术发展局以"艺术表达自由；促进艺术整体发展，造就多样化及多元化的艺术环境；促进城市的创意，改善社会及生活素质；产生社会凝聚力、培育人文价值及社区精神；肯定人人享有接触文化艺术的权利"为信念。他们的目标是：以研究作基础，发挥在文化政策上的影响力；加强对艺文界的支持，追求卓越发展；建立平台，协助艺团面向公众及市场；扩展参与及欣赏艺术层面，提倡艺术教育和普及艺术；促进艺术人才汇聚、培育新进，以提升艺文界的专业水平；开拓社会资源，缔结伙伴，推动香港艺文发展；加强国内及海外的文化交流活动。

5. 香港文化中心（http：//www.lcsd.gov.hk/hkcc）

香港文化中心是香港康乐及文化事务署下属机构，位处尖沙咀海旁，于

1989年11月8日正式启用,由政府建筑署负责设计,占地5.2公顷,提供82231平方米楼面面积。文化中心的建筑以配合优质多元演出的需要为设计理念,设有三个主要表演场地,分别是音乐厅、大剧院及剧场。全年上演各类演艺制作,包括各式音乐会、歌剧、戏曲、舞蹈、戏剧、电影等。除了主要表演场地外,中心亦设有展览馆、4个大堂展览场地及10多个供排练和会议使用的排演室和会议室。文化中心汇聚无数本地和全球的杰出艺术表演,为推动香港艺术发展及国际文化交流担当重要的角色。

6. 香港艺术中心(http://www.hkac.org.hk/)

香港艺术中心于1977年成立,是一所非营利及自负盈亏的艺术团体,多年来一直致力于推广当代艺术。艺术中心主要有两方面工作——一方面通过艺术交流和社区活动,推广当代表演艺术、视觉艺术和电影录像,另一方面则提供多元化、终身和全方位的文化艺术教育课程,以及晋升的阶梯,从而致力于培育香港市民的创意和欣赏艺术文化的能力。同时该中心也举办艺术会议、讲座、艺术节,以及公共艺术计划等活动。香港艺术中心希望通过推广当代艺术和艺术教育,推动香港成为一个充满艺术活力及创造力的文化大都会。

该艺术中心是一所配备剧场、电影院、画廊、教室、工作室、咖啡店以及办公室的综合性当代艺术中心,每月展出不同范畴的艺术节目,展示由本地及海外艺术家创作的作品。香港艺术中心的主要收入来自于捐款,将艺术中心楼层租出予各艺术团体的租金、香港艺术学院的课程学费,以及门票收益。艺术中心与不同艺术团体协作,在艺术中心或其他场地举办活动。中心每月举办免费的"开放音乐系列",协助艺术爱好者和热衷新艺术的人士探索不同艺术形式。香港艺术学院直属香港艺术中心,开办多项艺术教育文凭和学位课程。

7. 创意香港(http://www.createhk.gov.hk)

创意香港是商务及经济发展局下属的一个专责办公室,于2009年6月1日成立,重点工作是牵头、倡导和推动香港创意经济的发展。创意香港统筹政府在创意产业方面的政策和工作;把政府用作推动和加快香港创意产业发展的资源集中起来;与业界紧密合作,推动创意产业的发展。创意香港为推动香港创意产业发展,有以下七个策略范畴:培育创意人才,让他们成为发展本地创意经济的中流砥柱;促进创意企业成立和发展;制造对创新和创意的需求,并扩大创意产业的本地市场规模;在内地和海外推广香港创意产业,协助业界开拓外地市场;在社会上营造创意氛围；在本地凝聚创意产业群组，以产生协作效应和促进交流；推广香港成为亚洲创意之都。

创意香港的愿景是把香港发展成为亚太地区内的创意之都。总之，创意香港的设立是致力于推动创意产业的发展以及把香港发展成为区内的创意之都的一个重要里程。

8. 香港当代文化中心（http：//www.hk-icc.org）

香港当代文化中心于1996年成立，是非营利文化艺术组织，以民间主导方式积极推动本地、地区及国家间的文化发展和交流。香港当代文化中心以宏观的文化视野，致力于实现持续发展的文化多元以及具创意的公民社会，并积极推动本地及国际层面的文化艺术发展、创意教育、文化交流及研究与发展项目。中心通过主办艺术和文化活动，促进香港发展成为积极活跃的文化中心及公民社会；积极筹办创意教育项目，为创意产业及艺术文化界培育人才，包括已于2006年开办的香港兆基创意书院；提倡多元文化的公众意识，支持及推动各种文化的对话，并致力于为文化交流开拓开放的平台；策划与文化发展及创意教育有关的研究及发展计划。其委员会及成员是文化艺术、教育、媒体、商业及创意工业等界别的资深工作者，为香港当代文化中心多元性的发展指定目标和方向。

9. 香港设计中心（http：//www.hkdesigncentre.org）

香港设计中心是2001年由业界支持下成立的非营利机构，并获得政府拨款营运。香港设计中心的主要职责是向社会推广设计的精神，其主要工作是推广及表扬杰出的设计；提倡广泛及策略地应用设计作为企业增值的工具，使社会受益；教育与设计相关的专业人士和社会大众，加强其设计与创新的思维，达至可持续发展。设计中心以"利用设计和革新来推动价值创造及改善人类生活"为宗旨，"将香港打造成为亚洲设计之都"是其愿景。

10. 香港游戏产业协会（http：//www.hkgia.org.hk）

2004年8月，中国游戏工作委员会香港联会（简称香港游戏工委）第一届理事会正式成立，智傲网络游戏集团有限公司董事总经理施仁毅是工委创办人和召集人，梁定邦大律师（环球数码创意控股有限公司主席）任会长，香港中文大学机械与自动化工程系教授许健泉为秘书长。香港游戏工委自成立之初，就一直致力于发展香港游戏产业，促进香港游戏业与内地及海外同行交流与合作。2008年四川汶川地震发生后，工委还策划"香港游戏界四川赈灾大行动"，香港

50家不同的游戏公司首次合作，网游运营商共捐了21套网游虚网义卖善款，以此支持地震灾区重建工作。2009年4月，"中国游戏工作委员会香港联会有限公司"正式改名为"香港游戏产业协会"（Hong Kong Game Industry Association）。

11. 香港赛马会创意中心（http://jccac.org.hk/）

2008年，在民政事务局、香港赛马会慈善信托基金以及香港浸会大学、香港艺术发展局、香港艺术中心等各方的支持下，赛马会创意艺术中心（简称JCCAC）正式开幕。该中心以自负盈亏非营利机构的模式进行运作，以推广艺术及文化，培育创意艺术人才为目标。中心相信，艺术是推进社会文明和创意的重要动力，并希望借JCCAC的存在把喜爱艺术和参与艺术的种子在大众间进行传播。他们致力于为本地艺术工作者及艺术团体提供艺术创作空间，协助社区推广艺术及文化，为香港培育创意人才，并希望能够配合香港整体的文化艺术的发展，使JCCAC成为一个汇聚本地艺术及文化的中心。

中心提供完善的展览设施和一个黑盒剧场，并有100多个为不同艺术形式而设的工作室，包括绘画、雕塑、陶艺、玻璃艺术、版画、装置、摄影、动画及录像制作、音乐、舞蹈和戏剧等，可供艺术工作者或艺团租用。2010年，中心举办的主要项目有季度性的"JCCAC山寨市集"，并与其他机构合办的大型艺术节活动，包括"香港舞蹈节2010"和"香港摄影节2010"。

12. 进念·二十面体（http://www.zuni.org.hk/）

1982年成立的进念·二十面体是香港注册的非营利慈善文化团体，以香港为基，面向世界，是一个实验艺术团体。它的宗旨和目标是，把香港建设成实验戏剧的国际交流中心，普及社会对戏剧和实验艺术的认识，成为艺术水平达世界级的实验戏剧团体，以及培训多方面的艺术专业人才。从事多元戏剧艺术创作至今，该团体原创剧场作品超过150出，曾获邀前往演出的城市遍及欧、亚、美等地，多年来一直致力于拓展香港文化艺术新领域，积极推动国际文化交流、艺术评论及文化政策研究等工作，探索艺术教育和发展电子媒体及跨媒体等新类型的艺术模式。进念·二十面体是香港九个主要专业演艺团体之一，也是香港最具代表性的国际实验剧团。2008年获选为香港文化中心的场地伙伴团体，而且将在2009~2012年进驻香港文化中心，开展系列创作及外展教育计划。近期进念·二十面体举办的活动有：荣念曾实验剧场《夜奔》、卡通儿童音乐剧《魔笛》、剧季2010《艺术的生活》、灵异鬼魅幽默大喜剧《楼市怪谈2010》、进念2011剧季"戏剧的力量"等。

13. 艺穗会（http：//www.hkfringe.com.hk/）

艺穗会（The Fringe Club）是香港推广艺术创作的非营利机构及慈善团体，成立于1983年。它不仅提供更大的空间给香港本地艺术家创作，也给予技术支援及协助推广其作品。艺穗会大楼前身是建于1890年的冷藏库，现已列为一级历史建筑。艺穗会在1983年迁入这座建筑物后，进行了多次维修，使建筑物变身成为当代艺术空间。艺穗会举办的节目非常多元化，包括各种戏剧、舞蹈、音乐表演和展览等。艺穗会一直采取开放政策，并致力于培育新进艺术家，为他们提供场地、宣传支持和海外巡回演出的机会。目前，有超过500个来自亚洲、大洋洲、欧洲和南、北美洲的艺术团体利用艺穗会的场地进行文化交流活动。

2010年，艺穗会举办了一年一度的乙城节，内容涵盖各种主题及活动，包括表演和视觉艺术、文化交流计划、有关文物和历史见证的节目、工作坊和城市研究等。2010年的焦点是"照亮广州"，节目包括：由16位香港艺术家和15位内地艺术家联手举办的展览、岭南文化座谈会，以及多支广州乐队的演出。艺穗会还为香港艺术管理人员策划了"漫游广州艺术空间"交流团。2010年内，艺穗会亦协助香港艺术家到访广州、深圳、台北、首尔和温哥华，并在10月参与上海世博会香港周活动，派出Saturday Night Jazz Orchestra及一支当代爵士乐队（成员包括罗尚正和包以正）参与演出。

14. 港文化·港创意（http：//www.huluhk.org/had/wp/）

"港文化·港创意"计划是致力于推广香港本土文化的非营利团体"文化葫芦"策划和实施的。文化葫芦以社区不同特色为基点，通过一系列社区教育、创意设计、导赏及互动交流活动，带领公众游走社区，从而认识历史、建筑、老店与人文风情，鼓励参与、关心和推动本土历史文化保育与传承。同时，凭借联系社会各机构，为社区内外搭建交流与合作平台，积极运用、发挥和建立社会资本，挖掘社区内创意的有机发展元素，使各社区的经济及创意与文化活动得以持续发展。将设计、艺术与田野式调查作为香港本土文化与市民特别是青年一代进行沟通的平台，从而达到保育、传承及创新本土文化的目的，这正是"港文化·港创意"的意义所在。

2010年"港文化·港创意"于中上环荷李活道已婚警察宿舍成功举办，吸引逾4万人次参观，2011年则移师深水埗赛马会创意艺术中心举行第二届活动香港赛马会"港文化·港创意"——深水埗"创艺传城"。

15. 中华创意产业论坛（http://www.ccif.hk/）

《中华创意产业论坛》是一个持续发展的中华地区网络和平台。《论坛》的使命是建立一个联系中国内地、台北、香港及澳门创意产业界别的交流平台，透过进行应用研究及举办会议，系统地建立中华地区城市创意产业的网络，发展智库，以便提供政策制订、资源配合、人才培训的智识基础，全面带动中华地区城市创意产业的发展。《论坛》于2010年在上海世博期间举办两次跨界交流会议，并进行四项应用研究（中华市及区创意产业发展研究、中华区创意产业企业界及园区研究、中华区高等学府创意产业学院教学研究、华人创意产业工作者研究），强化跨界对话，为中华地区的创意产业发展储备智力资源。

2011年，《论坛》以"创意投资"为题，筹备新的研究项目，并于香港举行会议。研究项目包括"城际创意产业网络——长三角与珠三角可持续创意区域发展研究"及"投资创意——台湾与南韩文创产业人才与环境研究"。

参考文献

1. 许焯权：《香港文化及创意产业：新的发展视角和策略》，《探索与争鸣》2007年第8期。
2. 王鹏：《香港文化创意产业的发展及其启示》，《亚太经济》2007年第6期。
3. 郭少棠：《香港与内地文化创意产业的渊源与转化》，载于叶取源主编《中国文化产业评论》（第二卷），上海人民出版社，2004。
4. 王鹏：《香港文化创意产业的发展经验及启示》，《经济界》2007年第2期。
5. 赵斌：《揭秘有远见的创意香港办公室》，2011年3月24日《成都日报》。
6. 《香港文化产业的借鉴与启示》，2010年5月28日《深圳商报》网络版。
7. 刘润生：《文化创意产业综述》，http://www.chinainfo.gov.cn/Report/ArticlesView.aspx?aid=3025。
8. 李海元：《创意，让香港"动起来"》，http://hm.people.com.cn/GB/42273/10561825.html。

澳门文化创意产业发展报告

丁 未 叶 皖 等*

一 澳门文化创意产业概况与政策背景

澳门特别行政区位于我国广东省珠江和西江三角洲的南端，包括澳门半岛、氹仔岛、路环岛及周边水域，陆地总面积29.7平方公里，人口55万。虽然地域狭小，空间有限，资源匮乏，但澳门地处珠江三角洲的中心地带，区位优越，发展前景广阔。

澳门经济以博彩业为支柱产业。2007年，澳门博彩业总收入超过了美国拉斯维加斯，成为全球第一大赌城，并以28.56万澳门元的人均GDP高居亚洲第一，因此，澳门在世界上也享有"东方蒙地卡罗"的美誉;[1] 2010年澳门博彩业收入同比激增58%，达1883.4亿澳门元（合235.1亿美元），而澳门的人均GDP在2008年已达39000美元，超过了香港，在亚洲名列前茅，跻身发达国家和地区的行列。[2]

但澳门产业的单一化也成为其经济发展的瓶颈，尤其是在应对国际经济危机方面表现十分脆弱，澳门经济结构的局限性在金融危机中逐渐暴露出来。因此，要实现澳门可持续发展和经济转型，文化创意产业无疑是加快产业结构调整、升级，转变发展方式的不二选择，而且发展文化创意产业符合世界潮流。

澳门拥有丰厚的文化底蕴，400年来，作为中西方文化交流的口岸，澳门在

---

* 丁末，深圳大学文化产业研究院区域研究所主任，深圳大学传播学院教授；叶皖，澳门大学传播硕士。叶皖参编本章内容期间采访了澳门文化局文化创意产业促进厅的有关官员。深圳大学传播学院硕士王婷、曾淳也参与了编写。
[1] 王鹏：《澳门博彩业与文化创意产业的融合互动研究》，《旅游学刊》2010年第6期。
[2] 齐勇锋、陈曼冬：《澳门经济结构调整和政府作用研究——兼论澳门文化创意产业发展》，《城市观察》2011年第2期。

中葡文化的交汇中形成了独特的文化历史，积淀下丰厚的文化遗产，这是澳门发展文化创意产业非常丰厚的矿脉。2005年，澳门"历史城区"被列入联合国《世界遗产名录》，成为中国第31处世界遗产，这表明世界对澳门文化的认同与肯定。文化资源是城市遗产和价值的基础，澳门文化遗产是澳门发展不可多得的资源，在中西文化交融中，澳门形成了多元共存发展模式。现在每年来澳的世界游客超过2000万，这一切都为澳门发展成为创意城市奠定了非常坚实的基础。[1]

2008年年底公布的《珠江三角洲地区改革发展规划纲要》中，首次从国家发展战略层面，明确了澳门特别行政区作为"世界旅游休闲中心"的发展定位。澳门特区政府前任行政长官何厚铧在2009年施政报告中指出，大力支持初现发展势头的会展业，促使其成为澳门经济增长点。加大文化产业的推进力度，尽快成立文化产业咨询委员会，制定和完善文化产业政策。推动艺文工作者投身于创意文化产业，鼓励文艺作品融入市场，实现经济效益。挖掘世界遗产的文化内涵，增添旅游文化价值。[2] 紧接着，澳门特区政府现任行政长官崔世安在首份施政报告（即2010年施政报告）中提出，未来5年将积极推动澳门经济适度多元化发展，重点扶持会展物流业、文化创意产业等，并将为新兴产业的发展创造条件。他特别强调，文化犹如城市的"根"，是社会发展不可多得的资源。澳门"历史城区"被列入《世界遗产名录》印证了澳门文化的普世价值，澳门要切实保护世界文化遗产，依托澳门深厚的历史文化底蕴，强化澳门的文化建设，打造澳门文化品牌，提高都市文化品位。具体来说，澳门特区政府将在发展文化产业前期工作的基础上，先在文化局组织架构内增设职能部门，并成立文化产业委员会，制订发展计划和具体措施；特区政府还将研究设立文化创意产业专项基金，促进澳门文化产业的孵化和发展。[3]

澳门特区政府在一系列前期工作如调查研究、举办研修班、组织专题研究、制订发展规划等的基础上，于2010年5月正式宣布成立"文化产业委员会"；2010年11月初，澳门"创意产业协会"成立。这两个机构的设立，标志着澳门文化创意产业正式起锚。此外，鉴于会展业在澳门的特殊地位，2010年澳门政

---

[1] 李瀛：《澳门文化产业借势"起锚"》，2010年11月22日《北京商报》。
[2] 参见澳门政府网，http：//portal.gov.mo/web/guest/govinfo/policy-address。
[3] 参见澳门政府网，http：//portal.gov.mo/web/guest/govinfo/policy-address。

府还专门设立了"会展发展委员会"。

文化产业委员会

澳门特区政府2010年组建文化产业委员会（以下简称"委员会"），成员包括12名政府部门代表和30名社会人士，社会人士来自文化艺术界、学术界及商界等。委员会旨在协助特区政府为文化产业发展出谋划策，委员会委员可就澳门特殊情况，讨论本地文化产业的未来发展方向和定位，广泛听取各界对本地文化产业的意见和建议，制定适合澳门本地文化产业发展的政策和措施。

文化创意产业促进厅

为了落实2010年施政报告中关于"特区政府将大力推动经济的多元化发展，培育新兴产业"、"文化创意产业作为推动澳门经济多元的重要一环"及"在文化局增设部门协调文化创意产业的发展"等政策，澳门特区政府在文化局组织架构内设立文化创意产业促进厅，辅助及推动澳门文化创意产业的发展，从而冀盼产生文化经济力或文化生产力，形成推动澳门社会全面进步的驱动力。其主要职责为分析选定可行性高、具有发展前景的创意产业项目并优先启动、先行先试。

澳门创意产业协会

2010年11月1日澳门创意产业协会成立，为配合特区政府经济适度多元的发展策略，协会由相关的五大分类，广告、软件、建筑设计、文化艺术、动漫产业等十六个行业的代表组成，通过凝聚两岸四地优秀文创人才和资源，构建交流合作平台，发掘更多创意人才，推动创意产业发展，借此加快建立澳门世界旅游休闲中心的进程。

2010年8月31日，澳门文化产业委员会召开第一次全体会议。会议公布了澳门文化创意产业的发展蓝图及短、中、长期目标，定下了八大发展项目，力图将澳门打造成世界休闲旅游城市；会议还发布了澳门文化创意产业发展政策框架，框架包括产业推广、产业资助、创意人才培养、行政与法律辅助及产业研究等五部分。自澳门文化产业委员会成立以来，澳门特区政府在文化创意产业的发展规划、政策支持等方面，主要有以下几方面的内容和措施。

（一）发展目标

有机结合澳门世遗硬件与文创软件，借世遗优势，发展澳门文化创意产业宣传、展示平台，充分利用澳门多元消费客源的优良条件，打造澳门文创品牌。

1. 澳门文化产业发展必须立足现实，在丰富休闲旅游的文化内涵、发展多样类型模式、满足多元化消费需求的基础上，构筑以博彩业为主导的立体多元的产业体系。

2. 发展具有澳门特色的文化产业，增强对世界各地人群的吸引力（中西合璧）。

3. 文化产业可以将影视、广告创意、会展咨询、主题旅游以及教育培训等都纳入其中。

（二）发展规划

文化局为文化创意产业定下短、中、长期目标。

五年短期目标是制定扶助政策、措施，扶持中小企业，形成本地文化创意产业雏形；

十年中期目标是通过中长期规划，建设硬件设施，配合横琴新开发区、新城填海契机，打稳、扩大文化创意中小企业根基，同时在行政、法制上确立营商环境；

长期目标则是提升本地文化创意基础教育，确保学生从小接受文艺、创意思维教育，打好可持续发展基础，提升国际竞争力。

（三）八大重点领域

文化创意产业项目众多，将现阶段比较成熟且具有潜质的项目，包括视觉艺术、设计、电影录像、流行音乐、表演艺术、出版、服装及动漫，列为八大重点发展项目，其中视觉艺术及设计为突破口，先行先试。

（四）园区规划

对于空间资源问题，澳门土地稀少是世人公认的事实。但是，粤澳合作框架协议的签订，极大地支持了澳门市民及企业到横琴岛发展文化产业项目，而且中央政府在规划横琴新区之际亦在该区预留了一定的土地（约3平方公里）来建设文化创意产业园区。

（五）培养创意人才

文化产业委员会内高等院校委员均认同人才的关键作用，文化创意产业不是一个部门的事，是全澳居民的共同事业，不同部门、民间组织必须配合。澳门特区政府鼓励院校、民间开设文创产业相关课程，提供进修、升学资助，致力于培育文创产业链各环节的人才，更考虑为本地文创产业提供行政、法律支持，展开各类探讨文创产业发展的研究计划。

澳门文化产业的核心基础在于创意人才，人才培养是当务之急。为配合澳门发展文化创意产业，澳门政府培养本地文化创意人才有着短、中、长期的策略和目标。

短期方面，政府鼓励院校和民间开设与文创产业相关的短期培训和进修课程，希望在较短的时间内，让年轻人在一定程度上提高对文化创意产业不同范畴的认识，促进本地人才投身文创业。现阶段澳门文化艺术市场薄弱，同时缺乏文化艺术管理人才，政府率先启动"文化艺术管理人才培训系列计划"，文化局与旅游学院合作在2012年6月开办"艺术行政证书课程"，培训文化艺术专业管理及营运人才。文化局将于2012年9月启动"文化艺术管理人才培养计划"，接受本地各文化社团推荐一名人员申请培训资助，以此建立艺术管理人才数据库。旅游学院亦开办与文化创意相关的短期课程。

中期方面，政府考虑扩充和完善澳门现有与文化创意相关的专业学位课程，研究增设艺术行政专业课程的可能性，配合目前已开办多年的文化遗产管理学位专业课程，让本地学生有机会学习两方面的知识，结合澳门本地独有的历史文化资源与文化创意产业的知识，提升本地文化创意产业特色的可能性。政府同时提供学费补贴及奖学金，促进专科、大学本科或研究生专业学习，培养和扶持本地文化创意人才。

长期方面，澳门特区政府将参考不同地区的教育经验，逐步确立本地学生从小便接受文化艺术及创意思维教育的环境，打牢文化创意产业的发展基础，提高城市的创意竞争力，将澳门构建成为"文化永续之城"。政府同时设立产业推动、资源计划、区域合作研究三个专项小组，深入探讨相关的专题，开展相关范畴内的咨询，举行会议、座谈会，搜集意见，向政府提交报告书，为澳门文化产业可持续及有序的发展出谋划策。

（六）资金支持

特区政府正构思研究设立产业资助基金，包括项目资助、场地租用优惠和奖励计划等，具体措施日后公布。文创产业跨越文化、经商范畴，特区政府在各范畴设立相应的财务支持，期望先善用政府资源，审慎、积极探讨建立合适的机制，更有效利用资源。

澳门行政长官崔世安在2011年的施政报告中提到澳门文化创意产业时，指出，在推动经济适度多元化的过程中，特区政府将加大对文化创意发展的资源投放，支持本地的文化创作，研究加强保留具有卓著艺术贡献、本土气息的文化作品，丰富特区的文化遗产内涵。在文化局增设的文化创意产业促进厅和新成立的文化产业委员会的基础上，研究设立"文化创意产业基金"，结合政策的制定和实质的支持，务实地推动澳门的文化创意产业展。[①]

（七）产业推广

为配合文创项目发展，特区政府在产业推广方面推出了多项措施，建立文创商品展销平台，成立文创孵化中心，开拓内地、海外市场，探索跨境合作文创产业园区合作模式。文化局所属的文化创意产业促进厅未来会启动一系列产业推广工作，包括文创产业数据库，分阶段收集澳门文创产业数据，构建澳门与海内外文创产业界沟通平台；计划出版"澳门文创杂志"，推广澳门文创商品及相关讯息；支持澳门业界参加海外比赛，提升澳门品牌形象。

二 澳门文化创意产业发展现状

（一）视觉、设计业

近十多年来，随着高等教育的普及，澳门的设计、艺术创作逐渐走向专业化和多元化，新人辈出带来新的视觉元素、新的创作技巧、新的思潮和新的欣赏方式。然而，由于缺乏系统的推介，澳门的设计与视觉艺术领域在城市文化艺术发展中的贡献未受到足够的关注。因而，尽可能地发掘与推介具备足够艺术天赋、才华、个人风格和特色的设计师与视觉艺术家，并将其作品展现给市民，从而从整体上塑造城市的创新意识与艺术鉴赏能力，仍然任重而道远。所幸，澳门政府已经注意到这一点，并在2010年主办与协办了多种活动。

---

① 澳门政府网，http://portal.gov.mo/web/guest/govinfo/policy-address。

文博会澳门馆①和世博会澳门馆②

2010年5月14日,第六届中国(深圳)国际文化产业博览交易会上以"澳门设计·澳门创意"为主题的澳门馆在深圳会展中心文化产业交易馆开幕。这次澳门馆主要以澳门的创意设计业为主力,澳门设计师协会、澳门佳作、澳门音乐力量等九个文化创意单位携手打造澳门馆时尚面貌,展示澳门设计成果。240平方米的展区内展出了"第七届澳门设计双年展"的获奖作品,"澳深设计交流计划"、"澳门建筑设计大奖"作品以及13位澳门本土时装设计师的作品。该馆负责人、澳门特别行政区社会文化司司长张裕表示,澳门创意设计业将借力文博会,展现澳门时尚设计的市场潜力,推广创意人才和文化产品,并以现场推广及洽商形式,开拓文化创意产业推广平台,实现与其他城市间的合作。

2010年8月8日,上海世博会澳门馆的内部设计获德国红点设计大奖"2010传播设计奖"。红点设计大奖由德国著名设计协会创立,至今有超过50年的历史,是国际性设计大奖。世博会澳门馆"玉兔宫灯"外部为玉兔造型,内部设有一个巨大的360度环回影院,顺着两条螺旋坡道,参观者可在大约20分钟的旅程中"穿越"过去400多年的澳门,了解、"见证"中西文化交融、社会经济发展的"澳门故事"。上海世界博览会澳门筹备办公室介绍,2010年的红点设计奖评选过程中,专业评审团在44个国家和地区的超过6000份作品中选出610份获奖作品,澳门馆因其内部设计与馆内所呈现的故事十分配合及非常具有创意而获得该奖项③。

澳门服装节④

2010年10月21日,澳门生产力中心与贸促局首次合办的"澳门服装节2010"在澳门国际贸易投资博览会(MIF)期间举行,具体活动包括专场时装表演、"橱窗展示区"和"时装贸易洽谈配对"系列活动等。借MIF这一国际平台,促进本地时装业界与海内外同行交流互动、展示澳门服装多元化及创意产业的发展是本次服装节的目的。一连四天的澳门服装节共设六场时装表演,包括邀请到来自北京、香港、台北三地著名时装设计师展示作品的"时尚·盛典";生

---

① 《上海世博会澳门馆设计获国际大奖》,2010年8月8日新华网。
② 刘琼:《澳门馆昨天开幕展示推广澳门设计创意》,2010年5月15日文博会官网。
③ 《上海世博会澳门馆设计获国际大奖》,2010年8月8日新华网。
④ 《2010澳门服装节昨起举行四天》,2010年10月22日《澳门日报》。

产力中心 400 多小时的时装设计及制作文凭课程结业作品表演；由澳门本土时装设计师学会展示设计作品的专场；还有展示澳门品牌的会演及童装专场。从多个时装表演中，可以欣赏到参与设计师或学员的作品，还将观赏到一些使用新材料及现代化生产技术制造的服装。

澳门城市清洁运动吉祥物设计比赛①

为进一步宣传城市清洁运动，澳门民政总署于 2010 年 9~11 月连同澳门设计师协会合办"澳门城市清洁运动吉祥物设计比赛"，期望通过公开比赛的形式，选取特色与代表性兼具的标志作为澳门城市清洁运动的吉祥物，借以深化市民对城市清洁及保护环境卫生的重要性的认识。12 月 23 日，澳门民政总署与澳门设计师协会合办的"澳门城市清洁运动吉祥物设计比赛"完成评选工作，选出十名优异奖获奖作品及一名最终采用奖——"卫生宝宝家洁"。"卫生宝宝家洁"的作品灵感源自清洁运动口号"澳门是我家、齐来清洁她"，吉祥物的发型呈现出澳门城市清洁运动的徽章，加深了吉祥物的代表性，并选用接近大自然的环保色系，给人一种清新干净的感觉，同时塑造出一个正义威风的形象，充分达到传递城市清洁运动信息的作用。

SIGNAL 海报设计展②

由澳门海报设计协会主办的"SIGNAL 海报设计展"于 2010 年 12 月 10 日在北京开展。此次展览是澳门设计师首次在澳门驻京办事处展览厅举办海报展，也是澳门海报创作在澳门以外的第一个展览。此次展出的 42 幅海报由 30 名澳门设计师创作，设计者希望通过展览与北京设计界交流，同时让北京观众更了解澳门的社会与多元文化。该展览是庆祝澳门回归祖国 11 周年的项目之一，展览至 2011 年 1 月 14 日结束。

塔石艺文馆③

塔石艺文馆是澳门特别行政区政府文化局用以举办视觉艺术展览和各类文化活动的场所，于 2003 年 12 月 5 日启用，展示面积约 400 平方米，由前后两部分组成——前半部分为主要展览区，后半部分可作展览、研讨会、讲座等用途。

---

① 参见澳门城市指南，http://www.city guide.gov.mo/lacm/detail.aspx? t = news&key = 059dc72d - oa9d - 4503 - 9001 - 65fd2a7f968。
② 《澳门设计师"SIGNAL 海报设计展"在北京展出》，2012 年 12 月 14 日《视觉中国》。
③ 参见塔石艺文馆，http://www3.icm.gov.mo/gate/gb/www.macauart.net/TS/。

2010年塔石艺文馆共举办了三个展览。一个展览是澳门文化局主办的郑玉奎、宋晓玲作品展"淘气的陶器"。郑玉奎、宋晓玲夫妇长期与泥土为伴，其雕塑作品让观众感觉很温暖：创作的人像都是圆润的、微笑的、美好的，那些被刻意放大或缩小的身体特征，那些偶尔夸张、偶尔俏皮的神态表情，都是艺术家对生活最细微动情的提炼。此外，为鼓励青少年学生接触认识陶艺，领会艺术的创新思维和意念，澳门文化局于2010年3月20日至5月1日期间，逢周六在塔石艺文馆举行艺术工作坊"基础肖像泥塑班"。另一个展览是"迷楼——吴达坤互动新媒体艺术展"。"迷楼"是隋炀帝所建造的大迷宫，一个可以让人耽溺逸乐的地方，吴达坤以"迷楼"作为对当代城市的隐喻，表现当代城市急速发展所引起的种种现象，"迷楼"系列以纽约、东京和台北等主题进行创作，并曾在多个国家以不同的形式展出，作品既展现了流动的街头艺人演出，也是城市流动的一种记录，它再现了另一群艺术家们的作品，使具体的表演场景进入当代艺术作品。展览除艺术家吴达坤的互动新媒体作品外，还有以录像作品中的街头艺人为主题的摄影作品展。

此外，2010年5月15日第21届澳门艺术节大型展览"2010澳门视觉艺术年展"在塔石艺文馆开幕。为进一步推动艺术创作、为澳门艺术家和美术爱好者提供展示才华的平台，特区政府文化局自2001年开始将"澳门视觉艺术年展"纳入澳门艺术节之中。年展作品全部来自公开征集，在展出作品评选方面，主办单位秉持"重质不重量"，以引领审美，提升创作水平。此次展览共有213位作者递交作品，参展媒介丰富，作品达532件。经评审谨慎甄选，最终共有54人的82件作品入选本次年展，其中包括中国画14件、书法21件、西画14件、摄影17件、雕塑5件、装置4件、海报2件、录像4件及其他作品1件。评选以不分媒介的方式，从入选作品中再评选出10件作为年度"十佳"作品，并于5月15日在开幕式上揭晓。

2010港澳视觉艺术论坛[①]

2010年6月29日上午，"2010港澳视觉艺术论坛"在北京理工大学国际教育交流中心举行。下午2点，澳门特区文化局设计师张国伟和香港理工大学何强为同学们做了一场生动的讲座。

[①] 《文化部与北理工设计学院共同举办"2010港澳视觉艺术论坛"》，2010年7月2日北京理工大学新闻网。

渝澳创意设计谷[①]

2010年11月18日,澳门创意产业协会会长、万国控股集团主席刘雅煌在由中国国务院侨办和重庆市人民政府主办的"第三届华商领袖圆桌会"期间呼吁,将澳门资金及国际化的相对优势与重庆高校聚集的人才优势相呼应,合作建设"渝澳创意设计谷",以推动两地的会展文化产业、时尚消费及大服务业更强、更快地发展。在此概念中,"创意设计谷"将以"绿色硅谷、创意高地"为主题,融创意产业、高新技术研发为主,集动漫制作、广告设计、人才培训、作品展示、旅游体验等为一体。

(二)演艺业

澳门是世界上人口密度最高的地区之一,文娱方面的需求可观,因而地方虽小,演出场地、演出活动却不少。演出活动较为频繁的场所包括澳门四大广场(文化中心广场、议事亭前地、西湾湖广场、塔石广场)、21间博物馆、7家戏院等,2010年澳门全年上演文娱活动16779场,观众达3183201人次。其中全年共举行312场音乐会,观众达179634人次;230场综合表演,观众达181489人次;9场歌剧,观众达5553人次;228场戏剧,观众达93435人次;中国戏剧74场,观众达40695人次;24场音乐剧,观众达8629人次。[②]

澳门政府格外重视对市民,尤其是青少年文化素质的提高,音乐的熏陶是尤为重要的一块,这既可以从观众人次的统计可见,也可以从澳门文化局提供的内容可见,如文艺节目、音乐会、音乐课程及比赛、舞蹈课程、戏剧课程、青年音乐比赛、国际音乐节、澳门艺术节等。其中,国际音乐节和澳门艺术节是澳门每年都会举行的年度盛事。以下是澳门演艺业几个重要团体、机构或活动的简介,从中可更深入地了解澳门演艺业的发展。

澳门乐团[③]

这是澳门特区政府文化局下属的职业音乐表演团体,其前身是澳门室内乐团,它是1983年由澳门圣庇护十世音乐学院区师达神父等创建的。1995年澳门室

[①] 张冬冬:《澳门创意产业协会会长呼吁渝澳共建"创意设计谷"》,2010年11月20日中国新闻网。
[②] 据《2010年澳门统计年鉴》。
[③] 澳门乐团网页,http://www.icm.gov.mo/OM/cn/。

内乐团成为职业乐团，由袁方担任音乐总监和指挥（1995～2000年）。2001年，澳门特区政府文化局决定将乐团扩建为双管编制的管弦乐团，定名为"澳门乐团"。

1989年以来，乐团参加了历届澳门国际音乐节和艺术节，并成为澳门两大文化活动的中坚力量。自2003年9月起，乐团坚持以"音乐季"方式规划乐团的演出，乐团在每乐季均组织《校园音乐会》、《大学音乐会》、《走进音乐世界》、《艺蕾初绽》和《露天音乐会》等形式多样的活动，通过不同系列的音乐会，全面、系统地推介古今中外音乐经典，逐渐形成了一个完整的艺术教育和推广体系。2010年度音乐季开幕音乐会为《王健相遇汤沐海》，闭幕音乐会为《陈萨与澳门乐团》，期间除了参与澳门两大年度盛事的音乐活动和外出合作演出（如参与2010年中山市元宵音乐会）外，本地乐季演出活动贯穿了全年，包括《教堂精点》系列演出、《时尚法兰西》、《古典维也纳》、《童话世界里的音乐》、《绚丽的20世纪音乐》、《谛听柴可夫斯基》、《伟大的"三B"》、《走进音乐世界——"音乐世界大巡游"》、《情迷东欧》、《浪漫派激情》、《马勒的天堂之歌》等。此外，乐团还精心设计"古典音乐入门速成"音乐会，通过深入浅出的介绍把大家从忙碌的生活中带入古典音乐的世界，感受古典音乐的魅力。

澳门中乐团[①]

它同属于特区政府文化局的民族管弦乐团，在澳门定期举办音乐会，经常参加本地大型活动，如澳门国际音乐节、澳门艺术节、庆祝澳门回归祖国演出等，同时致力于将中国传统文化以及具有澳门特色的优秀音乐带到海外。2010年，澳门中乐团举办了14场音乐会，其中在《天堂的花朵》乐季闭幕音乐会上首演《飘进天堂的花朵》，这是中国著名作曲家郭文景在参观澳门的小教堂时突发灵感创作出来的室内乐组曲，用以慰藉在四川汶川大地震中死去的孩子们。澳门国际音乐节期间，中乐团与亚洲地区实力流行歌手合作，成功打造了"优秀民乐与流行金曲"的模式，以致每年音乐会都会出现"一票难求"的盛况。

澳门青年交响乐团

1997年，曾在澳门室内乐团担任14年小提琴手的许健华和两个朋友一起，在澳门培正中学的支持下开始筹建澳门青年交响乐团。乐团每年在澳门举办10

---

① 澳门中乐团网页，http：//www3.icm.gov.mo/gate/gb/www.icm.gov.mo/ochm/2007not/degaultc.aspx。

余场演出，并曾赴中国内地和澳大利亚、新加坡、奥地利等地进行巡演，如今，澳门所有年轻的古典音乐人才几乎都与澳门青年交响乐团有着或深或浅的关系，因此也有人把许健华称为澳门的"音乐教父"。2010年8月，澳门青年交响乐团在吴氏策划（一家民营文化公司）的带领下展开了半个月欧洲巡演之旅，这是内地文化公司第一次代理港澳地区的艺术团体出征，也是在澳门回归之后澳门青交第一次代表中国青年交响乐团在欧洲三大音乐节上亮相。[1]

澳门演艺学院

这是澳门唯一一所正规的表演艺术人才培训机构，于1989年成立，从属文化局，设有舞蹈学校、音乐学校和戏剧学校。学院的办学宗旨是向学生进行系统性及规范性的基础训练，并为广大市民提供各类表演艺术培训课程，致力于发掘和培养本地的演艺人才，每年的大师班表演、课程汇报演出都免费向市民开放。2010年，演艺学院举办了音乐会《青春的旋律2010》、表演基础课程汇报演出《麻烦家·姊妹花》、青少年戏剧课程结业演出《Dealer星球》、戏剧学校课程汇报演出以及全日制音乐技术课程及培训班管乐学生演奏会、周望教授古筝大师班表演、邓桂萍声乐大师班表演、孙中炜打击乐音乐会暨大师班表演、谢楠小提琴大师班表演、范磊单簧管大师班表演等。此外，演艺学院辖下的澳门少年合唱团每年2月均对外进行公开招生，2010年还举办了澳门少年合唱团5周年音乐会，为本地居民和音乐爱好者献唱近20首不同风格、富有文化特色的民谣及宗教歌曲，现场座无虚席，好评如潮，此外合唱团还参与了10月世博预演音乐会。同是其辖下的澳门青年剧团分两次以读剧和话剧形式演出《武松打蚊》，夏季演出话剧《虾碌旅游预警》。[2]

澳门艺术节

2010年，第21届澳门艺术节于5月1～29日举行。本届澳门艺术节汇集全球约20个国家和地区的表演精英，带来25项精彩节目及超过70场演出，包括戏剧、舞蹈、音乐、展览和综合文艺等。2010年的澳门艺术节总资金为1850万澳门元，比2009年的1500万元有所增加，节目方面则侧重本地制作，比例达到40%[3]。本届艺术节的形象设计以"一脉相承"为题，旨在宣扬弥足珍贵的

---

[1]《澳门青年交响乐团：一个乐团与一座城市的交响》，2010年8月20日人民网。
[2] 据澳门演艺学院网页，http：//www.conservatory.gov.mo/cm/events/Default.acpx？p=4。
[3]《澳门艺术节斥巨资推25项目》，2010年3月13日《大公报》。

文化艺术，有赖世代相承流传的意义，因此，为澳门艺术节揭开序幕的是本地粤剧《红丝错》，有别于过往开幕节目以西方制作为主。此外，本地制作还包括澳门本地乐团澳门中乐团的专场音乐会《澳门诗篇》、知名音乐人创作的以澳门为主题的中乐作品、澳门青年剧团上演改编自日本作家芥川龙之介作品的《竹薮中》等。

虽说澳门说葡语的人士越来越少，但每届澳门艺术节都少不了土生土语剧，它以原创喜剧为主，传统上对生活、社会作出幽默讽刺，演员在演出过程中还会"爆肚"（指即兴表演）。这些戏剧本是由葡语人士的爱好，现在则因好奇渐渐增加了观众层面。此外，本次澳门艺术节外来节目也十分丰富，包括英国 Akram Khan 舞蹈团《旅者·舞境》、中国台湾与法国戏偶团合作的《戏箱——异国情缘》、芬兰《魔幻候车室》、澳洲《天外飞声》、西班牙《帕格尼尼也疯狂》、葡萄牙的《漂流他乡的故事》、闭幕节目古巴 Rakatan 芭蕾舞团《夏湾娜盛典之夜》等。[①]

澳门国际音乐节[②]

作为澳门一年一度的音乐盛事，澳门国际音乐节秉承多年优良传统，精心选择不同国家和地区的高质量节目来澳演出，它已成为澳门品牌文化盛事。第24届澳门国际音乐节于2010年10月3日至11月7日举行，耗资2700万澳门元，比上届高出200万澳门元，音乐节期间有27场（包括6场免费演出）精彩节目[③]，其中包括古典歌剧、中国传统戏曲、室内音乐会及流行音乐等。

音乐方面，已有150年历史、来自德国的科隆爱乐乐团在澳门文化中心以优美乐章为音乐节拉开序幕，这次亚洲之旅由著名指挥家马库斯·史坦兹率领，带来瓦格纳《齐格飞牧歌》、莫扎特A大调第十四交响曲K114及布拉姆斯C小调第一交响曲作品68；同样来自德国的慕尼黑室内乐团、"弦·醉——德国汉谢尔弦乐四重奏"、德国 Singphoniker 男声重唱"黑森林的奇丽世界"等都为观众带来精彩演出；斯洛伐克国家剧院于玫瑰堂演唱《圣乐颂》，美国钢管五重奏表演《金色畅想》；而"来自草原的稀世之音"则邀请了内蒙古少年合唱团参演，在

---

① 第二十一届澳门艺术节，http://www.icm.gov.mo/fam/21/famintroC.asp。
② 澳门国际音乐节，http://www.icm.gov.mo/fimm/cn/。
③ 中广网，http://www.cnr.cn/09zth/amyyj/kb/201009/t20100925_507094217.html。

娅伦·格日勒的指挥带领下，演出了另一项人类非物质文化遗产——马头琴与蒙古族长调；音乐节演出的音乐名家还有演奏肖邦经典名曲的李云迪、与澳门乐团合作演奏的大提琴手王健等。

流行音乐方面，音乐节的节目还有庞家鹏指挥澳门中乐团、陈洁丽演唱的，为纪念邓丽君逝世 15 周年而举行的"彩云归来时"；汇集 18 位爵士高手的荷兰皇家音乐厅爵士乐队带来"蓝调迷情"音乐会；葡萄牙电子乐队的《乐魔》；"太阳系·意国新韵"演唱会由流行乐队 Solar 与来自意大利的绝对艺术乐队合作演出等。

歌剧方面，由澳门文化局与澳大利亚歌剧院共同制作的大型歌剧——威尔第四幕歌剧《游吟诗人》作为压轴闭幕剧上演，而本地的澳门乐团及"纯音雅咏合唱团"在富于古典气息的岗顶剧院上演普赛尔（Henry Purcell）三幕巴洛克歌剧《狄多与埃涅阿斯》。

此外，为呼应粤剧被列为非物质文化遗产，音乐节也上演了粤剧节目，如高志森及梁汉威担任导演、盖鸣晖与吴美英合演的《紫钗记》、梁汉威与南凤合演的《双仙拜月亭》粤剧精华版。

（三）出版业

与香港、台湾相比，澳门出版业在整个华文出版市场中似乎一直默默无闻，但就在这片只有 29.2 平方公里的土地上，却分布着约 30 家书店，每年的图书销售额约 1 亿元人民币。[①]

澳门中央图书馆 ISBN（International Standard Book Number，即国际标准书号）中心《2009 年度报告》显示，该中心的 ISBN 申请记录统计共有 387 种图书预计于 2009 年内出版，而按"法定收藏"法令呈缴到澳门中央图书馆典藏的图书有 403 种（其中包括 307 种配有 ISBN 及 96 种尚未配有 ISBN），与上年相比，减少了 63 种图书的出版。

2009 年新申请加入国际标准书号系统的出版机构共有 46 个（包括 1 个政府部门、1 所学校、14 家商业机构、19 个民间组织、10 名个人及 1 个其他特别团体），累计总数有 463 个（包括 48 个政府部门、22 所学校、100 间商业机构、

---

① 中国新闻出版报，http://www.cnci.gov.cn/content/20091221/news_54948.shtml。

191个民间组织、94名个人及8个其他特别团体),与2000年(ISBN中心成立年)的62个相比,增幅近7.5倍。数据显示,澳门特别行政区的出版事业有稳步的增长,出版机构为图书申请ISBN的意识日益增强,而图书出版的国际标准化,将大大增强澳门图书走向国际市场的能力。①

澳门的出版业制品分为图书及期刊两大类。按照澳门中央图书馆ISBN中心对这两大类出版物的统计,2009年澳门出版包括图书及小册子共计475种,同年法定收藏(期刊)名录上有294种(不包括日报),涉及各行各业及各政府部门。其中,周刊4种,半月刊2种,月刊42种,双月刊25种,季刊78种,半年刊20种,年刊85种;语种方面,294种刊物中只有36种、不到13%的刊物属于完全意义上的外刊,即使用如葡萄牙语、英语,没有中文版本,其余258种刊物都是中文出版或者有中文版本。②

据澳门出版协会理事长、澳门文化广场总经理陈雨润所言,1999年以前,澳门主流书店不超过10家,其中,澳门文化广场面积1000平方米,是规模最大的书店,星光书店历史最悠久,已有56年历史。10年来,图书零售业发展稳定,由于经济增长等因素,尤其是2007~2008年开放赌权,外资迅速进入澳门市场,书店数量骤然增加,竞争日益激烈。除了业界的努力,近年来,凭借丰厚的赌税收入支撑,澳门政府在出版业发展方面的支持力度也逐步加大:澳门文化基金会每年从赌税中抽出3/8支持出版、教育、文化事业的发展。在非商业出版上,条件更加丰厚,为了鼓励澳门作者创作、提高澳门文化水平,澳门基金会更提供大部分经费,帮助那些没达到出版标准的图书出版。③

回归前,澳门出版业曾零散地办过一些小型书展,回归后澳门出版协会成立,与内地、港台出版协会定期交流,书展活动规模也越来越大,影响日益广泛。澳门文化广场、星光书店、一书斋在每年的春秋两季和暑假都会举办三次大型书展(也叫书香文化节),联手推出多本新书,举办首发式、作家签售等文化活动,以推动广大市民养成阅读的好习惯。④

此外,为了促进整个行业平稳快速发展,澳门出版业第一个商业团体——

---

① 澳门中央图书馆ISBN中心,《2009年度报告》。
② 澳门中央图书馆ISBN中心,http://isbn.library.gov.mo/Topic_04/Topic_04_04_02.asp。
③ 中国文化产业网,http://www.cnci.gov.cn/content/20091221/news_54948.shtml。
④ 中国文化产业网,http://www.cnci.gov.cn/content/20091221/news_54948.shtml。

"澳门出版产业商会"于2010年6月29日成立,该商会由澳门新闻出版产业链的一批公司与个人组成,成员来自报纸、杂志、电子媒体、印刷、发行、广告等行业。澳门出版产业商会作为非营利团体,秉持爱国、爱澳、关心社会的优良传统,发挥业内人士的专业精神,进一步提升本土文化产业素质,促进澳门出版产业蓬勃发展。[①]

(四) 旅游会展

旅游业是澳门四大支柱产业之一,但它并不单纯依靠丰富的自然景观或者文化遗址获得广大游客的青睐,博彩业才是吸引游客的关键,因而澳门旅游业也称作博彩旅游业,这可谓澳门旅游业的最大特点。

按照《2010年澳门统计年鉴》[②]显示,2010年澳门全年入境旅客总数为2496万人次,较2009年增长约14.77%。其中,中国内地游客超过1322万人次,占游客总数约53%。旅客人均消费(不包括博彩消费)为1518澳门元,较2009年略有下降。2010年,澳门共91家酒店及公寓、20091间客房,其全年入住率为80%,较2009年上涨了9个百分点。2009年,全澳门169间旅行社,其营业额及其他收益超过35亿澳门元,和2009年相比稍有减少(见图1)。

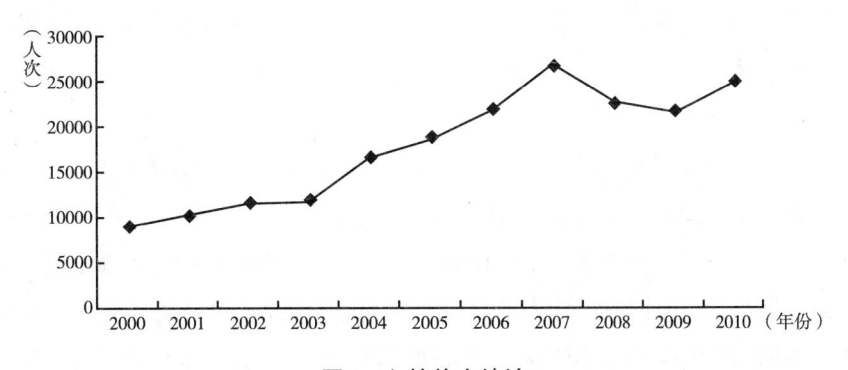

图1 入境旅客统计

2010年酒店业的总收益为142.4亿澳门元,较2009年大幅上升29.2%。按收入项目划分,来自客房租金(65.3亿澳门元)、餐饮(31.1亿澳门元)及场地租

---

① 中国新闻出版网,http://media.sohu.com/20110705/n280748214.shtml。
② 参见http://www.dsec.gov.mo/statistic.aspx。

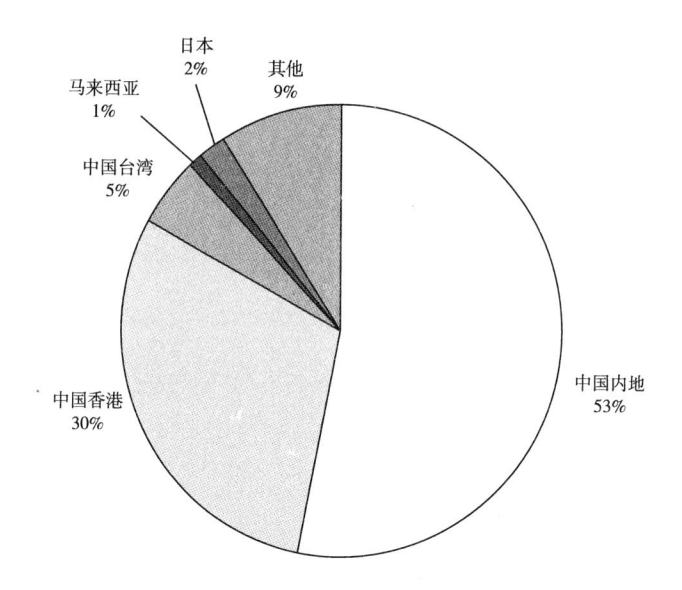

图2 2010年按原居地的入境旅客比例

金（22.2亿澳门元）的收益，按年分别增加37.3%、30.2%及9.3%；2010年旅行社的经营状况同样有显著的升幅，其中，营业额及其他收益为47.4亿澳门元，较2009年大幅上升33%；包括网上业务收益5.1万澳门元（占总数的1%）。

除依靠博彩业吸引游客外，澳门政府还积极举办各种盛事活动，以促进旅游产业发展。

澳门艺术节

每年5月举行的澳门艺术节为居民及游客提供多姿多彩的文艺生活。"弘扬中华民族文化，传播世界优秀作品，推动本地艺术发展"是澳门艺术节秉持的基本宗旨，它引进中华民族的传统剧目，让中华艺术得以在澳门的舞台上走向世界，大放异彩；与此同时，艺术节积极推广本地的艺术创作，每年筹办的大型展览和众多演出，为本地艺术团体提供展演平台，创造机会。多年来，由文化局主办的艺术节以"结伴艺术，品味生活"为口号，积极发挥艺术活动的亲和力，鼓励更多的澳门居民及游客参与艺术活动和文化生活。

澳门国际龙舟赛

每年农历五月初五，全球华人都会以各种形式纪念爱国诗人屈原，澳门会举行盛大的国际龙舟赛，各地好手在南湾湖内奋勇前进，观众的呐喊、喧天的锣鼓声和飘扬的彩旗使平时宁静的南湾湖变得十分热闹，澳门人民以这种传统的形式缅怀这位伟大的诗人。

澳门国际烟花比赛汇演

一年一度的澳门国际烟花比赛汇演于2011年9月10日、12日、17日、24日及10月1日如期举行,来自世界各地的烟花队伍将灿烂闪烁、形态各异的烟火展现于漆黑的夜空,观赏的游客和市民纷纷报以赞叹声。历届的澳门国际烟花比赛会演均有世界著名的烟花制造公司参与,而且为增强效果和气氛,2011年要求参赛队伍在每场比赛配乐演出。除此以外,为了提高当地市民及游客的参与度,2011年澳门旅游局继续举办一系列相关活动,包括摄影比赛、学生绘画比赛、与澳门电讯合作推出手机短信游戏,以及与澳门街坊会联合总会合办火树银花嘉年华等。[①]

澳门国际音乐节

这是一年一度的全城盛事。2011年10月,第25届澳门国际音乐节为乐迷带来20项共34场的亮丽节目。为庆祝音乐节踏入25周年银禧之喜,主办单位文化局精心布局,筹划庞盛优秀组合及杰出奏演团队来到澳门:鼓舞人心的百老汇音乐剧将为音乐节掀开盛大的序幕,维也纳爱乐乐团等多个顶尖乐团及多位优秀音乐家倾情献艺。以小城世界遗产建筑地及旅游名胜景点作为特色演出舞台,务求呈现一个光华溢发、星光熠熠的音乐盛会。

澳门格兰披治大赛车

高水准的格兰披治大赛车已有50多年历史,它可以说是澳门举行的最大型的国际性赛事。格兰披治大赛车包括摩托车、超级房车和三级方程式赛车等,参赛的车辆可在城中的天然赛车跑道上飞驰。预赛和赛车期间,全城洋溢着兴奋和紧张刺激的气氛:引擎的轰鸣声、络绎不绝的游客、街道上飘扬的彩色广告旗帜,整个大赛车期间,澳门的生活节奏完全改变。

澳门美食节

作为一年一度世界体坛瞩目的盛事"澳门格兰披治大赛车"的重点配套项目之一,美食节搜罗了本地及海外各种著名特色美食,为市民及游客缔造了一个与众不同、乐而忘返的缤纷嘉年华。美食节设有中式美食街、亚洲美食街、欧陆美食街、风味美食街、甜品街等多个美食区,共计100多个美食摊位,而且美食

---

① 澳门旅游局网页,http://www.macautourism.gov.mo/gb/index.php。

节期间大会会安排一系列的精彩表演节目,包括少数民族歌舞、流行曲及怀旧金曲献唱、舞蹈、魔术、武术表演等,更有啤酒竞饮大赛及主题之夜,内容之丰富,令人目不暇接。

澳门国际马拉松赛

这是澳门自1981年首次举办以来的年度盛事,每年吸引本地及海外知名长跑精英参与。马拉松共有三项赛事,有环绕澳门、氹仔及路环各点的国际马拉松、半程马拉松及迷你马拉松;其中半程马拉松及迷你马拉松,更吸引了业余人士来一试耐力。因而,在澳门国际马拉松的赛场上,每个人都可以找到适合自己的项目,这也使得马拉松成为一项全民运动。

当然,除依靠大型盛事活动吸引游客,处于东西方文化交汇点的澳门在假日旅游方面也吸引着世人的眼球。在澳门,不仅有如农历新年、端午节及中秋节等中国传统佳节,苦难耶稣圣像出游、复活节、娘妈诞和佛诞节(浴佛节)等宗教节日在澳门也十分流行。① 节日里,市民们一边感受着节日文化的洗礼,一边享受着节日各项配套活动的娱乐放松,游客们也自得其乐,趁此机会体验本地居民的假日生活,在保护和传承文化的同时,还为经济发展作出贡献。

(五)会展业

虽然无法与香港将会展作为支柱产业相比,但会展业的发展也的确为澳门旅游经济的增长作出了杰出贡献。根据澳门统计局公布的统计资料显示,2010年澳门会议展览筹办服务收益为1.9亿澳门元,而整个澳门会议展览行业总收益为2亿澳门元,年增长高达163.4%;② 具体来看,2010年澳门共举行会展活动共计1399项,较2009年增长15%,全年与会及入场人数高达80.6万人次,比上年增长41%,平均会期2.46日。③

2010年,澳门举行了各种国内外会议,如粤港澳合作论坛、澳门首届食品流通高峰论坛、2010澳门论坛——城市环境和发展、中国生物医学工程高层论

---

① 澳门旅游局网站,http://www.macautourism.gov.mo/gb/。
② 澳门国际商情网,http://www.trademag.org.tw/News.asp?id=570562。
③ 澳门统计暨普查局,http://www.dsec.gov.mo/Statistic/TourismAndServices/MICEStatistics.aspx。

坛、第三届亚洲连锁沙龙高峰论坛等；除此之外，各种展览更是目不暇接，如第十五届澳门国际贸易投资展览会、2010年亚洲国际博彩博览会、2010年中国（澳门）国际茶业博览会、澳门乐活产业展暨优质生活嘉年华2010、第五届亚洲发型师节、2010年台澳名优商品展销会、亚洲商用航空会议展览2010、2010年澳门国际消费品展览会、2010年澳门视觉艺术年展等；更有融合会议展览及其他形式的综合性活动，如酒店建筑与设计展览会及论坛、第二届品牌消费嘉年华、中国翠玉文化节等。①

为让更多会展企业、组展商、参会者及商务旅客全面了解澳门会展信息，由澳门会议展览业协会编辑出版的《澳门会展指南2010/2011》也于2010年10月11日正式发行。《指南》主要涉及八个部分："澳门会展日历"、"澳门场地介绍"、"相关的澳门政府部门简介"、"会展人力资源"、"会展鼓励措施"、"澳门会展及主要相关产业名录"、"传媒资料"及"紧急及公用电话"等，共发行5000本，由澳门各会展相关之政府部门及企业免费派发。②

为促进澳门会展业的发展，2002年以"服务、代表、协调、沟通"为宗旨的澳门会议展览业协会成立。成立以来，协会主办及承办了多项活动及展览会，其中包括澳门最大的年度经贸活动、被全球展览业协会认证的——澳门国际贸易投资展览会（MIF）；协会更开展教育及培训课程，提升会展从业人员的素质，引进及培养专业人才，开展宣传及学术交流，与澳门及海外有关团体或组织紧密合作。目前协会共有82名会员，其中40%为国际性的会展公司，11家为上市企业。总的来说，澳门会议展览业协会正在为澳门会展业的快速发展奠定坚实基础。③

三 澳门文化创意产业区域合作

为加快文化产业的发展，澳门特区政府特于2010年5月10日成立了文化产业委员会以及文化局下属的文化创意产业促进厅，8月30日委员会召开了第一

---

① 澳门会议展览业协会，http://www.mcea.org.mo/date/2011/index.htm。
② 澳门会展经济报，http://www.macaucee.com.mo/content.asp?id=1842。
③ 澳门会议展览业协会，http://www.mcea.org.mo。

次会议。在澳门特区政府的大力倡导下，澳门随之与广东、香港、台湾等地区展开多方合作。

（一）澳门与广东珠三角地区的合作

根据《粤澳合作框架协议》中对澳门与广东省文化创意方面的合作，在"一国两制"方针指导下，主要有以下几方面的要求。

（1）推动广东建设文化强省战略与澳门提升文化产业发展策略的联动互补，完善双方文化创意合作机制，制定文化创意产业发展规划和扶持政策，支持文化设施建设，培养文化创意人才，推动设计成果市场推广和产业化生产；

（2）鼓励澳门企业投资珠海南方影视基地、珠海南方文化产业园、广东动漫城等广东文化产业园区，鼓励广东文化企业到澳门投资，共同培育具有国际竞争力和自主知识产权的知名品牌文化企业；

（3）开拓文化消费市场，发挥粤澳丰富的历史文化、艺术演出资源优势，开发更具吸引力的文化产品，发展具有岭南特色、中西融合的文化品牌，培育国际化文化经营机构；

（4）支持文化服务产业合作，组建广播影视演艺节目营销网络。支持粤澳影视机构合作、协作拍摄制作影视节目和电视动漫节目。

以下我们将按地域分别加以简介。

1. 珠海

珠海作为最靠近澳门的内地城市，是澳门的主要合作城市。全国人大代表刘艺良认为，粤澳合作的重点在珠澳合作，两地政府必须本着互利互惠的宗旨，形成积极的合作意识。《珠三角城市群总体规划》中也明确提出珠澳同城化，首先提出舆论先试，强调信息沟通，未来珠澳媒体间要加强交流合作，强化信息交流。而珠澳双方在文化产业方面的合作空间更大，2009年与澳门基金会合办珠澳文化论坛，并提出"珠澳中西文化走廊"的概念。文化产业合作是珠澳合作、珠澳同城化的最佳切入点，提议珠澳两地共同成立文化产业发展基金，合作开发横琴文化创意产业园，同时将粤港澳文化产业合作区设于横琴，两地优势互补，推动文化产业加快发展。

据了解，作为珠三角文化产业合作的重要平台，粤港澳文化创意产业园拟落户横琴，目前，粤港澳三方正加紧推动该项目的落实。产业园初步选址于横琴新区中心沟的文化创意区，待项目确定，该地段的土地平整、项目招商将陆续展开，澳门文化企业或可成为进驻该园区的"先行者"。

另外，根据《横琴总体发展规划》，文化创意区旨在促进港澳以及国际文化创意产业与珠江口西岸地区的产业升级需求相结合，以工业设计、会展设计和动漫设计等为重点，吸引港澳及珠三角的文化创意产业人才，培育一批有国际竞争力、有知名品牌和自主知识产权的大企业和一批有增长潜力的中小企业，形成集群效应和规模效应，把横琴建设成为珠江口西岸地区重要的文化创意产业基地。届时澳珠两地在口岸的硬件建设、软件建设、人员配套统筹建设、资源共享，重点推进各项建设落实。

2. 深圳

2010年12月13日，澳门特区行政长官崔世安与深圳市委书记王荣举行会面，双方并签署了《金融合作协议》、《旅游合作备忘录》、《文化合作协议》、《合作框架协议》、《联合实验室的合作协议书》等五项合作协议，同意加强两地在旅游和文化创意产业等领域的合作。根据《文化合作协议》，澳门将与深圳一道在《珠江三角洲地区改革发展规划纲要》和粤澳合作有关协议的框架下，继续巩固合作根基，拓展合作领域，优化合作模式，深化合作层次，下一步重点是促进文化创意产业的深度合作、丰富经贸合作内涵、联合开拓旅游市场等。[①]

3. 东莞

东莞毗邻港澳，是珠三角区域经济最活跃的城市之一，依托庞大的产业集群，已成为全国最大的动漫衍生产品的制造基地。2010年9月，澳门与东莞市联合举行"第二届中国国际影视动漫版权保护和贸易博览会"，有关动漫机构代表签署"姊妹同盟"合作协议，为共同推动莞澳动漫产业的交流与合作、实现互利共赢奠定基础。同时这也是东莞各界与澳门商界、企业界等增进沟通与了解、促进交流合作的好机会。[②]

（二）粤港澳合作

与香港建构文化艺术交流与合作平台，是澳门寻求文化创新和发展的一条重

[①] 于晓莉：《澳门深圳两地将加强旅游文化创意产业领域的合作》，2010年12月13日国际在线。

[②] 周旭娇：《东莞、澳门签订动漫展览合作发展姐妹同盟协议》，2010年7月19日人民网。

要途径。在两岸签署经济合作框架协议（ECFA）的大背景下，香港、澳门正探索发挥特区独特优势，加强对台湾交流并酝酿新的合作模式，使双方的经贸关系进入新的境界，谋求多赢局面。

随着《珠江三角洲地区改革发展规划纲要》公布，近年港澳合作关系进入新阶段，合作领域不断扩展，层次逐步深化，入境事务、两地基建和规划合作也不断向前推进。双方在旅游、文物保护、文化、演艺、体育、会展、创业教育及专业交流等领域取得了合作成果。

1. 政府：加强对话，促进多方合作

根据《珠江三角洲地区改革发展规划纲要》，由政府牵头的实质性的合作计划，现阶段商议范畴包括文化产业、会议展览业、旅游业、中医药业及教育事业。

为有效贯彻落实《珠江三角洲地区改革发展规划纲要》，全面加快和深化粤澳合作，粤澳两地政府已决定共同制定《粤澳合作框架协议》。据悉，制定合作框架协议工作的主要内容有：在 CEPA（即《关于建立更紧密经贸关系的安排》的英文简称，包括中央政府与香港特区政府签署的《内地与香港关于建立更紧密经贸关系的安排》、中央政府与澳门特区政府签署的《内地与澳门关于建立更紧密经贸关系的安排》）基础上充分利用政策促进澳门经济适度多元化发展，加强粤澳两地产业优势互补；结合粤澳合作实际，积极探索扩大自主协商范围，全面拓展会展、旅游、文化、教育等领域合作，促进两地经济和社会融合发展；坚持"科学发展，先行先试"，积极探索区域合作新模式、合作政策新突破，争取国家的支持和认可。

2010 年 6 月，在澳门召开的"第 11 次粤港澳文化合作会议"为进一步促进和落实文化领域的合作，三地政府代表签署了《共同开展粤港澳文化交流合作示范点工作协议书》，以进一步促进和落实文化领域的合作。《协议书》主要在演艺节目和人才交流、文化信息、文博合作、公共图书馆、非物质文化遗产及文化产业发展研究等多个领域继续合作并进行更为深入的研究和探讨[①]。

2010 年 7 月 28 日"第三次港澳合作高层会议"在澳门召开。澳门经济财政司司长谭伯源及香港特区财政司司长曾俊华分别代表两地政府主持会议，双方回

---

① 《第十一次粤港澳文化合作会议》，2010 年 6 月 25 日澳门特别行政区文化局。

顾了过去一年在各个领域的合作情况，讨论了未来的合作方向，如旅游、文化、教育和公务员培训等。值得一提的是，文化合作方面，在原有的合作基础上，两地在共同研究非物质文化遗产的保护和推广、文化创意产业合作、重点文化展览合作、建设邀请外地艺团的讯息平台和粤港澳三地居民网上购票系统的进一步完善以及人才培训等方面展开交流合作①。

2. 学界：共同研究，探讨新发展

2010年9月27日，澳门大学校友会和澳门大学（香港）校友会合办"澳港论坛2010之'文艺康体与创新工业'"专题研讨会，邀请港澳专家学者、业界精英汇聚一堂，共同研讨港澳文艺康体与创新工业的合作与发展。研讨会提出，港澳在文化、教育、创意产业、宗教旅游以至文化遗产推广、体育事业、非物质文化遗产等方面，都具有互补优势，建议澳门旅游部门可把相关元素整合起来，进一步丰富本土旅游节目，强化文化旅游产业；可考虑设置港澳旅游联合网页，让海内外游人及时知悉两地旅游资讯与文艺节目，做好行程安排。此外，还有人认为，鉴于本地大型度假村酒店常邀请外地团体来澳展演，希望今后特区政府通过扶助措施，鼓励博企或相关机构多起用本地艺团或艺人，善用本地人才，必有助于本地演艺事业突破发展，充分发挥澳港合作优势与平台作用。

3. 演艺：澳港两地加强与内地的交流与合作

香港和澳门艺术节起步较早，与国际市场接轨的体系相对成熟，有更为开阔的国际视野，已逐渐形成多元一体、中西合璧的特色文化；内地有丰富的文化资源和文化人才队伍，部分艺术节也已有近10年的举办经验，与港澳正好形成优势互补。另有艺术工作者建议，港澳共推"文化CEPA"，促进港澳文化界的合作发展，建立粤剧国际品牌，打造世界级文化区，发展以粤剧为中心的特色演艺文化产业。有人建议举办"舞起港澳"（舞蹈）节，吸纳民间力量，让私人企业和文化艺术界建立相互支持关系。澳港两地向来都是粤剧的重要发展中心，八和会馆以香港为基地推动粤剧文化，香港演艺学院亦把中国戏曲作为本科。传统上，两地有不少专业戏班和无数曲艺社，加上粤剧的文化基础，发展早已成熟，因此，以粤剧为中心的特色演艺文化产业，绝对适合在澳港长远发展。

---

① 《第二次港澳合作高层会议在澳举行》，2010年7月29日《澳门会展经济报》。

4. 建立示范点和试验园，全面促进交流与合作

2010年3月9日，粤港澳三地在汕尾市海丰县非物质文化遗产保护中心成立文化交流合作示范点。据悉，首批粤港澳文化交流合作示范点共16个，该示范点是汕尾市乃至粤东地区唯一的示范点。设立粤港澳文化交流合作示范点，目的是希望能够更好地加强汕尾与粤港澳和珠三角城市在文艺创作、文艺演出、文化研究、历史文化遗产保护和利用等方面开展全方位的合作与交流，促进汕尾市文化事业的发展，这对粤港澳文化交流合作中深化合作领域、扩展合作层面、创新合作形式、充实合作内容、打造合作品牌及共享合作成果都具有重要的意义。

2010年12月30日，首个"粤港澳文化创意产业试验园"在松山湖分会场揭牌。该实验园区的建设是实施文化强省战略的一项重要内容，它不仅能够充分发挥广东省毗邻港澳的优势，利用港澳两地发达的现代服务业，在文化创意产业方面开展互补合作，共同打造具有国际竞争力的文化创意产业链，而且可以借此推进和加深粤港澳在经济和文化等各领域的全方位合作，实现共同发展，意义十分重大。

（三）澳台合作

1. 高校合作，促进发展

与台湾文化创意市场相比，澳门确实差"一大截"，既欠缺人才，硬件也不佳，文化创意产业氛围至今仍未营造起来，各方无不盼望澳门政府"出招"打破困局，为业界带来希望的曙光。因而，2010年7月澳门高校与台湾高校签署合作协议，培育发展文化创意产业的多元化人才，希望通过人才培养的模式，借鉴台湾地区丰富的文化产业经验发展澳门的文化产业。

2. 设立办事机构，借鉴经验

据悉，澳门特区政府将在台湾设立办事机构以增加对台湾地区文化产业的了解，并学习台湾创意文化产业的经验，促使澳门地区明确本地文化产业的未来发展方向和措施。

3. 加强澳台两地经贸文化往来

澳门特别行政区行政长官崔世安在出席"第六届泛珠三角区域合作与发展高层论坛"时表示，澳门特区将加强与台湾的经贸、文化往来，充分借助"海

西"平台,加快澳台关系的健康发展;认真吸取福建对台工作的成功经验,逐步加大澳台合作力度,为澳台的经贸交流、民生改善多做一些实事好事。同时,随着泛珠合作的不断深化,互补共赢、协调发展、共同提高已成为泛珠地区各成员的坚定信念和宝贵经验。作为"9+2"的一员,澳门特区将与泛珠各兄弟省区一起,大力促进《珠江三角洲地区改革发展规划纲要》的有效落实,积极参与和努力推进泛珠三角区域合作,共同提升泛珠地区的综合竞争力,确保泛珠地区协调的、可持续的发展。

在海峡两岸关系迈向和平发展的新形势下,澳门有条件与台湾在文化、旅游、会展、教育和卫生等领域展开更多合作。

四 澳门文化创意产业 SWOT 分析[①]

(一) 优势

1. 历史文化底蕴

400 年来,澳门作为中西文化交流的口岸,中葡文化在交汇中形成了独特、丰厚的中西文化遗产,这是澳门发展文化创意产业极其珍贵的财富。2005 年澳门历史城区被写入《世界文化遗产名录》,从而成为中国第 31 处世界遗产,这足以表明世界对澳门文化的认同与肯定。从政府到民间,全澳无不极力宣传澳门的文化形象,"文娱之都"等各种城市定位的提出,则进一步表明澳门特区政府对于文化的重视程度。文化资源是城市遗产和价值的基础,澳门文化遗产是澳门发展不可多得的资源,而中西文化的交融,造就了澳门多元文化共存的发展模式。

长期以来,澳门形成了以中华传统文化为主要内容、兼容葡萄牙文化的多元、融合文化。澳门与欧洲的关系密切,葡萄牙人长期在此居住生活,留下了大量南欧风情的建筑和中西合璧的建筑文化,中国文化尤其是岭南文化与西欧文化

[①] 本部分内容参照了王鹏:《澳门博彩业与文化创意产业的融合互动研究》,《旅游学刊》2010 年第 6 期;齐勇锋、陈曼冬:《澳门经济结构调整和政府作用研究——兼论澳门文化创意产业发展》,《城市观察》2011 年第 2 期;《澳门日报》、澳门行政长官 2010 年施政报告等内容。

经过不断地碰撞和融合,在澳门形成独特的风俗习惯、饮食文化、建筑、艺术等。不论是春节、中秋等中国传统节日还是西方圣诞节、复活节都在澳门受到重视;糅合中餐与西餐所长的澳门美食独树一帜;中国庙宇、西方教堂相邻而建又相互借鉴。凡此种种共同构成了澳门文化的多元化,而且巧妙地融入澳门人的生活细节里。

澳门也是一个国际化的宗教文化中心。这里既有儒、释、道、妈祖等中国本土宗教,也有后传入的天主教、基督教、伊斯兰教,多元化的宗教文化在这里共生共荣,和谐相处。如大三巴牌坊融合了东西方建筑的精华,是东西方宗教互相包容的杰作。澳门世遗的最大特点在于它深入到市民生活之中,散发着流动、开放的气质,而非静止、封闭的外来之物,其鲜明的城市韵味,丰富的人文内涵和独特的视觉景观,在中国乃至整个亚洲都不多见,这对游客具有很强的吸引力。

作为近代以来中西方文化交流的重要桥梁和历史文化名城,澳门的声誉远比拉斯维加斯更加悠远。无论是中华特色的文化活动如舞龙狮、赛龙舟、习武术,还是西式的娱乐项目如烟花赛、音乐节、大赛车等,都在澳门举办得有滋有味,且有相当深厚的民间传统作为支撑。

因此,文化是澳门的一张城市名片,澳门文化特色和丰富多样无疑为文化产业提供了深厚的挖掘矿脉,依靠文化底蕴,打造文化品牌,是澳门特区政府施政的一项主要内容。

2. 产业优势

澳门人口虽然仅有50多万,但每年接待超过2000万游客,博彩业以及博彩带动的旅游业是这个城市最重要的经济支柱,它们为澳门发展创意城市奠定了非常坚实的基础。

有学者已经提出,博彩业与文化创意产业的融合互动,关键是要将文化创意集成单元嵌入到博彩产业体系中,赋予该产业体系以创意功能,实现产业之间的渗透、对接和互补,并在产业边缘地带激发出全新的产品和服务方式,形成有利于互生互赢的多重效应。[①]

澳门的旅游资源离不开中西文化交融的城市面貌、不同风俗包容共存的人文环境以及独有的博彩娱乐服务,其中博彩业以多元化发展为特色,博彩娱乐公司

---

① 王鹏:《澳门博彩业与文化创意产业的融合互动研究》,《旅游学刊》2010年第6期。

每年为促进博彩业举行的大型旅游节庆活动，所带来的社会效益与经济效益亦十分明显；此外，澳门还可以充分运用本地的博彩旅游资源，通过设计和推广多样的主题旅游路线，开发区域内的连线旅游资源，打造区域博彩旅游品牌，促进文化创意旅游的发展。

澳门文化创意产业依托博彩业已经形成的产业基础、资金优势和消费市场，以多种方式、多种角度衍生出一系列新兴产业，如文化旅游业、演出娱乐业、文化休闲业、会展业、体育健身、设计业和影视、动漫等相关行业，通过产业链的延伸和拓展来大力发展，使之成为支撑未来澳门经济发展的新增长点，最终形成"以文化旅游为载体，与博彩业相结合"的产业结构和产业链条。

3. 区位优势

澳门地处亚太及珠三角经济发达区域的中心地带，作为与香港毗邻的离岸金融中心，金融资本和信息资源十分丰裕，能够自由流动和优化配置。同时，当地华人和土生葡人长期以来处于中西文化交汇点上，积累了丰厚的人力资本，使之拥有了与世界各地特别是欧洲及葡语地区广泛的人脉关系，从而具备了发展文化创意产业和文化服务贸易的区位条件。而"一国两制"则使澳门得以继续保持自由市场经济的地位，既得到中央政府的支持，也可以利用国际资源加快发展。

4. 教育优势

文化创意产业属于知识经济范畴，需要大批专业化人才。澳门政府高度重视教育，近年来，教育事业发展迅速，已经形成以澳门大学、理工学院、科技大学为代表的高等教育和专业教育体系，设立了音乐、美术、舞蹈、设计、传播、新媒体等一批与文化创意产业相关的学科，培养了大批专业化人才。自2010年澳门特区政府推出一系列有关文化创意产业的设想并设立文化产业委员会和文化创意产业促进厅等组织机构之后，政府对文创产业人才的培养方案和计划（分为短、中、长期）极为详尽细致，可见其对教育和人才培养的重视。

（二）劣势

1. 经济结构

澳门长期以来以博彩业为支柱产业，在产业结构上单一、固化、缺乏弹性。从长远看，这种经济结构无疑存在着较大风险，在前几次国际金融危机中已经暴露了其弱势。因此，近几年，澳门政府十分强调经济的适度多元化、合理化，调整澳门产业结构,实现经济、社会可持续发展作为其未来重要的战略选择。但经济结构的调整不仅有待时日,而且能否成功尚不可知。

2. 自然条件制约

澳门土地少,人口少,市场小,基础薄弱,文化产业一时难以规模化,与此同时,澳门文化产业目前面临一系列困境:艺术场地配套不足,本地文化演出场地十分有限,官方场馆费用昂贵,很多艺术团体需靠政府资助方能运作。因此,场地、人口、市场等规模性因素,都是制约未来澳门文化创意产业发展的障碍。

3. 产业化不足

澳门发展文化创意产业的劣势还表现在缺乏龙头企业带动,没有重点项目目标,没有规模化的人才队伍。虽然澳门已经有很多文化活动,但除了个别的媒体、书店等,相当一部分远远没有条件成为产业的一分子,即能真真正正赚钱的项目和活动。事实上,澳门文化创意产品的产量甚少,与产业根本扯不上关系,而且本地市场没有消化空间,也没有足够的渠道去发表和讨论。对于文化创意产业这种高风险的投资项目,产业化动力不足将是澳门文化产业今后发展的瓶颈。

(三) 机遇

1. 政策机遇

中国政府在"十二五"规划中明确指出:保持香港、澳门长期繁荣稳定,支持澳门建设世界旅游休闲中心,促进经济适度多元发展;要推进文化创新,繁荣发展文化事业和文化产业。这对澳门文化产业的发展是方向性的指示。

根据2008年颁布的《珠江三角洲地区改革发展规划纲要》,澳门应发展成为国际文化旅游休闲都市,此定位也明确显示澳门文化产业发展的重心是旅游业及其相关产业。《珠江三角洲地区改革发展规划纲要》、《横琴总体发展规划》等区域性政策对于推动澳门与周边地区进一步加强区域性合作,发展文化创意产业的合作项目带来了更大的发展机遇。

2010年8月,澳门特区政府新成立的文化产业委员会举行了首次全体会议。会上,特区政府文化局公布了澳门文化产业的发展蓝图和短、中、长期目标,澳门的文化创意产业政策已经初见端倪。未来澳门文化创意产业发展的基本方向在于:以文化创意产业和旅游业的融合发展为重心,以文化创意项目为突破,以区域合作为依托。这些方向的确定,都令澳门的文化产业真正"起锚"。

从目前看来，澳门特区政府对其文化创意产业的发展并非流于形式，行政长官崔世安针对澳门文化创意产业的发展提出了一些具体的建议，如多培养艺术管理人才，开放废置炮竹厂、空置地盘等可利用空间租与文化创意产业人士善用，并考虑在博物馆或旅游咨询中心开设销售创意产品的摊位，让有兴趣的人士一展抱负等。澳门当局也开始设立专项基金，以无息贷款形式借与团体或个人发展，这些具体措施都为澳门发展文化创意产业带来新的转机。

2. 区域合作机遇

加强并融入区域合作，是澳门文化创意产业发展的依托。这其中包括：合作培养文化创意人才、积极开创跨境合作文化创意产业园区、合作开发具有澳门独特风味的文化创意产品和品牌、共同开拓内地市场等，这些都是未来澳门发展文化创意产业的重要组成部分。

《珠江三角洲地区改革发展规划纲要》和《横琴总体发展规划》等区域合作政策为澳门解决了发展文化创意产业所需要的场地问题，带来了实质性的解决方案。在粤澳合作框架协议中就明确指出，支持澳门当地市民及企业到横琴岛发展文化产业项目，而且内地政府在规划横琴新区之际亦在该区预留一定的土地或空间来发展文化创意产业园区，根据最近消息得知，预留的土地空间达到3平方公里。澳门的土地稀少是不可否认的事实，若要大力推动文化创意产业的发展，空间问题还是最大的问题。在澳门推动文化创意产业的发展之际，中央政府就允许其可以参与横琴的发展及文化创意产业园区的开发，这对于澳门来说无异于雪中送炭。横琴离澳门只有一河之隔，随着对横琴区进行二线管理等有利于澳门市民的政策实施之后，澳门人即使在横琴工作或创作，也可以随时往返澳门居住，既方便又快捷，与生活及工作在澳门本地基本上没有区别。

2002年11月，为了加强大珠三角区域的文化合作，广东省文化厅、香港特区民政事务局及澳门特区文化局建立了粤港澳文化合作框架，并于2003年8月签署了《粤港澳艺文合作协议书》，在粤港澳三地轮流举行会议，并成立了6个工作小组，落实和跟进各个领域的合作项目。2011年6月，在第12次粤港澳文化合作会议上，为了进一步深化三地的文化交流合作，广东省文化厅厅长方健宏提出四点建议：一是深化文化各领域合作，促进三地文化共建共享；二是合理培育三地共同参与打造的文化创意产业园区、国际性文化艺术项目、舞台艺术作品、文化交流活动等文化品牌，提升大珠江三角洲地区整体文化形象；三是深入开展文化创意产业合作,加强文化产业建设,不断提升三地产业结构转型升级;四是进一步加强文化交流示范点合作联动,提高整体水平。① 目前,无论是广东还是香港都将发展文化创意产业作为其区域经济、文化发展的重要目标,因此,区域间的共荣共存、开发合作、消费市场、人才互动等方面都有可能进一步加强,这为澳门文化创意产业的未来发展提供了良好的氛围。

(四) 威胁

虽然澳门的文化创意产业政策方向逐渐明朗,但如何与商业结合,打造成产业,尚有待于探索。从事文化创意产业 10 多年的澳门设计师协会会长冯文伟认为,澳门有文化创意人才,但这些人才专注于创作。要把文化创意打造成产业,牵涉不少商业运作,还需要培养对文化创意有认识且熟悉商业运作系统的专业人才。而澳门目前拥有的只是文化活动,靠政府资助金钱、场地,却没有盈利能力。

澳门的文化创意产业前景虽好,但现在只处于起步阶段,从外地经验看,开展文化创意产业风险比较高,产业化成功与否取决于市场的接受程度。因此,目前不乏有人担心这样一种局面:政府会烧很多钱,却没有经济效益,最终使得文化产业成了装点澳门产业多元门面的"负资产"。

长期以来,澳门缺乏长、中、短期的文化发展规划及相关的政策指引,因此,文化社团对当局的文化活动取向和指引所知非常有限,文化社团在制订申请计划时往往缺乏方向。此外,资助的审核制度不清晰,透明度低,令资助的认受性不高,受到外界质疑。②

从基本面看,目前澳门特区政府、学界对未来文化创意产业的发展是乐观的。澳门现任文化局局长吴卫鸣所提出的总体思路是:深刻认识全球经济巨大变动和发展趋势,充分利用澳门独特的区域优势、"一国两制"的制度优势、丰富的文化资源优势和发达的服务业优势,重新建立自己的发展模式,将澳门的旅游、文化、艺术、会展业等与博彩业融合形成新的竞争优势,形成推进澳门经济适度多元战略目标实现的基础动力。

---

① 《第二次粤港澳文化合作会议在广州召开》,2011 年 6 月 24 日广东文化网。
② 《陈明金关注文化产业政策》,参见 http://space.qoos.com/?viewnews-403240。

澳门特区政府近年来致力于促进澳门本地文化创意产业发展，采用双线并行的发展策略，一方面开展调研和论证，另一方面选取八大产业担当起先行先试的角色，探索本地文化创意产业的发展方向。在设立文化创意产业专项基金的问题上，澳门特区政府将采取谨慎态度，对市场力量所不能及的地方加以辅助，而并非简单地大撒金钱。从澳门政府2010年才正式成立专门的文化创意产业机构来看，政府对这一产业的发展其实是持谨慎态度的，其发展步骤和思路都表明，政府非常明白文化产业不是一蹴而就的，而是有待时日，需要人才、市场的长时间的培育。

以澳门历史城区为代表的澳门文化，其独特性、开放性、多样性是激发创意灵感最好的媒体，也为艺术家、设计师提供了灵感和想象的源泉。发展文化创意产业，能实现产业创新，扬长避短，从根本上提高澳门经济竞争力。已经有学者提出，澳门要突出自身特点，建议实行差异化竞争策略，以"快乐经济"作为澳门文化创意产业的旗号。澳门如能围绕"快乐经济"发展文化创意产业，以"乐活"、"低碳"等生活方式为主题，发展健康娱乐休闲项目，可弥补博彩业的负面影响。总之，澳门的文化创意产业的未来发展应与原有的博彩业、旅游业功能相结合，充分发挥其地方文化历史所长，走出属于自己的特色发展之路。

附　录

澳门文化创意产业主要资料来源：

1. 澳门文化产业委员会（www.cic.gov.mo）

根据2010年5月10日第19期第一组澳门特别行政区公报刊登的第123/2010号行政长官批示，正式成立文化产业委员会。其宗旨是协助澳门特别行政区政府制定文化产业的发展政策、策略及措施，并具有以下工作目标：广泛听取社会各界对于发展文化产业的意见及建议；认真探讨澳门文化产业发展的重大课题及问题；为澳门特区政府文化产业政策及策略建言献策。

2. 澳门文物网（www.macauheritage.net）

2004年10月10日正式启动，澳门文物网专责介绍和推广澳门文物保护动态，用户通过网站可以浏览澳门和世界各地最新的文物保护消息，查看法规政策以及下载图片、影片、贺卡等资源。

3. 澳门艺术网（www.macauart.net）

这是澳门特别行政区政府文化局为澳门文化艺术界和公众所设立、由艺术界人士组成的编辑委员会进行运作的公共艺术平台，目的在于让本地艺术家、艺术爱好者、艺术团体、学校、政府机构和各界人士能通过互联网获得本地区各种艺术活动的讯息；建立澳门地区艺术信息的网上数据库；与世界各地的艺术界建立更为广泛和密切的接触，并借此加深外地人士和艺术家对澳门艺术文化的了解，以促进澳门和外地之间的艺术交流。"澳门艺术网"所提出的口号是"共建澳门艺术小区"。

"澳门艺术网"现提供全天候、最新的本地和外地主要艺文信息、网上展览、艺术教育、互动论坛、评论和网上数据库等网上服务。以中文繁体、中文简体、葡萄牙文和英文四种文字以及图片、短片、在线直播等最新科技手段进行展示。"澳门艺术网"的内容以视觉艺术作为开始，并将其服务范围逐步扩大到其他艺术领域。

4. 澳门文创网（www.macaucci.com）

澳门特别行政区文化局于2011年8月初正式启动"澳门文创网"，它以促进澳门本地文化创意产业信息交流、加深社会各界对文化创意产业的认识及其发展动向为目标，广大网民可通过此平台了解澳门最新的文创消息，本地文创单位还可以通过该网站推广其最新产品及活动讯息。澳门文创网现阶段由政府独立运作，并以推广、宣传澳门文化创意产业及为澳门文创单位提供商业配对和其他合适配对为目标的服务平台。

澳门文创网现阶段提供"最新报道"、"活动讯息"、"文创空间"及"友好网"等几大板块内容，主要报道澳门当地文化创意产业相关信息及新近的文创活动。同时，那些已加入文创数据库的本地文创单位也可以"澳门文创网"为宣传平台，发布其举办的文创活动，而且通过网站的宣传推动商业，促成业界跨领域合作和交流。此外，为加强本地及海外业界之间的交流与认识，网站还设有澳门"文创空间"的介绍以及澳门与海外相关文创单位的网站链接。[1]

现阶段澳门文创网只推出了中文版本，葡文和英文版将逐步推出，而且网站

---

[1] 澳门特别行政区新闻局，http://macao.house.sina.com.cn/news/2011-08-03/1819564.shtml。

现面向设计、电影录像、音乐、动漫、出版、时装、视觉艺术、表演艺术等各业界征集资料，筹建及完善文创产业数据库[①]，以方便海外人士浏览，扩大本地文创单位的宣传面，让更多人了解澳门的文创产业发展情况，促进文创业界与社会各界的交流合作。

5. 澳门塔石艺文馆（http：//www3.icm.gov.mo/gate/gb/www.macauart.net/TS/）

塔石艺文馆于2003年12月5日启用，由时任澳门特别行政区政府社会文化司司长崔世安和日本著名设计师福田繁雄主持揭幕仪式。该馆属澳门特别行政区政府文化局，用以举办视觉艺术展览和各类文化活动，展示面积约为400平方米，由前后两部分组成，中央部分为透光的中庭设计，之间以梯级相连。前半部分为主要展览区；后半部分可作展览、研讨会、讲座等用途。

6. 粤港澳文化资讯网（http：//www.prdculture.org/）

粤港澳文化资讯网是粤港澳合作重要项目之一，目的是通过一个采用统一界面、统一管理和发布平台，宣传三地文化合作专案的重要渠道，让三地市民更容易掌握不同地域的文化资讯；网站讯息发布同时更新，体现三地的文化合作精神。粤港澳文化资讯网由粤港澳三地共同建设，并由广东省文化艺术信息中心具体承建。

7. 澳门特别行政区政府文化局网页（http：//www.icm.gov.mo）

立足澳门，心怀祖国，放眼世界，献身文化建设，传承、弘扬优秀文化，从人文关怀出发，以文化铸造城市的灵魂，这就是澳门特别行政区政府文化局的抱负和使命。具体而言，文化局保护文化遗产，引领艺术审美，扶持民间社团，培育文化艺术人才，发展本土文化产业；以鲜明的澳门文化特色融入珠江三角洲的未来发展，担当中西文化交流平台的重要角色。

8. 澳门日报网页（www.macaodaily.com）

《澳门日报》是在澳门知名新闻工作者张阳主编的《新闻地》基础上发展起来的。《新闻地》为旬刊，于1950年创办，1955年9月改为周刊，1958年8月15日更名为《澳门日报》，是澳门综合性中文报纸，也是澳门销量最大的中文日报。"立足澳门，服务市民，实事求是地报道祖国各方面的成就和变化，准确反

---

① 澳门文创网，http：//www.macaucci.com/。

映民意"是《澳门日报》的创刊宗旨。《澳门日报》社除经营报业外,还经营书店"文化广场"和影剧院"永乐剧院",设有星光出版社和澳门日报出版社,并与"星光书店"等组成文化传媒集团。在澳门工作的编辑部、经理部有职工近200人。在广州、珠海设有办事处,并在北京、上海、南京、成都等地设有特约记者站;在珠江三角洲及广东、福建、海南三省侨乡有特约通讯员和供稿作者。

9. 澳门博物馆网页(www.macaumuseum.gov.mo)

澳门博物馆位于大炮台上,是一个综合性博物馆,1998年4月19日落成并对外开放。大炮台是葡萄牙人最早的落脚点,是城市的心脏。俯瞰内港的大炮台山被耶稣会士选中,他们在那里兴建了炮台、神学院及教堂,俗称"大三巴"。大炮台的兴建整整用了9年的时间,1617年动工,1626年竣工;1835年,在一次台风中,因失火毁了神学院以及大炮台的大部分建筑和教堂,只有教堂的前壁(俗称"牌坊")得以幸免。随着时间的推移,围墙内的地盘变成了气象台的驻地,亦成了市民和游客常到的公园,该地点还经常用来举办户外庆祝活动,澳门音乐节的歌剧节目亦曾在那里演出。

10. 澳门特别行政区政府旅游局网页(http://www.macautourism.gov.mo/)

澳门特别行政区政府旅游局是澳门社会文化司属下的部门,负责协助制定及执行旅游政策,以及举办宣传活动推广澳门。澳门旅游局前身是澳葡政府新闻旅游司,1981年9月1日该司分拆为新闻署和旅游司(两部门在澳门回归后改称新闻局和旅游局)。

11. 澳门中央图书馆网页(http://www.library.gov.mo/)

澳门中央图书馆为澳门特别行政区政府文化局所属的图书馆网络的总称,是澳门地区最大的公共图书馆网络。该馆创建于1895年,本名"公共图书馆",1952年更名为"澳门国立图书馆",1995年再更名为"澳门中央图书馆"。该馆由位于荷兰园大马路的总馆和分布澳门各地的6所分馆所组成。其中,总馆馆藏15万册图书,整个图书馆网络的总藏书量为50万册。该馆同时设有国际标准书号中心,接受在澳门出版的国际标准书号(ISBN)、国际标准期刊号(ISSN)和国际标准录音录像资料代码(ISRC)的申请。

12. 澳门广播电视股份有限公司网页(http://www.tdm.com.mo/)

澳门广播电视股份有限公司(简称"澳广视"),又名澳门电视台,成立于1983年元旦,1984年5月13日开始播出,其下设有澳视澳门台(每天播出15

小时）、澳视高清台、澳视体育台、澳视生活台、澳广视卫星电视频道——澳门及澳视葡文台，也是澳门首家提供免费无线电视广播的公司，还设有 24 小时广播的中、葡文电台。

13. 澳门特别行政区政府统计局网页：http：//www.dsec.gov.mo

从统计局的发展历程来看，统计局历经统计科、经济及统计厅、澳门统计厅及统计暨普查司，直至 1999 年澳门回归祖国，统计暨普查司变成统计暨普查局，专责统计及发布澳门各项经济及社会数据。

14. 梁文慧、马勇：《澳门文化遗产旅游与城市互动发展》，科学出版社，2010。

15. 杨允中：《澳门文化与文化澳门：关于文化优势的利用与文化产业的开拓》，澳门大学澳门研究中心，2005。

16. 杨允中：《树品牌意识，走精品路线：关于发展澳门文化产业的若干思考与建议》，澳日学者同盟 2009。

17. 访谈：澳门文化局产业发展厅厅长陈炳辉。

台湾文化创意产业发展报告

邱琪瑄　许安琪*

一　台湾文化创意产业的概念界定

（一）台湾文化创意产业概念由来[①]

"文化创意产业"在台湾常被简称为"文创产业"。与中国香港一样，中国台湾文化创意产业的概念源于英国工党的"创意产业政策"。此政策为英国首相布莱尔1998年提出的构想，目的在于使英国文创产业营销世界与美国竞争，并降低英国的失业问题。长期以"低成本制造优势"见长的台湾，在"以量取胜"的出口市场日益萎缩之际，直接面临因缺乏品牌商品与特色竞争优势所带来的危机，这是台湾长期倚重电子制造业的产业发展失衡与瓶颈。台湾需要开辟以知识为导向的产业，来保留经济上的竞争力。在台湾，文化创意产业被视为"第四波"经济动力。2002年台湾将"文化创意产业发展计划"纳入地方发展重点，其产业发展思路开始从传统经济转向文化经济。

英国政府对创意产业的定义源起于个人的创造力、技能和才华，通过产生与开发知识产权，从而发展出创造财富、就业的潜力。英国政府强调的是个人的创造力，相对于传统重工业或装配线的生产方式，个人的灵感、理念、技艺才是创造价值的重心。

台湾学者洪泉湖、孙祥华、刘大和等人都曾对"文化创意产业"做过一些概念上的阐释。例如，孙祥华认为，文化创意产业即是将过去被认为属于"纯

---

* 邱琪瑄，台湾铭传大学传播管理学系助理教授，澳大利亚昆士兰科技大学创意产业学院博士；许安琪，台湾世新大学公共关系暨广告系副教授，美国佛罗里达州诺瓦大学博士。

① 关于文化创意产业的定义，请另外参见本报告附录中的表1（中国台湾与各国文化创意产业定义之比较）。

艺术"的文化活动与现代科技结合后，再以商品包装营销推广至市场，成为一种增值型的文化创意活动，并进而产业化。① 刘大和指出，文化创意产业与文化不同的地方在于，其需要一定的"载体"来表现，而文化本身可能只是一组特定的观念与价值观。文化创意产业是创作者将意义或美感的概念通过各种不同的材料表达、体现出来，其内涵可为一定数量的大众所接受和欣赏，并且通常以可复制、销售的方式流通。② 另外，洪泉湖从文化创意产业提供就业机会和催生新型产业的角度认为，文化创意产业概念的形成是试图借由产业化的力量，将具有地区性特殊的文化表征，以商品的方式呈现。因此，为了促进台湾文化创意产业的发展，应积极鼓励台湾将本土文化激发成一种文化创意产业，进而提高其附加值。③

联合国教科文组织（UNESCO）对文化创意产业的定义是：结合创造、生产与商品化等方式，运用本质是无形的文化内容。这些内容基本上受到知识产权的保护，其形式可能是（物质的）商品或是（非物质的）服务。

文化建设委员会（以下简称"文建会"，现已更名为"文化部"）将文化创意产业定义为："源自创意或文化累积，通过知识产权的形成与运用，具有创造财富与就业机会潜力，并促进整体生活环境提升的行业。"④ 例如，文化创意产业中的创意生活产业在消费市场中，强调的便是贩卖生活形态的体验，并以商品为素材，为消费者创造出值得回忆的感受。换言之，现今经济是从生活与情境出发，塑造感官体验及思维认同，借由抓住消费者的注意力，改变消费行为，找到产品新的生存优势与空间。

我们认为，文化创意产业具有三个关键性要素：

第一，价值、故事、文化。价值是指人们所珍视的一些理念、观念，文化创意产业常通过观念的表达来激发人们的共鸣。因此在文化创意产业的营销上，以故事营销最为有利。

第二，美感呈现（包括视觉、听觉、嗅觉、味觉、触觉）。文化创意产业在于激发人们在情感上的认同，因而在形式上也应是美感的。

---

① 孙华翔：《文化创意产业实务全书》，台湾文化艺术基金会，2004，第24～25页；岑淑筱：《让文化恋上创意的魔法师——创意生活产业行销策略发展之研究》，《岛屿观光研究》2010年第2卷第4期。
② 刘大和：《文化产业中文化如何展开》，《民俗曲艺》2007年第57期。
③ 洪泉湖：《全球化与台湾原住民文化的传承与发展》，《公民训育学报》2003年第14期。
④ 文建会，http：//www.cca.gov.tw/law.do? method = find&id = 264。

第三，产业、企管，也就是一般产业运作所需要的要素。这是文化创意产业所无法回避的产业面的现实问题。

（二）台湾文化创意产业的种类与范畴

1. 台湾文化创意产业的原始种类

文建会认为，艺术和创意活动应一并列入，使文化创意产业因其内容而增值，并为个人及社会创造价值，因此台湾的文化创意产业范畴包括：视觉艺术、音乐及表演艺术、工艺、文化展演设施、设计产业、出版、电视与广播、电影、广告、数字休闲娱乐、设计品牌时尚业、建筑设计产业和创意生活产业等13个类别。[①] 而台湾的文化创意产业发展目标在于，结合艺术创作及商业机制，以创造具有本土文化特色的产品，加强人们对于文化的认同以及增加产业的附加值。

不同于文建会所制定的范畴，"行政院"经济建设委员会（以下简称"经建会"）依其文化特质，将文化创意产业区分为：（1）具有历史记忆与一项结构及空间定点固定性的历史文化资产，如历史古迹、古文物、古器具及考古遗迹；（2）具有地方人文生活特质及先民生活遗迹的乡土文化特产，如地方小吃、地方乡土特产、地方工艺艺术产品；（3）具有社会文化特征及地方空间流动性且为大量人潮聚集形式的民俗文化活动，如地方民俗活动、地方戏曲、歌仔戏、传统技艺等；（4）具有休闲人文特质的地方自然休闲景观，如自然景观、传统文化景观、观光果园等；（5）由市民社区营造而创造的地方创新文化活动，如台湾各乡镇之一乡一特产活动；（6）地方文化设施，如音乐厅、美术馆、博物馆、民俗文物馆等。[②]

经建会对于文化创意产业的界定着重于地方文化创意产业。由于地方文化创意产业具有历史记忆及固有的文化特质，不同类别的文化创意产业具有不同地方的文化特质、产业空间结构形式及消费结构，能引发共有的感受、价值与记忆。

台湾文化创意产业范畴的选取原则，主要是依据该产业定义中创意概念的价值取向、知识产权的生成运用，同时兼顾国际相关定义与范畴之比较。"外围产业"主要是为了对应13项产业范畴中的"产业重心"这一概念，并有作为13项"重心产业"之延伸的意味。"外围产业"指的是与知识产权的生成应用不直

[①] 文建会：《文化创意产业手册》（2003）。
[②] 文建会：《2003台湾文化创意产业发展年报》。

接相关，但与产业种类相关的应用产业，或与铺陈整体文化创意产业的大环境有关。应用型的"外围产业"建立在文化艺术核心基础上的应用艺术类型，如流行音乐、服装设计、广告与平面设计、影像与广播制作、游戏软件设计等。"建构与铺陈产业环境之外围产业"是主要支持上述文创活动的相关产业，如展览设施经营、策展专业、展演经纪、活动规划、出版营销、广告企划、流行文化包装等。如图1所示：

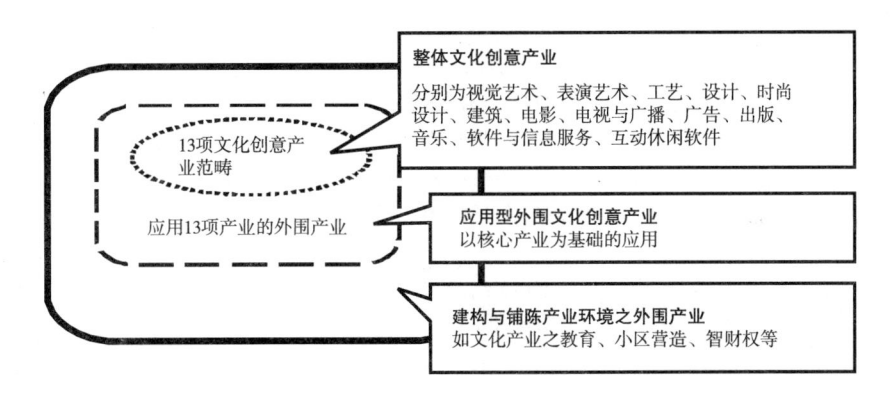

图1 原始台湾文化创意产业范畴与外围产业示意图

资料来源：财团法人台湾文化艺术基金会《文化创意产业概况分析调查》。

2. 台湾文化创意产业范畴的再确立

2010年1月7日，延宕多年的"文化创意产业发展法"在"立法院"通过，并由"行政院"于2010年8月30日实施。此法将台湾文化创意产业的内容及范畴重新定义为十六大类（如表1所示），并重新确认台湾文化创意产业的主管机关——整个台湾地区为"行政院"文化建设委员会、各市县为各地方当局。文建会主管机关应拟定文化创意产业发展政策，并每四年检讨修正，报请"行政院"核定，作为推动文化创意产业发展的政策依据。

表1 台湾文化创意产业的内容及范围

产业类别	主管机关	内容及范围	备注
视觉艺术产业	"行政院"文化建设委员会	从事绘画、雕塑、其他艺术品创作、艺术品拍卖零售、画廊、艺术品展览、艺术经纪代理、艺术品公证鉴价、艺术品修复等行业	

续表

产业类别	主管机关	内容及范围	备注
音乐及表演艺术产业	"行政院"文化建设委员会	从事音乐、戏剧、舞蹈的创作、训练、表演等相关业务,表演艺术软硬件(舞台、灯光、音响、道具、服装、造型等)设计服务、经纪、艺术节经营等行业	
文化资产应用及展演设施产业	"行政院"文化建设委员会	从事文化资产利用、展演设施(如剧院、音乐厅、露天广场、美术馆、博物馆、艺术馆(村)、演艺厅等)经营管理等行业	文化资产利用,限于该资产场地或空间的利用
工艺产业	"行政院"文化建设委员会	从事工艺创作、工艺设计、模具制作、材料制作、工艺品生产、工艺品展售流通、工艺品鉴定等行业	
电影产业	"行政院新闻局"	从事电影片制作、电影片发行、电影片映演,及提供器材、设施、技术以完成电影片制作等行业	
广播电视产业	"行政院新闻局"	利用无线、有线、卫星或其他广播电视平台,从事节目播送、制作、发行等行业	
出版产业	"行政院新闻局"	从事新闻、杂志(期刊)、图书等纸质或以数字方式创作、企划编辑、发行流通等行业	(1)数字创作指将图像、字符、影像、语音等内容,以数字处理或数字形式(含以电子化流通方式)公开传输或发行 (2)出版产业内容包括数字出版产业价值链最前端的数字出版内容辅导
广告产业	"经济部"	从事各种媒体宣传物的设计、绘制、摄影、模型、制作及装置、独立经营分送广告、招揽广告、广告设计等行业	
产品设计产业	"经济部"	从事产品设计调查、设计企划、外观设计、机构设计、人机接口设计、原型与模型制作、包装设计、设计咨询顾问等行业	
视觉传达设计产业	"经济部"	从事企业识别系统设计(CIS)、品牌形象设计、平面视觉设计、网页多媒体设计、商业包装设计等行业	(1)视觉传达设计产业包括商业包装设计,但不包括绘本设计 (2)商业包装设计包括食品、民生用品、伴手礼产品等包装

续表

产业类别	主管机关	内容及范围	备注
设计品牌时尚产业	"经济部"	从事以设计师为品牌或由其协助成立品牌的设计、顾问、制造、流通等行业	
建筑设计产业	"内政部"	从事建筑物设计、室内装修设计等行业	
数字内容产业	"经济部"	从事提供将图像、文字、影像或语音等数据,运用信息科技加以数字化,并整合运用技术、产品或服务的行业	
创意生活产业	"经济部"	从事以创意整合生活产业的核心知识,提供具有深度体验及高质美感的行业,如饮食文化体验、生活教育体验、自然生态体验、流行时尚体验、特定文物体验、工艺文化体验等	
流行音乐及文化内容产业	"行政院新闻局"	从事具有大众普遍接受的特色音乐及文化之创作、出版、发行、展演、经纪及其周边产制技术服务等行业	
其他经相关主管机关指定的产业		从事主管机关依下列指标指定的其他文化创意产业:(1)产业提供的产品或服务具有表达性价值及功用性价值(2)产业具有增长潜力,如营业收入、就业人口数、出口值或产值等指标	

资料来源:文建会,http://www.cca.gov.tw/law.do?method=find&id=264。

二 台湾文化创意产业概况

从2003年起,台湾"经济部"的"文化创意产业推动小组办公室"陆续出版《文化创意产业发展年报》,全面梳理了文化创意产业的现状。自2009年开始,《文化创意产业发展年报》的出版由文建会负责。

根据年报数据显示[①],2002~2009年,台湾文化创意企业由44713家增长到48520家,8年的增长率为8.51%;2002~2009年台湾文化创意产业营业额的变化,由4352.60亿元(新台币,下同)增长至5150.39亿元,8年的增长率为

---

① 特别说明:因《2010台湾文化创意产业发展年报》于2011年7月出版,因此,本报告所采纳的数据主要自2010年报,因此数据多反映的是2009年台湾文化创意产业发展情况。

18.33%。全球经济危机对台湾文创产业造成负面的冲击，2009年的营业收入总金额相较于2008年的5891.99亿元，减少了12.59%。自2008年台湾文创产业出现第一次营业收入负增长之后，该产业至今并未能走出困境。相较于2007年台湾文创产业营业收入的高点（总金额为6329.40亿元），这两年所流失的产业规模金额高达1179.05亿元，减少了18.63%。

就个别产业来看，2009年台湾文化创意产业营业额规模的大小依序分别是：广告产业（1105.73亿元）、广播电视产业（986.19亿元）、建筑设计产业（731.10亿元）、工艺产业（628.45亿元）、出版产业（615.35亿元）、设计产业（571.77亿元）、数字休闲娱乐产业（218.81亿元）、电影产业（138.55亿元）、音乐及表演艺术产业（95.33亿元）、视觉艺术产业（38.02亿元）以及文化展演设施产业（20.15亿元）。

整体来说，多数文化创意产业在2009年皆面临极大的挑战。除了数字休闲娱乐产业、文化展演设施产业以及音乐及表演艺术产业三者的营业额出现增长之外，其余各项产业均呈现衰退状态，视觉艺术产业与设计产业的跌幅均在20%左右，是衰退最严重的两项产业。

从营业额的增长率来看，产业的排名顺序分别为：数字休闲娱乐产业（24.10%）、文化展演设施产业（4.69%）、音乐及表演艺术产业（1.89%）、电影产业（-0.21%）、广播电视产业（-1.26%）、出版产业（-7.16%）、广告产业（-10.45%）、建筑设计产业（-14.36%）、工艺产业（-16.75%）、设计产业（-19.72%）以及视觉艺术产业（-20.24%）。

自2006年开始，台湾文创产业的企业总数持续减少。2009年台湾文创产业的企业总数是48520家，相较于2005年家数的高点（总数51742家），消失的文创企业为3300家，共减少了6.38%。2009年台湾文化创意产业的企业总数排名依序分别是：广告产业（12443家）、工艺产业（9924家）、建筑设计产业（7203家）、数字休闲娱乐产业（5733家）、出版产业（3646家）、设计产业（2634家）、视觉艺术产业（2698家）、音乐及表演艺术产业（1618家）、广播电视产业（1556家）、电影产业（631家）以及文化展演设施产业（356家）。其中增长最快的是：音乐及表演艺术产业（8.81%）、设计产业（6.64%）、电影产业（3.61%）和文化展演设施产业（3.19%）。2009年平均每家文创企业的营业收入为1060万元台币。

台湾文创企业5年以下的新创企业占3成以上（总数为15997家，占台湾总数的33.08%）。这种现象一方面显示台湾文创产业的年轻，但另一方面也意味着产业本身的不稳定。毕竟新创事业的经营，从人事、产销到资金往往有许多不确定因素。根据资料统计，在2009年经营年数在5～10年的企业有13076家，占27.04%；10～20年的企业则是有12671家，占26.20%；经营年数达20年以上的企业有6620家，占13.69%。

以营业额来看各县市文化创意产业规模，2009年文创企业营业收入超过100亿元的县市有6个，相较于2008年有8个县市的产值超越100亿元，小幅下滑了2个县市。而2009年的六大文化创意产业城市排名依序是台北市、台北县、台中市、桃园县、高雄市、新竹市。由此可见，在六大文化创意产业城市中，除了台中市位于中部、高雄市位于南部之外，其余4个县市均位于北部地区，再加上台中市与高雄市均属于都市化程度较高的大型都会区，足见文化创意产业在台湾的发展明显集中在都会区以及北部地区。

若进一步探究数据，前述属于北部地区的县市：台北市、台北县、桃园县、新竹市，其总营业额占全台湾营业额的比例将接近8成（78.46%）。而同时属于大型都会区，台北市更是文化创意产业发展的重镇，仅台北市2009年的文化创意产业产值就超过了其他24个县市的总和，并占了全台湾文化创意产业营业额的59.49%。换言之，2009年文创产值有一半以上是由台北市的文创业者所创造出来的。

以产业类别区分，各产业高度集中于台北市。台北市企业总数占台湾比例为：广播电视产业56.62%、出版产业52.50%、电影产业50.40%、音乐及表演艺术产业43.02%、广告产业30.88%、建筑设计产业28.77%、设计产业28.51%、工艺产业27.37%、视觉艺术产业19.62%、文化展演设施产业10.39%以及数字休闲娱乐产业3.80%。营业额方面，台北市文化创意产值占台湾的比例：出版产业73.87%、音乐及表演艺术产业70.44%、广告产业68.80%、广播电视产业62.75%、设计产业62.06%、工艺产业57.38%、电影产业56.03%、建筑设计产业46.13%、文化展演设施产业42.29%、视觉艺术产业26.25%以及数字休闲娱乐产业4.88%。可以说，除了数字休闲娱乐产业外，绝大多数的产业都是以台北市为发展基地。

就资本结构来分析台湾文创产业，可以发现"头重脚重"的现象。这指的是资本额在500万元以下以及1亿元以上的企业,其营业收入占台湾的比例偏高。前者为37.46%,而后者为32.50%。1亿元以上的企业总家数为303家,平均营业收入为5.52亿元,其家数占台湾的比例为0.63%,不到百分之一的比例却拥有台湾32.5%的营业收入。从营业额的结构可看出台湾文创产业高度集中化的现象。

三 台湾文化创意产业政策背景

(一) 台湾文化创意产业政策发展历程

1. 文化创意产业概念发展前期

负责台湾文化政策规划与执行的文建会在1981年成立初期,主要工作是提供艺文工作者和团体的补助与奖励,包括国际的交流活动及以台北地区为主的文化活动。文建会成立10年以后,台湾的经济发展与政治民主化趋于成熟,文化艺术领域渐受重视。

1993年台湾的文化政策开始进入关键性的转型期,包括公共艺术设置计划、捐助成立财团法人台湾文化艺术基金会、地方性的艺术季与国际小型展演活动蓬勃发展、国立文化艺术机构的建立等,使得文建会的影响力越来越大。原来集中在精英文化和都会知识分子取向的文化资源分配也开始转型,最具有代表性的政策为"社区总体营造"的推动。社区营造理念的主要诉求在于通过以空间建筑、产业文化与艺文活动等议题作为公共领域,激发提升地方社区公民与共同体的自主意识,以重建一个新的公民社会作为目标。这个理念后来成为重要的台湾地方政策,并为地方文化工作者所认同。

2. 文化创意产业第一期计划期

2000年文建会提出了"文化创意产业"发展计划,更把台湾的文化政策思维带入新的时代。台湾自2002年将"文化创意产业发展计划"纳入地方发展重点。该计划执行期为2002~2007年,主要由4个行政部门共同推动:由"经济部"统筹并负责设计产业,"教育部"负责跨领域的人才培训,"新闻局"负责媒体产业,文建会则负责艺术产业扶植。其措施包括:整备文化创意产业发展机制、设置文化创意产业资源中心、发展艺术产业、发展重点媒体文化创意产业、台湾设计产业起飞等5项、共有28个子计划。由于执行计划分布于各部门，为有效统筹并凝聚共识，"行政院"于2002年11月1日成立"经济部文化创意产业推动小组"及办公室，负责跨部会整合协调机制。2002年，台湾地方当局提出了五大策略以推动文化创意产业，包括：整备文化创意产业发展机制、设置文化创意产业资源中心、文创园区与工艺产业发展计划、振兴流行文化创意产业方案与台湾设计产业起飞计划。

需要特别指出的是，其中文化创意产业园区的营造具有文化与经济的双重政策意涵。文化意涵在于：文化创意产业园区是生活美学与环境美学的实践，是文化自主性与产业价值的确立及文化基因的保存与传播。通过文化、艺术和产业结合，让艺术家有更多的发挥空间，让生活与环境有更多的文化内涵，并可结合地方生活经验发掘地方特色，确立各地文化的自主性。文化创意产业园区通过"活化"一些产业遗址，主要将包括台北酒厂旧址、台中酒厂旧址、嘉义酒厂旧址、台南仓库群与花莲酒厂旧址作为操作基地。通过由下而上、专业与业余互动、精英与民众联合的操作过程，寻找地方文化艺术之创意、生命力与愿景，并将这五大由旧址改造的创意文化园区视为文化创意产业发展的重点示范基地，通过园区营造经验的积累与传承，逐步带动台湾地区文化创意产业的发展与环境整备。

2005~2008年，台湾的文化政策方向包括文化公民权运动的开展以及公民美学、建筑艺术、台湾地方性文化设施的兴建等。在这一阶段，历届文建会都有新的理念，使台湾文化政策从本土到世界，越来越走向国际化和全民共享的发展目标。

2007年文建会制订了"盘石行动计划"和"区域型文化资产环境保存及活化计划"。"盘石行动计划"以形塑地方文化生活圈、建构台湾文化主体性为主。执行期为2008~2013年，计划内容分为新故乡社区营造计划（执行经费新台币18.24亿元）、地方文化馆计划（执行经费新台币30亿元）两项，六年总经费新台币48.24亿元；其中2008年预算约为新台币6亿多元。

"区域型文化资产环境保存及活化计划"重点在于，强化有形文化资产与无形文化资产的整合性保存，以区域性的整体视野推动文化资产环境保存与活化。执行时间为2006年1月~2009年12月，执行经费约新台币11.74亿元。至2007年12月，已核定规划案50项，执行案31项，2008年进入执行期。此项计划的推动，将使台湾的文化资产从点成线到面，对台湾地区的整体形象将产生深远的影响。

3. 文化创意产业第二期计划期

2009年2月21日，台湾地区领导人马英九在"当前总体经济情势及因应对策会议"中特别强调，文化创意产业是当前重要的六大关键新兴产业之一，政府应投注更多资源，以扩大规模、提升新兴产业的产值，并辅导及吸引民间投资。"行政院"随即指示此六大关键新兴产业应在3个月内提出具体策略。

为建立文化创意产业的跨部门整合平台，2009年3月4日召开了"行政院研商推动文化创意产业相关事宜会议"，并于3月25日正式成立"行政院文化创意产业推动小组"，主要任务如下：

（1）协调、审议文化创意产业重大策略、措施及行动方案。

（2）整合"行政院"相关机关文化创意产业资源，促进跨部会合作，发挥综合效能。

（3）追踪检讨文化创意产业策略、措施及行动方案的推动进度及绩效。

（4）其他有关文化创意产业的推动事项。

2009年5月14日，《创意台湾——文化创意产业发展方案》获"行政院"院会通过，执行期为2009～2013年，主要针对台湾当前发展文化创意产业发展的优势、潜力、困境及产业需求，提出推动策略，期望达到"以台湾为基地，拓展华文市场，进军国际，打造台湾成为亚太文化创意产业汇流中心"的愿景。在"行政院文化创意产业推动小组"的指导下，成立"文化创意产业推动小组办公室"，以推动和执行各项工作。

对于发展文化创意产业，台湾具有相当多的优势。台湾是多元文化及民主开放的社会，加上教育普及，人才及文化水平在亚洲都相当突出，投入文化创意产业的潜力无限。尤其现今两岸开放，两岸经贸关系逐步正常化，华文市场也渐渐成形。台湾近年来成为精致、创新及当代华人文化的孕育地，影视和流行音乐产业更是引领风潮，因此，两岸和亚洲华人所形成的新的大华语市场，对台湾来说是一个难得的新契机。而台湾在中小企业、信息通讯硬件产业发展过程中，所累积的资金、人才、创新技术、灵活应变能力，以及在全球产业价值链上的操作经验和专业，正好可移转到文创产业。然而，台湾在推动文创产业方面，整体而言并未见具体成效,原因主要在于根本结构性的问题:如推动文化创意产业的法规与发展机制尚未完备;文创业者多属微型经济规模,现有融通及评价制度不足,业者不易取得产业发展资金;文化创意产业分由不同部门主管,资源分散,缺乏整合机制;内需市场及国际市场都仍待开拓;产业基础研究不足,艺文资源产业化程度低,产业链未能建立等。

再者,近年面临全球金融海啸来袭,世界各国及地区莫不审慎思考如何刺激经济及振兴产业发展,解决企业生存危机。高度仰赖出口市场的台湾,受到冲击的不仅是原已有相当规模的制造业及电子业,文化创意产业也无法幸免于难。在经济衰退的情形下,民众消费紧缩,文创商品及服务往往不是必要性民生支出,使得产业的推展面临严峻考验。

台湾在30年前以科技产业跃升为"亚洲四小龙"之首,30年后的现在遭逢全球经济严重衰退的困境。此时是危机,也是转机,同时是我们思考台湾未来走向及产业发展方向的时刻。《创意台湾——文化创意产业发展方案》的拟订是希望把握台湾的优势及机会,扭转劣势,突破发展困境,为文化创意产业奠定发展根基。

《创意台湾——文化创意产业发展方案》的推动策略分为两大方面。一方面是"环境整备"。主要针对所有文化创意产业整体面临的共通性问题,思考应对策略,重点在于如何健全文化创意产业的发展,包括:经费的挹注、融资及创投机制、法规的松绑及制度的建立、扩大台湾外市场、建立文化创意合作平台及人才培育等。"环境整备"部分由文建会统筹并于文化创意产业发展第二期计划中以"多元资金挹注"、"产业研发及辅导"、"市场流通及拓展"、"人才培育及媒合①"及"产业集聚效应"五项计划具体措施进行,目的在于希望建构对所有文创产业皆友善的发展环境,使相关产业皆能获得适当辅导及协助而成长,并进一步培养成为明日的旗舰产业。另一方面是"旗舰产业",即从现有各产业范畴中,择取发展较为成熟、具有产值潜力、产业关联效益大的产业类别,包括电视产业、电影产业、流行音乐产业、数字内容产业、设计产业,工艺产业等六大旗舰产业。针对其发展特性及需求提出规划,政府予以重点推动,期望在既有基础上再作强化及提升,并发挥"领头羊"效益,带动其他未臻成熟的产业。对于

---

① 媒合指的是"人力中介"之意。

未纳入旗舰产业的类别,尚需加强扶植及辅导,即借由"环境整备"各项项目的执行,建构良好的产业发展环境,让其得以健康成长。近年来,台湾自发性的创意能量得到不断累积和放射,无论在电影、设计、工艺或流行音乐,台湾在国际上都有相当骄人的成绩。[①]

文建会对五大创意园区也进行了明确的定位:台北的华山创意文化园区向文化创意产业与艺文展演的交流平台发展,并定位其为文化创意产业跨界艺术展现与生活美学风格塑造;花莲创意文化园区定位为音乐原创中心;台中创意文化园区定位为建筑、设计与艺术展演中心;台南创意文化园区定位为动漫画媒体中心,将结合本土的大专院校动漫画媒体等专长,共谋互生互荣的景象;嘉义创意文化园区则定位为传统艺术创意中心。

2009年文建会提出"向下扎根"及"走向国际"两个基本方针推动各项文化建设。

(二) 台湾文化创意产业主法:《文化创意产业发展法》

2010年1月7日立法院通过了《文化创意产业发展法》(以下简称"文创法"),由"行政院"另定自2010年8月30日施行。此法分为总则、协助及奖补助机制、租税优惠、附则等四章,共30条。依据该法的规定,将完成13项子法制定及相关配套的作业。未来通过文创法施行及各项子法的规定陆续公布,将在供给和需求方面对文化创意事产生影响。该法除了明确定义台湾文化创意产业的内容、范畴及主管机关外,其他重要内容如下:[②]

1. 协助投资文化创意产业

针对文化创意产业的特性与发展需求,文建会制定投资金额在新台币1亿元以下的投资文化创意产业的审核、提拔机制与绩效指标等办法,由台湾地方当局发展基金匡列新台币100亿元,作为协助文创事业投资的特定用途。

2. 奖励补助项目

主管机关及事业主管机关就下列事项,对文化创意事业给予适当协助、奖励

[①] 有关此方案行动计划的执行组织与分工详见本文附录图1;另外各子计划的主要内容详见本文附录表2~表7。
[②] 《文化创意产业发展法》,参见:http://www.cci.org.tw/cci/cci/law_detail.php?c=240&sn=3731。

或补助：法人化及相关税籍登记、产品或服务的创作或研究发展、创业育成、健全经纪人制度、无形资产流通运用、提升经营管理能力、运用信息科技、培训专业人才及招揽国际人才、促进投资招商、事业互助合作、市场拓展、国际合作及交流、参与台湾外竞赛、产业集聚、运用公有不动产、收集产业及市场信息、推广倡导优良文化创意产品或服务、知识产权保护及运用、协助活化文化创意事业产品及服务、其他促进文化创意产业发展的事项。

3. 设立财团法人文化创意产业发展研究院

整体文化创意产业的扶植与策进，牵涉专业性业务范围之广及所需专业人力之繁，亟须组织弹性机构来延揽专业团队投入参与，以落实产业推动政策。文创院设立的功能包括：文化创意产业的创新研究及发展、市场拓展及营销、专业咨询及辅导、专业人才培育、媒合机制建立、知识产权保护及其流通机制建立及其他与文化创意产业发展研究有关事项。

4. 加强对文化创意事业融资、保证的功能

以创意、知识产权等无形资产为其核心价值的文化创意事业，碍于其偿还能力的风险，不易从金融机构取得融资。为此本法中明确规定，主管机关应协调相关政府机关、金融机构及信用保证机构，加强对文化创意事业融资、保证的功能，以充裕文化创意事业资金。

5. 协助文创事业发展，提供开拓市场的协助机制

公有文化创意资产，不论是有形、无形的公有图书、史料、典藏文物或影音资料，或其衍生的资产，均可以出租、授权、委托发行、合作设计、代工制造等可发挥文化创意资产对外利用效益的方式，作为开发新产品的素材来源开放于文创业者。另对于文化创意事业给予适当的协助、奖励或补助，鼓励文化创意事业自有品牌营销、开拓国际市场。

6. 培养艺文消费人口，扩大文创市场

为提高学生观赏艺文活动习惯，文建会将配合学校的艺术及人文学习领域课程补助文化创意事业，与学校合作办理驻校或赴具有艺文性质场所进行艺文展演。为培养学生的艺文消费习惯，振兴文化创意产业，主管机关编列预算补助学生观赏艺文展演，并发放艺文体验券。

7. 租税优惠

（1）为鼓励营业事业购买由台湾文化创意事业原创的产品或服务，捐赠学生或弱势团体、偏远地区，相关部门举办文化创意活动及捐赠文化创意事业成立育成中心等，捐赠总额在新台币1000万元或所得额10%的额度内，列为当年度费用或损失，不受《所得税法》第三十六条第二款限制。

（2）为促进文化创意产业创新，公司投资于文化创意研究与发展所支出金额，依据有关税法或其他法律规定减免税捐。

（3）文化创意事业从国外输入自用的机器、设备，经主管机关证明属实，并经"经济部"项目认定台湾尚未制造者，免征进口税捐。

《文化创意产业发展法》另有相关子法共计13项。目前为了配合《文化创意产业发展法》2010年8月30日起正式施行，文建会已同时公告"文化创意产业内容及范围"、"行政院文化建设委员会协助奖励或补助文化创意事业办法"、"学生观赏艺文展演补助及艺文体验券发放办法"、"文化创意事业原创产品服务价差优惠补助办法"、"行政院文化建设委员会促进民间提供适当空间供文化创意事业使用奖励或补助办法"、"行政院文化建设委员会公有文化创意资产运用办法"。

《文化创意产业发展法》的施行，结合了文化、创意、设计及服务的特质与内涵，发展文化创意产业，将是台湾产业升级、转型的重要策略之一。这次《文化创意产业发展法》与其配套规范的施行，将建构良好的文化创意产业发展环境，各项办法的立法过程均以促进产业发展、让文创业者获得更多帮助为最根本思考。文化创意事业将可以在有利于事业发展的法律环境下，实现其文化创意内容形成商品或相关服务，为台湾文化创意产业的发展注入新活力。文化创意产业发展法的施行，使艺术团体有可能获得企业奖助的同时，企业可以获得减税的双赢优势。

《文化创意产业发展法》第一条说明，制定该法的缘由是"为促进文化创意产业的发展，建构具有丰富文化及创意内涵的社会环境，运用科技与创新研发，健全文化创意产业人才培育，并积极开发台湾外市场，特制定本法"。这显示出强烈的商业色彩。文创产业的范围广泛，包括视觉艺术、音乐、电影、广播、出版、广告、出版、设计、建筑，等等。台湾当局所担负的责任，除了给予适当的补助外，也可投入一定比例的投资。为了培育文创人才，台湾当局鼓励地方政府或大专院校要建置相关发展设施，开设相关课程，或进行创意开发、实验、创作与展演。但就像当年各校争相推广教育一样，部分学校为了抢商机也出现了一些违背文创法本意的课程，完全失去教育的本旨，让许多创作者为之却步。

四 台湾文化创意各产业发展现状

本章节的相关数据主要来自《2010 台湾文化创意产业发展年报》[①]、台湾"行政院新闻局"出版事业服务网站及《2011 出版年鉴》[②]；台湾与文化创意产业相关组织及专业网站所得材料（见本文附录），另亦采用"行政院"主计处等发布的公开信息[③]。发展现状部分我们以台湾当局最新公布的 2010 年的年报统计数据，即以 2009 年台湾文化创意产业发展状况为基础，并尽量采集了 2010 年和 2011 年的资料。[④]

本章采用的台湾文化创意产业类别以 2009 年文建会所设定的六大旗舰产业为基础，另增加广告、创意生活、音乐及表演艺术产业等重要产业。所谓的"旗舰产业"指的是文建会从现有各产业范畴中，择取发展较为成熟、具有产值潜力、产业关联效益大的产业类别，加大发展力度。文建会选定的"旗舰产业"包括电视产业、电影产业、流行音乐产业、数字内容产业、设计产业以及工艺产业等六大产业。

（一）电视产业

根据台湾经济研究院调查结果，2009 年电视产业产值约为新台币 1136.29 亿元，2010 年推估产值将增长 1.17%，达到新台币 1149.58 亿元。2010 年，台湾广播电台数较 2009 年 172 家减少 1 家，为 171 家；有线电视系统 59 家，有限播送系统 3 家。2009 年就业人口数为 24114 人，2010 年就业人口数预计增长约 3%，达到 24837 人。"新闻局"每年补助产业制作优质高画质电视节目，2010

[①] 参见 http://www.cci.org.tw/cci/cci/epaper.php?act=search_ye&ddlSearchYEYear=2010。
[②] 参见 http://info.gio.gov.tw。
[③] 台湾"行政院"主计处，http://www.dgbas.gov.tw。
[④] 特别说明：因《2010 台湾文化创意产业发展年报》于 2011 年 7 月出版，因此，本报告所采纳的数据主要来自 2009 年台湾文化创意产业发展情况。2010 年的最新情况我们只能通过其他报告或媒体报道予以充实。

年总补助金额为新台币2.54亿元，以台湾当局提供约25%的制作经费补助比例计算，业界约投入6.16亿元额度。

广播电视产业营业额规模最大的行业是"电视节目制作"（256.55亿元），营业额规模最小的行业是"网络广播"；家数最多的行业是"电视节目制作"（573家），最少的行业是"网络广播"（2家）。

台湾广播电视产业有以下数据值得注意：每四家就有一家是创业不到5年的企业，平均每家广播电视产业企业的营业收入为6340万元。每十家中有八家是资本额1000万元以下的小型企业。台湾61%的广播电视产业是由资本额1亿以上的企业所创造。出口收入最大的行业是"电视节目制作"（2.90亿元）。

广播电视产业的集中化现象有减缓的趋势。资本额在100万元以下的微型企业持续增长，从2008年的210家增加到2009年的262家，所占比例为16.84%（2008年是13.72%），其营业收入总金额则由15.39亿元增长到40.22亿元。不过，从营业额来看，集中化现象则并没有改变。2009年营业收入超过1亿元以上的公司家数减少5家，变成123家，其占台湾总家数的比例为7.58%（2008年为8.03%）。这些公司的营业额870.09亿元，占台湾的88.23%。

近年来，在广播电视产业方面，由于大众传播对民众的行为、认知及知识等影响力大，因此，台湾当局制定了明确的规定加以管制，故其相关的法规相当多，包括《广播电视法》、《广播电视节目供应事业管理规则》、《广播电视法施行细则》、《有线广播电视法》、《有线广播电视法施行细则》、《卫星广播电视法》、《卫星广播电视法施行细则》、《有线广播电视系统经营者收费标准》、《有线电视节目播送系统暂行管理办法》、《公共电视法》、《广播电视事业发展基金条例》等。

台湾当局针对电视产业则提出了"鼓励产学办理电视专业人才培训补助案"、"电视人才培训案"、"资深演艺人员参与演出电视节目补助"等三项政策补助。在创新研发方面，台湾设有"电视金钟奖"、"广播金钟奖"、"金视奖"、"电视节目剧本创作奖"等奖项，以鼓励优秀的广播电视从业人员。"新闻局"亦补助台湾影视业者到海外参展，以拓展大陆及海外市场。据最新统计，2011年台湾电视产业参加的展会包括：上海电视节——国际影视之场展、中国国际影视节目展、四川电视节、澳门电视节、香港FILMART电影节、法国坎城影视节目展MIPTV、匈牙利DISCOP、韩国BCWW电影节、东京电影节影视节目展TIFFCOM及新加坡电影节Asia TV Forum。

（二）电影产业

台湾电影产业中营业额规模最大的行业是"电影院"（51.37亿元），营业额规模最小的行业是"影片转录服务"（18.8万元）。2010年，台湾电影院较2009年减少2家，为99家。截至2011年8月，整个电影产业中家数最多的行业是"电影片发行业"（1688家），"电影片制作业"居次（1029家），最少的行业是"电影工业"（103家），电影片放映业达到114家（568厅）。其中，每四家电影产业就有一家是创业不到5年的企业，平均每家电影企业的营业收入是2196万元。台湾电影营业收入的18%是由资本额1亿元以上的企业所创造。每五家中有两家是资本额100万元以下的小型企业。出口收入最大的行业是"其他影片制作"（1.24亿元）。营业额超过5亿元的县市，依序分别为台北市（77.63亿元）、台北县（27.83亿元）、台中市（8.18亿元）、高雄市（8.18亿元）、桃园县（5.40亿元）。

与多数的台湾文化创意产业一样，2009年电影产业资本额100万元以下的微型企业家数也有所增加，从2008年的208家增加到2009年的257家。这些微型企业的总金额从2008年的42.85亿元，增加到2009年的47.63亿元，其占台湾的比例则是从30.87%增加到34.38%。2009年电影产业1亿元以上资本额的大公司减少为17家（2008年为22家），这17家大公司的营业额为24.37亿元，比2008年的30.05亿元减少了18.90%。相较于大企业表现不佳的情况，资本额在2000万~3000万元的公司则有不错的增长，其2009年的营业额呈现22.05%，金额为17.17亿元。资本额在4000万~5000万元的公司从2008年的1家变成是2009年的4家，营业额从0.06亿元增长到5.47亿元，增速惊人。

近年来，台湾电影产业在民间和地方政府的努力下，已有逐渐复苏的趋势，台湾电影无论是制片量、票房、国际得奖或产业技术升级等均较过去所有增长。2010年，台湾电影核准发照数达到480部，比2009年的431部有所上升。据最新统计，2011年1~8月，台湾有54部（次）电影入选各类国际影展，参加国际市场展电影达到121部（次），参与海外电影节活动的电影更是高达236部（次）。

"电影产业发展旗舰计划"自纳入文化创意产业发展方案以来，逐渐发挥产业经济效益，除增加地方票房产值外，还带动其他产业发展。如电影《艋舺》继《海角七号》后，再破台湾地区票房上亿元的纪录，更获得如"香港亚洲电影大奖"、"第 11 届华语电影传媒大奖"等殊荣；《一页台北》于 2010 年获第 60 届柏林影展独立奖项"最佳亚洲电影奖"，票房达约新台币 2700 万元；2010 年暑假档期上映的《父后七日》票房达约新台币 3800 万元，表现亮丽，足见台湾电影市场已逐渐打开。此外，《秋千》、《我爱高跟鞋》、《阿毛的鞋》等影片获得不少专业领域奖项，《圣与罪》和《我们》则在美国墨西哥国际影展中荣获"金棕榈奖"。

表 2　台湾跨地区电影合作部数

2009 年	2010 年
《白银帝国》、《暧昧》、《霓虹心》、《泪王子》、《脸》、《刺陵》	《一页台北》、《猎艳》、《乘着光影旅行》、《第 36 个故事》、《台北星期天》、《拍卖春天》、《恋爱通告》、《爱你一万年》
共计 6 部	共计 8 部

资料来源："行政院"文化建设委员会（2010）。

2010 年金马奖最佳影片奖 5 部入围名单中，有 3 部是台湾电影；90 个提名入围的项次中，台湾电影就占了 50 个项（次），这是近 10 年来创新高之成绩。张作骥导演《当爱来的时候》入围 14 项，刷新金马奖历史上最多入围纪录。台湾电影《海角七号》不仅打破台湾票房纪录，也风靡各国际影展。2010 年所推出的影片《艋舺》，描述了 80 年代艋舺的发展，呈现当年的文化以及台湾特有的黑帮故事。

2010 年，台湾"新闻局"共补助 27 部辅导金电影（详见本文附录表 8），以促进台湾电影业的进一步发展。

（三）流行音乐产业

台湾流行音乐可谓华语音乐的龙头产业，更是台湾文创产业的优势项目。在台湾当局致力于发展流行音乐的政策引导下，其产值由 2008 年的 70.62 亿元提升为 2009 年的 76.59 亿元。此外，由于非法 P2P 官司胜诉[①]、数字音乐平台多元

[①] 2010 年 1 月 P2P 服务商 Grokster 公司与好莱坞和唱片产业达成和解协议，同意关闭其 P2P 服务，并支付 5000 万美元的经济赔偿。

化及与电信公司在拆账比例协调成功等因素，2010年实体唱片总发行数有回暖现象，预估总产值可提升4.75%，达到新台币80.23亿元。据统计，2010年台湾共举行8074个音乐活动，较2009年的8159个稍有下降。另由于设置"补助乐团录制有声出版品案"、"有声出版品创意营销补助案"及"旗舰型唱片企划制作与宣传"等补助计划，2010年共有29家优质唱片业者获"新闻局"补助，共计发行44张专辑。

2010年第21届金曲奖共12359件作品参赛，其中流行音乐类有10468件作品、传统暨艺术类有1891件作品参赛，并首次增设"最佳专辑包装设计奖"；"传统暨艺术音乐类"颁奖典礼于6月5日在台北市中山纪念馆举行，"流行音乐类"颁奖典礼则于6月26日在台北市小巨蛋举行。此外，首度于2010年6月18~26日在华山文化园区举办论坛、主题展、表演活动等金曲音乐周活动，并于6月4~25日共举办10场Live House演出。

为寻找台湾创作新势力，2010年首度办理"金音创作奖"，共有1817件作品报名角逐20个奖项。首次设置单曲奖项并接受数字发表的音乐作品报名，同时创设摇滚、民谣、电音及嘻哈等四类不同音乐风格的奖项，还设置了"最佳现场演出奖"、"最佳乐手奖"、"海外创作音乐奖"等。

为培育有潜质的乐团投入音乐市场，2010年共有16个乐团、20位歌手或团体获得政府补助，其中5位为歌坛新人，包括王彩桦、倪安东、豆花妹等，以帮助这些年轻的音乐人成功打开台湾之外的市场。

在流行音乐产业国际化部分，选派卢广仲、巴奈与message乐团、范晓萱与100%乐团等3组参加法国坎城MIDEM国际唱片展演出，并大获好评，成功达成营销台湾音乐的目标。另成功推荐"苏打绿"及"Tizzy Bac"乐团于2010年5月赴英国参加利物浦音乐节演出，"伍佰&CHINA BLUE"于2010年7月在韩国仁川音乐节演出，另有"Matzka"、"阿飞西雅"、"Go Chic"、"Double X"等4个乐团赴加拿大温哥华巡回演出。

此外，台湾当局鼓励音乐界参加各种国际性的音乐节，以此为契机加强同各国音乐产业的交流和合作。2011年1~8月，台湾音乐界参与了"巴黎展演台湾之夜"、"2011年美国SXSW暨加拿大CMW音乐节展演活动"、"2011年英国利物浦音乐节"、"2011年日本富士摇滚音乐祭"等活动。

(四) 数字内容产业

数字内容产业涵盖面极广，目前尚无统一定义，在参考世界各国看法后，中国台湾将数字内容定义为："将图像、字符、影像、语音等数据加以数字化并整合运用之技术、产品或服务。"

目前台湾数字内容相关产业范畴包括：

(1) 各类游戏软件（计算机游戏、在线游戏、PS2 与 X – Box 游戏机）；

(2) 2D/3D 动画影片；

(3) 各类数字内容制作与多媒体应用软件；

(4) 各类行动应用服务（如手机简讯、股市金融实时信息）；

(5) 各类网络多媒体应用服务：通过网络传输各类数字化的电视/电影/音乐/广播/互动节目等多媒体内容；

(6) 其他：数字学习、电子出版、数字典藏等。[①]

2010 年数字内容产业整体产值为新台币 5225 亿元，较 2009 年的 4603 亿元增长约 14%，主要产业（游戏、动画、影音、学习及数字出版等）达到 1675 亿元，平均增长达 34%，同时创造数字内容产业就业人数达 6139 人。在各领域的表现中，除游戏、动画及影音持续受惠于"宅经济"的带动而增长外，也受到数字出版及电子书内容、阅读器及交易平台等带动风潮的影响，其中数字出版及数字学习领域大幅增长，增长率分别为 74.2%、73.9%，表现最为亮眼。

在促进产业投资方面，在投资研发创新产品、其他行业与数字内容业者合作、跨业者合作创造新形态消费模式及应用示范的带动下，产业投资额自 2009 年的 212 亿元持续增长至 2010 年的 221 亿元，增长率约为 4%，这对于厂商的营运资金需求有相当大的帮助。

2010 年，台湾地方当局针对数字内容产业提出"数字内容产业发展跃进计划——产业人才培训"、"数字出版实务讲座（出版专业人才培训计划）"。2011 年，为培育新时代出版人才，政府举行"2011 年度数字出版实务讲座"，邀请数字出版学者专家授课，共培育约 1350 人次。

2010 年和 2011 年"新闻局"分别为 8 家公司提供了数字出版产品的补助

[①] "行政院"文化建设委员会：《2010 台湾文化创意产业发展年报》。

（详见本文附录表9）。值得一提的是，台湾"经济部工业局"支持成立的"原创达人创作同盟"（Original Content Creator，OCC），2010年汇聚近80件作品，建立艺术创作者与市场沟通的商业平台；并由美国Microsoft公司通过该平台，选出8位中国台湾原创艺术家创作的9件Win7主题作品，成为微软个人化设定桌面之选，并同步于美国、爱尔兰、印度、意大利等16国上线，下载量超过300万人次，让中国台湾原创跃上国际水平，增加了中国台湾原创的国际知名度。

此外，台湾当局提供研发补助跃狮公司"球幕影片开发"计划，并衍生发展720度全天域"球幕电影院"、大型互动体验系统等"内容＋软体＋硬件＋系统＋服务"的整合服务解决方案，成功取得2010年上海世博会"台湾馆"的规划设计与建置工程，并获得来自全球参观民众的赞叹，为台湾打造了完美的形象。在日本知名休闲杂志《FLASH周刊》评鉴上海世博会143个主要展馆中，中国台湾馆从中脱颖而出，成为评鉴第一名。

据估算，台湾游戏产业所衍生的外围商机超过500亿元，并且带动台湾网络高速成长，被誉"为数字内容产业的火车头"。台湾著名的网游公司智冠集团早期出售国外游戏，并发行《软件世界》杂志，后来开始有自制游戏，发行多套销量极佳作品，包括改编自金庸小说的《笑傲江湖》、《射雕英雄传》、《倚天屠龙记》、《鹿鼎记》等，亦曾推出以中华职业棒球为主题的棒球游戏。近年来，该公司进军在线游戏，自制有在线游戏《吞食天地》、《金庸群侠传Online》等，单机游戏《红楼梦之十二金钗》、《金庸群侠传》等，现为台湾最大游戏通路商。智冠集团目前营运游戏超过35款，每天同时在线人数超60万人，为台湾最大的游戏社群。为扩大营运规模，智冠集团将放眼于本土之外的市场，并积极布局中国大陆。

（五）设计产业

"经济部"文化创意产业推动小组对设计产业的定义为："凡从事产品设计企划、产品外观设计、机构设计、原型与模型的制作、流行设计、专利商标设计、品牌视觉设计、平面视觉设计、包装设计、网页多媒体设计、设计咨询顾问等行业均属之。"[1]

---

[1] "行政院"文化建设委员会：《2010台湾文化创意产业发展年报》。

表3 设计产业相关价值及关联产业

核心价值活动	相关价值活动	关联产业
设计创意思考	(1)产品设计(产品外观设计、机械设计、工业设计、家具设计、计算机软件设计、包装设计、流行时尚设计、服装设计、工艺产品设计) (2)服务设计(专利商标设计、品牌视觉设计、平面视觉设计、广告形象设计、商业设计、网页多媒体设计) (3)设计咨询顾问(包括品牌认同建立、企业形象、信息设计、新产品发展等) (4)产业的研发 (5)原型与模型的制产业的设计原料	公共关系与营销、咨询与管理、顾问、建筑、包装、广告、家具与设备、个人用品、运输、医疗、电器、时尚、财务、通信、药物、餐饮消费性商品(涉及多个制造与服务产业)

资料来源:"行政院"文化建设委员会(2010)。

2009年设计产业整体产值为新台币575亿元,从业人数从2009年的25026人增长到2010年的26289人,新增从业人数为1263人。2009~2010年协助产业运用设计开发创新产品,针对厂商需求提供全方位整合的设计咨询及顾问辅导共2561案、协调厂商合作1175案,设计开发符合目标市场导向产品共计630件,增加衍生产值约新台币217亿元。

2009年设计产业的总家数是2634家,较2008年的2470家增加了6.64%。自从当局2002年提出文化创意产业政策以来,该产业的企业家数一直持续增长,其原因可能是设计产业的进入门槛较低。一个刚从学校毕业对设计有着憧憬的热血新人,便可以在一个几平方米的小房间里,用一台计算机开起个人工作室。相较于2002年的1624家,台湾设计产业的家数增长了62.19%。但平均营业额方面则是下跌,2009年设计产业的平均营业收入为2171万元,相较于2008年的平均营业收入2884万元,共下滑24.72%,与营业额高峰的2007年相比,更是下跌了三成多。官方界定属于设计产业的行业代码总共有6项,数量最多的是"产品外观设计"共1523家,占整体的57.82%,而最少的是"企业识别系统设计",只有27家。

设计产业2009年的营业收入总额是571.77亿元,较2008年的712.26亿元减少了19.72%。整体来看,该产业自2002年起营业额不断向上攀升,且增长的幅度十分惊人,总体增长超过了3倍。但到2009年,营业额下降的幅度则令人担心,由于设计产业的进入门槛低,从业者人数一直增加,每家企业平均营业额仅为新台币2171万元。2009年营业额略有负增长的现象，显示设计产业受到经济不景气的冲击。

2009~2010年"台湾设计馆"参加了巴黎家饰展、米兰国际家具展、中国南京名品展等国际展会，中国深圳国际文化创意产业博览交易会、东莞台湾名品博览会计358家次，促成国际合作210案，订单金额达新台币6亿元。2009~2010年中国台湾厂商有820件优良设计产品参加德国iF、reddot、美国IDEA及日本GoodDesign等四大国际知名设计奖项，获奖数达420件（详见本文附录表10），含金（首）奖12件，衍生经济效益达新台币130亿元以上。2010年获奖数更创历年新高，单年获奖达260件。

台湾设计博览会至今已举办八届，累计参观已超过220万人次，为亚洲最大的创意设计交流平台，旨在提升全民对创意设计的认知，体验设计对于生活环境与产业发展所创造的价值。本活动借由与地方县市政府合办（2009年与台中市政府合办、2010年与台北市政府合办），两年吸引了超过69万人次前往参观。每年皆有日、法、德、英、韩等国200家厂商参与、展出产品1000余件。

在设计产业上，台湾厂商更是不断推陈出新，使所设计的产品能够登上世界舞台，发光发亮。台湾当局针对设计产业推出"设计产业翱翔计划"等，使台湾设计人才进一步走向国际舞台。

此外，台湾的设计教育也很值得一提。据最新资料显示，有设计界奥斯卡奖之称的"德国iF设计奖"，最近公布2011年iF设计概念奖入选前一百名作品，中国台湾各大学共有31件作品获奖，几乎占了近三分之一，超过韩国的24件，为所有参赛者之冠，充分体现台湾在设计上的实力。其中，台湾科技大学创下单一学校纪录，有14件作品得奖，获奖数为世界之冠，iF大学排名更跃居世界第一，跟得奖大户韩国三星公司设置的美术设计学院并列第一。2011年iF大学排名前一百所大学中，台湾共有14所进榜，包括了成功大学、树德科大等。[1]

（六）广告产业

台湾广告产业的定义为："凡从事各种媒体宣传物之设计、绘制、摄影、

---

[1] 陈智华：《iF设计奖台湾大赢家》，《联合报》，http：//mag.udn.com/mag/campus/storypage.jsp?f_ART_ID=302025。

模型、制作及装置等行业均属之。独立经营分送广告、招揽广告之行业亦归入本类。"

广告产业不仅需要协助其他产业进行多元的营销策略规划，为品牌提供专业性服务，同时还需要培养、提高产业人才的素质。因此，台湾地方当局特别将广告产业列为重点扶植的产业之一，并在2005～2007年制定以"建构优质环境"、"培育精英人才"、"树立标杆典范"三大策略，从环境、人才、价值三个方面提升广告产业能量。2008～2011年应产业整体发展趋势及需求，当局又以提升广告服务产业的商业价值为重点，提出强化广告服务业与企业（广告主）之间的沟通，发展多元整合服务能量及商业策略合作机制。目前台湾广告业的发展目标是：实现"发展台湾成为广告服务重镇"的愿景，把台湾打造成华文广告知识中心和国际广告创意平台。

2009年台湾广告业的总数为12443家。值得注意的是，2009年平均每家企业的营业额为889万元，没能维持住2002～2007年每家企业平均营业额均有1000万元以上的水平，2008年的992万元首度跌破1000万元水平后，连续两年呈下降趋势。

广告行业中数量最多的行业是"广告设计"（5418家），占整体的43.54%，其次是"其他广告服务"的3116家，占整体的25.04%，最少的是"广告工程"（22家）。2009年这11项行业（见表4）的家数除广告代理、电视墙广告与电子视讯墙制作、其他户外广告以及其他广告服务增加外，其余均有所减少。

表4 广告产业行业码一览表

7311－11	广告设计	7312－14	电视墙广告、电子视讯墙制作
7311－12	广告制作	7312－15	广告装潢设计
7311－13	广告代理	7312－16	广告工程
7312－11	户外海报设计制作	7312－99	其他户外广告
7312－12	广告板、广告塔设计制作	7319－00	其他广告服务
7312－13	霓虹灯广告		

资料来源："行政院"文化创意产业范畴界定。

在台湾，资本额100万元以下的广告公司总计有8931家，占总家数的71.88%。这些微型企业的营业收入总金额为235.34亿元，占总营业收入的

21.28%。相对而言，营业收入超过1亿元以上的公司总共有125家，占台湾总家数的1.00%。这些公司的总营业额为594.69亿元，占台湾的53.78%。由此可见，台湾广告产业的集中化现象。

近年来，在网络广告方面，台湾有一些成功的企业。如2008年台湾诞生了网络原创性媒体服务"Hiiir Widget好时光贴历"，它的诞生开启了台湾网络创新广告服务的新篇章。该产品连续两年获得"最佳创新广告服务奖"，成为台湾中小型创新广告业的楷模，并在2009年被多家美国上市网络公司青睐，洽谈合作或并购事宜。2010年"Hiiir Widget好时光贴历"（以下简称"Widget"）进入大陆，它将产品定位在"购物"信息追踪，与知名的购物网站（如淘宝、个人拍卖或凡客等）合作，针对客户需求追踪个人客户消费讯息，从而开启了互联网时代广告新一页。Widget受企业青睐的原因在于，其广告点击率是传统横幅广告的35~40倍。Widget广告与传统的网络广告相比，淡化了广告的概念，模糊了广告与网站内容的界限，将广告演变成网站内容的一部分，将广告内容结合在服务讯息内容之中，从而更容易使消费者接受。同时，Widget广告显示了Web2.0的优势，具有个人化和互动性等特点，让使用者可以根据自己的需求制作出极具个性的工具，如自定义工具的内容、外观及样式等。此外，用户更可以满足实时信息的需求，如阅读最新新闻、在线试看影片、试听音乐、查询机票信息或在线订购商品等，这些丰富的媒体互动功能都是传统的图片广告所不能实现的。

（七）工艺产业

根据2010年文化创意产业年报数据显示：2002年台湾工艺产业营业收入为581.15亿元，2009年达638.45亿元，8年的增长率为9.86%。以工艺中心推动"多角化社区工艺扶植计划"为例，近两年共计辅导补助66个小区，促进民间投资约为700万元，就业人数约为256人，产值约为8000万元。工艺产业虽多属微型产业，但其产生的经济效益不容小觑。

营业额规模最大的行业是"金银零售"（248.97亿元），同时家数最多的也是"金银零售"（2302家）。每五家工艺产业就有一家是创业不到5年的企业，平均每家工艺产业企业的营业收入为63300万元，台湾10%的工艺产业营业收入是由资本额1亿以上的企业创造的。

目前，台湾工艺产业的企业总数仅次于广告产业。2002~2008年，工艺产业的营业额逐年增长，尤其是 2007 年与 2008 年突破了 700 亿元的大关，2008 年达到了营业收入的巅峰，成为台湾文化创意产业自 2002 年以来少数收入持续增长的产业之一。只是到了 2009 年工艺产业的营业额为 628.45 亿元，较 2008 年的 754.93 亿元减少幅度颇大，锐减了 16.75%。虽然该产业的营业额仍维持在 600 亿元之上，但是可见此产业的衰退情况严重。在个别行业方面，营业额最高的行业是"金银零售"（248.97 亿元），最低的行业是"手工艺教学"（0.09 亿元），但值得庆幸的是，后者在 2009 年出现惊人的增长率，高达 283.84%。进一步分析可以发现，工艺产业的营业收入下降，受到较大冲击的多半是属于核心的创作制作端，其衰退幅度依序是"其他珠宝及金工制品制造"（14.82 亿元，递减 53.31%）、"陶瓷艺术品制造"（1.92 亿元，递减 34.75%）、"玻璃饰品、艺术品烧制"（43.77 亿元，递减 23.22%）以及"手工艺品制造"（12.45 亿元，递减 21.50%）。

整体来说，工艺产业的企业数量自 2002 年起逐年增长，在 2005 年攀上巅峰，共计 10892 家，但之后的几年间企业数量均呈现了负增长。以 2009 年的 9924 家对照于 2002 年的 10540 家，工艺产业的家数不增反减，减少幅度为 5.84%。同时，2009 年的企业平均营业收入也略有滑落。

作为台湾工艺产业的典范，享誉中外的工艺产品琉璃工房，1987 年成立于台湾淡水，是台湾第一个琉璃工作室，且是当今华人界最大的琉璃艺术品牌。杨惠姗、张毅是该品牌的创始人。他们始终坚持民族文化的风格，在工艺价值上秉承永远亲自动手做的理念，率先提出限量概念，每一件作品十二道工序，6~8 个月的精工细作。2008 年琉璃工房在美国旧金山、纽约两大艺廊开幕。目前，琉璃工房从中国台湾、上海、北京走向新加坡、马来西亚、美国，直营 70 家艺廊，遍布全球。至今共有超过 20 件琉璃工房的作品，得到世界最知名博物馆的永久收藏，并在台湾和其他地区举办过 30 多个展览。全世界至少有 32 位元首接受过作为赠礼的琉璃工房作品，此外琉璃工房的作品还曾入选奥斯卡及艾美奖颁奖盛典礼篮。

台湾法蓝瓷的创办人陈立恒，一生与创意结缘，集企业家、设计师的才华于一身。他投身于国际精致礼品业近 30 年，旗下的海畅集团是世界最大的礼品代工商之一。因有感于代工产业是为人作嫁，不能从中实现其传递东方美学的理想，陈立恒于 2001 年创立法蓝瓷（FRANZ）品牌。FRANZ 是陈立恒的外文名字，意涵无拘无束，充满创意。陈立恒希望法蓝瓷成为大自然魅力的传达者及东方哲思的传承者，通过"瓷器"这一东方最具代表性的文化发明，品味"齐物天地美，逍遥仁者心"的东方哲学精华，甚至借由提升自我品位来撷取大自然蕴涵的美学精华。2004年1月，法蓝瓷被外贸协会评选为"台湾潜力品牌"。2005年，全球法蓝瓷销售点突破5500个，并于同年6月荣获象征台湾产品最高荣誉的"台湾产品形象金质奖"。2006年2月，法蓝瓷参加德国法兰克福展（Messe Frankfurt Ambiente）并设立永久展位。2007年9月，"福海腾达"瓷艺作品被法国立摩日市国立陶瓷博物馆典藏。2008年，法蓝瓷与Bernardaud携手合作，共创中西瓷艺新纪元。

（八）创意生活产业

创意生活产业是台湾第一个针对体验经济所规划的文化创意产业，也是台湾文化创意产业最有地方特色一块。创意生活产业指那些从事以创意整合生活的核心知识、提供具有深度体验及高质美感的行业，如饮食文化体验、生活教育体验、自然生态体验、流行时尚体验、特定文物体验、工艺文化体验等。这些行业通常运用PS2设计手法①让顾客体验创意的"核心知识"，感受"生活风格"的主张及感动，重现产业文化厚度、美学内涵与本土特色。

根据"经济部创意生活产业发展计划"，2009年共评选出创意生活厂家141家。其中"工艺文化体验类"家数最多（39家），其次是"饮食文化体验类"和"自然生态体验类"各28家，此外还有"生活教育体验类"25家，"特定文物体验类"14家以及"流行时尚体验类"7家。

从2003~2009年，创意生活产业营业额累计232亿元。创意生活产业融合美学及文化，并善用地方相关资源，以创意形成特色风格。就县市分布而言，台湾北部人口规模较大且密度较高，产业遍布以台北市为最多，占19.17%，其次为地理区域较为宽广的苗栗县（15.13%）及南投县（11.1%）。由此可知，多数创意生活产业在多元生活需求的都会中发酵，同时与本土文化结合休闲旅游，凸显风格休闲的经营理念，传达价值主张及感动特色。

目前台湾涉及创意生活产业的企业，其经营核心大多与生活风格趋势有关，

---

① PS2设计手法：场域（Space）和产品（Product）传达的"高质美感"，服务（Service）和活动（Promotion）传达的"深度体验"（数据来源：财团法人中卫发展中心）。

如以营造"自然乐活"气氛为主轴经营的薰衣草森林,强调"心灵空间"提供丰沛多元艺术创作的月光小栈,发展陶瓷艺术文化及陶壁公共艺术之创作具"原乡风情"的美浓窑等。企业的生活风格与目前的趋势潮流均关系密切,而社会的消费趋势与创意生活产业密切相关。

创意生活产业以生活风格引领台湾体验经济潮流,带动国人生活美学及消费品位的提升。截至2010年,台湾累计评选出159家创意生活事业单位,它们为顾客体验调查、游程串联、新产品开发及场域空间改善等技术服务,协助业者改善经营体制。目前创意生活产业累计有从业人数9500人,每年带动与外围关键产值杠杆效益达500亿元以上,累计促成投资额达10亿元以上,体验参访累计3000万人次以上。由此可见,创意生活产业在台湾大有前途。

(九) 音乐及表演艺术产业

凡从事戏剧(剧本创作、戏剧训练、表演等)、音乐剧及歌剧(乐曲创作、演奏训练、表演等)、音乐的现场表演及作词作曲、表演服装设计与制作、表演造型设计、表演舞台灯光设计、表演场地(大型剧院、小型剧院、音乐厅、露天舞台等)、表演设施经营管理(剧院、音乐厅、露天广场等)、表演艺术经纪代理、表演艺术硬件服务(道具制作与管理、舞台搭设、灯光设备、音响工程等)、艺术节经营等行业,均属于音乐及表演艺术产业。

2009年台湾音乐及表演艺术产业的家数是1618家,较2008年的1487家,增加8.81%,比2002年的614家,足足增长了163.52%,音乐及表演艺术产业家数的增加幅度惊人。不过,受到经济危机的冲击,2009年家数的增长幅度是历年来最低的一年。随着台湾音乐及表演艺术产业家数的增长,该产业的竞争也越来越激烈,进而影响到企业的营业收入。2002年平均每家的收入为742万元,而2009年下降至589万元。由此显示,台湾音乐及表演艺术产业竞争激烈。2002~2009年家数变化:2002年614家,2009年1618家,家数最高为2009年的1618家,8年的增长率为163.52%。

2009年音乐及表演艺术产业的营业额是95.33亿元,较2008年的93.56亿元,增长率是1.89%。虽然增长率并不十分令人惊艳,却是少数在2009年营业额还有所增长的文化创意产业,仅次于数字休闲娱乐产业以及文化展演设施产业的成绩。从整体趋势看,2003~2009年,该产业营业额每年均有所增长,总计从45.57亿元增加到95.33亿元，增长率高达109.19%。音乐及表演艺术产业可以说是台湾文化创意产业在营业额方面增长最高的产业之一。

该产业的增长主要归功于"筹办艺术表演活动"。此行业的爆发力，其营业额从2008年的1.72亿元增长到2009年的6.55亿元，增长率为280.81%。另外，"艺人及模特儿等经纪服务"也高达83.39%（营业额为18.34亿元）。不过，虽然音乐及表演艺术产业的营业额呈现增长，但值得注意的是：不少行业出现衰退的现象，"音乐演奏"、"节目安排、演出代理"、"声音录制服务"与"剧团、舞团"四行业的营业收入都出现两位数的负增长。在音乐及表演艺术产业的行业中，营业额最高的行业是"节目安排、演出代理"（36.31亿元），最少的行业是"艺术表演监制"（0.11亿元）。

从经营年数来看，台湾的音乐及表演艺术产业可以说是一个年轻的产业。20年以上的经营者仅有46家，只占全部的2.84%，除了经营年数为5～10年的经营者总计为438家，占全部的27.07%之外，其余从业者都不到5年。凡此种种都可以说明音乐及表演艺术产业在台湾是充满年轻气息的。

2010年台湾演艺事业继续向前发展，无论是音乐、戏剧，还是各种艺术节，台湾演艺活动全年可谓"你方唱罢我登场"。2010年，台湾举行音乐活动共计8074个，戏剧活动3760个，舞蹈活动1751个。具体就地区来看，台北是毋庸置疑的"演艺重镇"，全年举办了多项重要演艺活动：8月3日～9月12日，2010台北艺术节盛大开幕，艺术节汇聚台湾内外优秀艺术家，他们的精彩表演不仅展现了当地特色和文化风格，更促进了台湾与国际的社会交流，这对提升台湾民众的欣赏水平也是极为有利的；8月，2010台北踢踏节《节奏，大放异彩》在华山1914创意文化园区举行，踢踏节特别邀请国外大师级的舞者来台授课和演出，希望透过踢踏研习营、踢踏讲座、即兴之夜、踢踏舞演出等系列活动，让所有热爱舞蹈艺术的观众都能置身于国际级的节奏盛宴；2011年元旦即将到来之时，在台北大佳河滨公园河畔上演了一场首次结合水面、地面及空中的大型晚会演出，吸引许多市民前往观看等。2010年，台中、高雄、花莲及台南等县市也举办了不少演艺活动：9月4日，2010摇滚台中乐团节在台中市圆满户外剧场拉开序幕，台湾独立创作乐团、音乐人、手工创意家、热血乐迷聚集于这个两天一夜的年度盛会，还有来自日本、韩国、美国、中国香港、中国澳门等国家和地区百组以上的乐团，他们共同为民众带来极美妙的视听感受；11月中旬，"偶戏艺术节"在高雄县卫武营都会公园举行，无论是皮影戏、布袋戏、魁儡戏等传统戏剧，还是现代偶戏，观众都能在艺术节上一饱眼福。

（十）台湾五大文化创意园区

1. 华山创意文化园区

华山创意文化园区地处台北，是目前台湾五大园区中最重要的基地。华山创意文化园区的前身是台北酒厂，诞生于1916年，原为民营芳酿株式会社，专门制造清酒、蝴蝶兰、人参酒。在酒厂诸多酒类产品中，以"红标米酒"闻名全省。

华山创意园区内最主要的地标为酒厂锅炉室的烟囱，内部建筑由东至西分别为：乌梅酒厂、四连栋、车库工坊、包装室、米酒作业厂、果酒礼堂、高塔区、锅炉室、蒸馏室、维修工厂、行政大楼、警卫室及红楼区等。目前厂区内旧有建筑都被完好地保留下来。

1997年各领域的艺文界人士开始利用闲置10年的台北酒厂，将它发展成一个多元的艺文展演空间。自1999年起，台北酒厂正式更名为"华山艺文特区"，成为提供给艺文界、非营利团体及个人使用的创作场域。

目前华山由文建会经管。文建会于2002年3月起补助台北市"都市发展局"办理"闲置空间台北酒厂华山艺文特区再利用计划案"，进行区内的景观改善与艺文展演环境的重点整备，并已于2002年11月完工启用。2003年年底开始委托"橘园国际艺术策展股份有限公司"继续经营，除原有前卫艺术展演外，并引入设计、流行音乐等文化创意元素及活动，华山的能量逐渐累积，原有的空间规模渐感不足，且有多栋建筑物因老旧而有漏水或倾圮的危险。文建会于是在2004年初同步进行短期修缮及长期拓展计划，经过一年封园全面整修之后，结合了旧厂区及公园区的"华山文化园区"，于2005年底重新开园，先行将其提供给艺文界及附近社区居民使用。

在"华山艺文特区"时代，华山一直受到艺文界的重视与关注，也逐渐将这块艺文基地塑造成为具有原创性、实验性、当代性的跨领域创作展现场域。随着文化创意产业政策及内涵的逐步明朗，客观环境条件中消费人口对于创意产品需求市场热络，具有市场优势的消费者导向艺文活动日渐丰富，加上台湾从事文创产业者实践经验的累积，已能将文化与消费、前卫与通俗等文化活动属性进行创造性地结合与推展。目前华山文创园区的总面积约为7.2公顷。

2006年基于园区经营的成效压力，文建会决定以"促进民间参与公共建设法"将华山地区分为三部分委托外界经营，官方力量几乎退居幕后的协助与监督功能，空间经营由管理单位来主导，试图将华山园区重新定位为具有明确"产业战略"目标的产业园区，目的在于开拓广大的消费市场与附加价值。以下将分项说明：

（1）文化创意产业引入空间 ROT 案①

文建会委托民间机构经营华山，由民间机构向台湾当局租赁华山地区现有设施，予以扩建、整建后营运；营运期为15年，成果良好可延长10年，营运期届满，营运权无偿归还台湾当局。中标的营运团体盈亏自负，并且于营运期间支付当局营运权利金与土地租金。2007年ROT案由远流出版有限公司领衔，偕同仲观国际股份有限公司及国宾大饭店股份有限公司共组的企业联盟"台湾文创发展股份有限公司"取得经营权。

在功能上，文建会从产业战略出发，将之定位为以消费为目的的文化创意产业通路与营销平台。通过委外经营的方式由营运团队建构园区的风格与商品、服务组合，试图从消费端切入，建构一个高附加值的文化消费园区。②

（2）文化创意产业旗舰中心 BOT 案③

2008年华山园区西侧的刑事警察局借用期满，计划在此地重新兴建上万坪的文化创意产业旗舰中心，并由民间机构投资、兴建、营运。此计划为期长达30年。在内容方面，文建会将整合出版、影音、媒体等数字内容及文化消费活动为主要开发与引入范畴。该计划案于2010年5月由远流出版集团王荣文领衔的"台湾文创旗舰联盟"取得经营权。

台湾地方政府希望通过这一具有文化体验消费功能的地标建筑，整合文化创意产业的主流品牌，建构国际交流平台与本土品牌深化基地，同时，通过楼层的

---

① ROT（Reconstruction Operation Transfer）指，由台湾当局委托民间机构或由民间机构向当局租赁旧建筑物，予以扩建、整建、重建后并营运，营运期满，营运权归还当局。
② 李宛真：《文化创意产业、国家与艺术家：华山创意文化园区的分析》，台湾政治大学国家发展研究所硕士论文，2010。
③ BOT（Build Operation Transfer）指，当局提供土地，由民间机构投资兴建并营运，营运期满，该建设所有权移转当局。

分配，规划一定空间给艺文团体和文创者作为工作室，建构一个完整的创意扶植系统及展销通路。而未来官方所规划的主体设施包含：内容文化品牌营运中心、创作工作室及后制工作室、创投与文创产业媒合服务中心、创意交流发表广场等。

（3）电影艺术 OT 案[①]

此计划由当局投资新建完成之后，委托民间机构营运；营运期届满后，营运权归还当局。文建会提供经管的土地及附属设施，民间机构盈亏自负，委托营运期为5年，期满前一年须向文建会提出申请，经审核通过后可继续营运。2007年此规划案由导演侯孝贤担任理事长的台湾电影文化协会团队取得经营权。在功能与定位上，电影艺术馆旨在提供本土片、纪录片、短片、独立制片、非商业性电影的映演空间，建立创作者发表及交流渠道，并推广电影艺术及人才培育。然而，此计划案虽已于2007年招标完成，但由于文建会缺少建筑工程人员专业及协调机制，在正式交付营运单位前，遭遇未知的硬件规划失误、老旧建筑申请建筑执照不符规定的困境，以至于必须全盘重新规划，延宕时程，目前预计2011年可交付营运团队经营。

为有效发挥华山园区产业集聚效应，当局与委外营运团队共同推展下列工作：

（1）举办年度创意生活主题活动或竞赛，并邀企业赞助合作，增进消费者对台湾生活创意产品的认同；通过介绍台湾外生活创意品牌的趋势研究，建立市场流通性。

（2）形塑台北文创产业轴带。整合华山创意文化园区、松山烟厂、建国啤酒厂、台北"故宫博物院"等文化创意产业园区资源，结合沿线文化设施、时尚设计街区、科学园区、软件园区等场域。其中，松山烟厂以设计产业及视觉艺术产业为主轴；建国啤酒厂以"啤酒文化园区、产业活化保存"为规划方向，发展创意生活产业；华山园区则以"时尚、前卫、实验"与"玩乐、享乐、娱乐"为规划主轴。以整体策略、定位及营销方案，打造台北都会中心之"双L"轴带，将带状园区产值及经济效益优化，并推动创意城市产业集聚效应。

[①] OT（Operation Transfer）指，当局投资兴建完成，委由民间机构营运，营运期满，营运权归还当局。

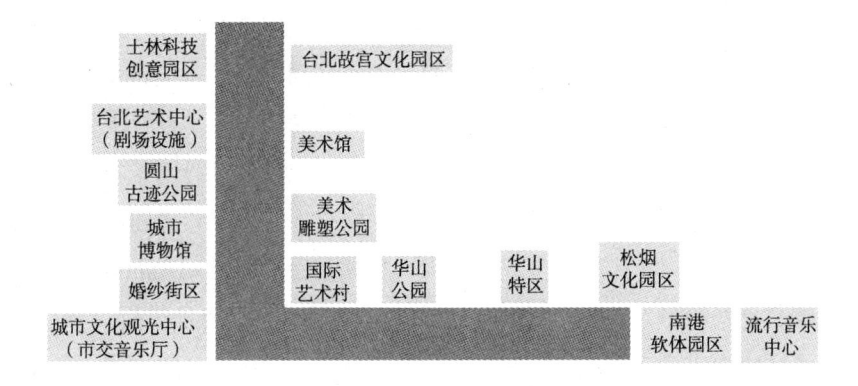

图 2　L 形文化创意产业发展轴带

资料来源：台北市文化局。

（3）办理"华山艺创节"。每年固定一个月以城市生活为主题，邀请台湾外重量级表演艺术团体，包括全新创作、街头节目、游行会演等，创造台北的亚维侬艺术节庆氛围，①让华山成为华人世界最具实验精神与开创能力的艺文场域。同时，每年邀请国外艺术经纪来台，促成台湾表演艺术节目输出，扩大台湾表演团体在台湾外的文化影响力，带动城市营销与观光效应。②

2. 花莲创意文化园区

花莲文化园区地址为花莲市中华路 144 号，位于花莲市中华路与中正路交界路口，园区总面积计 3.3551 公顷。花莲创意中心的前身为花莲酒厂，在 1988 年结束旧厂业务将厂房迁至新厂，同时也结束旧花莲酒厂 60 余年的制酒历史。旧花莲酒厂原址，除配销所继续使用外，其余土地已闲置 10 多年，目前由文建会规划为花莲创意文化园区，为台湾五大文化创意园区之一。花莲县"工商旅游局"于 2002 年 5 月完成"花莲旧酒厂历史风貌公园规划案"，以地方产业振兴与本土居民生活需求的角度，提出酒厂再利用的构想，并希望通过花莲酒厂旧址更新再利用以及酒厂周边环境整备，来带动逐渐没落的花莲旧市区都市化改造。

2004 年 12 月，花莲县"文化局"完成"花莲旧酒厂创意文化园区整体规划、

---

① 亚维侬艺术节，即 Festival d'Avignon，源于法国历史古镇亚维侬。
② 引自"行政院"文化建设委员会（2010）。

建筑环境暨使用需求调查案",作为园区各项建设与建构各项计划的基本依循。

目前,已完成的工作项目有:园区整体发展计划、园区土地转移工作、园区历史建筑修复计划暨调查研究、园区地质钻探、园区历史建筑修复工作、花莲文化创意产业研究报告和"花莲创意文化园区委托经营管理案"等。

花莲创意文化园区行政办公厅、餐厅、原料仓库等四栋历史建筑改造工程于2006年10月完成,并于2007年6月开园。花莲是台湾旅游观光的重要景点,因此,文建会花费相当大的心力延揽专家学者,利用旧酒厂遗址进行调查与整建,期待将园区建构成花东地区国际观光旅游起点,以带动本土产业发展。营运单位橘园表示,目前营运空间规划为酒厂生活文化馆、小米酒剧场、糖蜜馆与红露馆,以及黄鸡广场。

花莲创意园区的定位主要包括以下两个方面:

(1) 花东地区国际观光旅游起点。规划设置创意文化园区必须具备国际视野,花莲在这方面具有相当好的优势与潜力。以花莲每两年举办一次的"花莲国际石雕艺术节"为例,2003年,参观人数已达10万人次,到了2005年,由于"花莲国际石雕艺术季"同时被纳入文建会"2005年福尔摩沙艺术节",参观人数更超过12万人次。由此可见,花莲艺术文化活动与观光产业相辅相成的效果。在落实国际观光旅游的愿景的同时,把花莲文化园区建构成为花东地区国际观光旅游起点,仍有很大机会。

(2) 创造花莲酒厂工业遗址再生契机。花莲旧市区缺少大型的艺术展演空间,造成文化艺术活动相对缺乏。因此,利用园区工业遗产空间,结合"文化创意产业"的政策及东部地区"观光产业"的发展主轴,引进良好经营行销策略,整合本土的文化资产、历史地景、社区营造等,让花莲地区的人文艺术产业在园区开花结果。

园区的愿景包括:带动园区周边环境的重新改造;将未来园区发展成人与自然和谐共生的场所、生活与体验的空间;呈现花莲地方特色与形象认同等。未来的园区形态在人与自然、新与旧、工业与生态之间,营造出一种新的空间体验,传达一种"生活"态度,为地方带来经济利益与文化活动的正面形象,进而产生认同。

花莲是台湾各县市中拥有最多族群居民的地方,特别适合举办一个融合多元文化的音乐节。同时,花莲作为一个国际性的观光县,每年吸引了成千上万的国际观光客。文建会由此定位花莲创意文化园区为音乐原创中心，不但在花莲创意文化园区特别设置了创作音乐练团室、录音室及音乐展演空间等，更希望台湾甚至世界各地的音乐创作人都能在此交流创作。

花莲创意文化中心于"2010原声音乐节"开始，致力于培植"原创音乐产业"。通过"原声音乐节"的举办，即希望借由最具感染力、跨越国界的音乐能量，集结花莲的原创音乐人，通过系统性的活动让"原声音乐节"成为花莲的知名活动品牌，吸引国际观光客，让花莲成为世界原创音乐爱好者的朝圣地，进而带动观光及艺文产业。[1]

3. 嘉义创意文化园区

嘉义旧酒厂兴建于1923年，原为高粱酒厂，是台湾唯一生产高粱酒的地方，位于嘉义市商业活动频繁地区，于1999年迁移嘉义民雄工业区。酒厂建筑物及设备于第二次世界大战时被破坏，光复后由台湾"专卖局"接收修护至今，已有70多年的历史，且保存完好。嘉义县市拥有丰富的农渔业资源，除了将精致休闲农业列为重点发展产业外，"嘉义市综合发展计划"中将生化科技、艺文产业、观光产业作为未来嘉义市重点扶植产业。目前嘉义创意文化园区总面积约为3.985公顷。

嘉义创意文化园区被定位为"嘉义传统艺术创新中心"——云嘉地区"内发型"、地缘化、永续经营创意产业发展平台。其总的发展目标是，发挥嘉义园区地理位置和人文涵养之优势，进而实践传统技艺与传统技术的转型及创新。这里保存了台湾最完整的制酒业传统技艺，包括手工艺和表演艺术。此外，亦可以连接嘉南一带的观光资源，如阿里山的森林生态与嘉南平原丰沛的地域性农耕生态，进行本园区的进一步发展。

嘉义文化创意产业园区的产业计划为：借由地方文化活动、文化创意交流计划等相关活动举办及经营管理人才培训计划、文化创意产业推广及交流计划，以提高文化活动参与度，促进各领域间的交流，通过教育培训推广课程深耕本土文化，协助地方文化组织或团体保存及推广本土文化产业。具体来说，包括以下四项：

（1）以嘉义文化创意产业区域性及本土特色为基础，联结嘉义境内以工艺

---

[1] 引自"行政院"文化建设委员会（2010）。

（嘉义交趾陶、石猴）、创意生活及木家具设计（阿里山木业）、视觉艺术及音乐（嘉义国际管乐节）为主的诸多艺文资源，加上艺文空间的嘉义市铁道艺术村、交趾陶博物馆、嘉义县蔗埕文化园区（蒜头糖厂）、台北"故宫"南院等，并纳入历史特色的嘉义旧监狱、阿里山林业村、邹族文化园区等，另结合本土文化观光资源，如兰潭风景区、阿里山台湾风景区及曾文水库等相关资源产业，期望达到文化创意产业整体区位发展、人才及产值全面提升的卓越绩效。

（2）结合嘉义大学、中正大学等本土学术研究资源，建置嘉义区域产学合作机制，以嘉义园区为中心基地，引入创新辅导团机制，促进地方文化产业升级、转型、创新。

（3）每年度选定区域内具有产业发展潜力的产业，例如工艺产业、创意生活及木家具设计、视觉艺术及音乐产业等，投资开发创新资金，形塑品牌形象，推广至台湾以外的市场。

（4）每年度筹办嘉义区域联合传统艺术加值应用商展及相关节庆活动，推介本土艺术家及文创业者参与展览。该活动还包括邀请台湾以外知名文创业者及工作者共同参展，提供艺术家及业界人士观摩、合作开发、展售及交易平台，同时举办艺企交流活动，加强接触网络，开发跨业合作机会。[①]

4. 台中创意文化园区

台中酒厂的前身是"大正制酒株式会社"的台中工场，曾以生产米酒及清酒著称，目前它仍是台湾历史最悠久的酒厂。酒厂的生产厂房于1999年迁移至台中工业区并建造另一批新厂房，而遗留在台中市南区的旧址并未拆除，因此仍保有具时代特色的建筑物、制酒工具及机具。2000年台中市"文化局"邀集专家学者评估后，将其指定为古迹。自文建会接管以来，将其规划为"文化创意园区"，并从40栋酒厂建筑中挑选8栋，用作工作坊、展览空间、小型实验剧场及多功能会议展演中心，并向设计及创意方向进行开发。从汇集各中部地区设计系所的创意及轻工业厂商的生产力出发，成为全台第一个"台湾建筑、设计与艺术展演中心"。台中创意文化园区总面积约为6.188公顷，位于台中市南区与台中后火车站西侧相邻，酒厂旁的民意街乃市府规划的"民意街观光夜市"。

这些建筑历史悠久，大多具有艺术价值与历史价值。按照逢甲大学建筑系的

[①] 引自"行政院"文化建设委员会（2010）。

"台中酒厂旧址保存与整体再发展"研究,从建筑样式、构造技术、空间特性及保存现况等方面评估,建议未来可进一步保留包括7号仓库、锅炉室、礼堂、米酒半成品储酒库、酒类原料仓库、米酒酿造工厂等6栋建筑。为求完整保存酒厂生产流程与作业空间,酒厂全区于2002年经台中市政府登记为历史建筑。

台湾当局预计发展台中园区为"台湾建筑、设计与艺术展演中心"(Taiwan Architecture, Design and Art Center),以建筑、设计与艺术为主体,其主要用意在于促成台湾与世界建筑设计产业相接轨,强化建筑与设计的专业领域,培养全民空间美学,将台湾提升为亚洲创意设计产业重镇。其详细计划如下:

(1)园区整体开发推广

台中园区第一期已完成八栋建筑物整修及修缮工程,并已举办相关主题活动及文化创意产业进驻。第二期计划着重在其余历史建筑修复再利用整备工作、基础电机工程建置、公共服务设施建置及建筑、设计展览馆建置等,期望提供园区完善之设施,吸引相关文化艺术工作者、经营者进驻及举办文化创意活动,促进交流及发展机会。

(2)经营管理计划

拟订园区相关空间引入民间参与投资研究计划、自行营运业务推展及执行评估的规划工作,期望通过相关空间委托外界经营模式,创造多元化的园区环境及推广本土文化的永续发展。旧台中酒厂遗留下来的重要历史建筑及产业遗迹是五大园区中保存最完整的一个,将来通过"园区生命史"的主题展示,强化文化创意场域的特殊空间氛围。

(3)建筑及设计产业推广及人才培育

结合台湾地区建筑、设计等相关系所的大专院校办理创意设计市集,并邀请国际建筑设计工作者进行经验分享,举办工作营及体验营以达到交流与学习的目的,建立台湾建筑与设计研究发展智库,并整备园区作为数字建筑及创新设计创意产业交流的环境。

策办国际研讨会:结合数字建筑与创新设计、文化资产相关领域,举办都市与建筑发展、流行设计发展趋势、数字文化资产、创新设计等研讨会,为文创产业寻找出适当的发展契机。

参加及争取主办建筑、设计国际年会:通过国际建筑与设计会员国的参与,达到国际文化交流及人才培育的目的。

办理数字建筑、创新设计与艺术国际展览、竞赛等活动：通过建筑与设计展览的举行，提升人们视野，并借由国际竞赛的举办为台湾建筑及设计产业注入新的活力。

办理园区文宣、营销与出版：配合相关展览与研究，出版期刊及专辑等，以建立专业智库。

办理园区义工招募与培训：建立园区义工家族，协助各项活动的进行。

辅导相关团体举办数字建筑与创新设计文化创意产业推广及教育工作，补助并协助地方团体举办建筑与设计文创产业推广及教育活动。

（4）文创产业区域整合及集聚计划

依据台中市"文化版图"，未来七期新兴的"国际文化艺术园区"（包含规划中台湾歌剧院及新市政中心）、西区的中部科学园区、规划中"水滴机场国际展览园区"、北区的"大坑生态园区"及南区的"台中创意文化园区"，将呈现不同的功能角色并达成都市均衡发展状态。

台中创意文化园区将结合外围的台湾美术馆、自然科学博物馆、台湾工艺研究所（台湾工艺文化园区）、台湾交响乐团、台中图书馆、中兴大学及20号仓库艺文特区等，形构中部文化圈整合发展计划，带动旧都市地方经济再发展，亦达到资源共享及产业集聚效应。

推动中部文化圈整合营销推广计划：规划文化深度（文化创意产业、文化资产、闲置空间）旅游行程套餐，以园区为出发点，结合中部文化圈各馆舍组成策略联盟，并串联地方特色，以带动区域整合与文化学习之效。

设立专属营销宣传品平台：为达到中部文化圈整体形象及宣传之效，以园区为主，整合中部各馆舍信息，促进资源共享、共同营销。

每年依不同主题办理中部文化圈年度博览会、竞赛、艺术展演等活动。[1]

5. 台南创意文化园区

台南创意文化园区原为台湾烟酒公司台南营业处，2006年10月17日完成搬迁事宜，并由文建会接管。台南创意文化园区以地区生活与文化特性为主，规划六大发展方向——艺文扩散中心、文化育成中心、知识整合中心、价值创新中心、利润管理中心，以及交通服务中心，涉及文化、经济和交通三个部门。其园

---

[1] 引自"行政院"文化建设委员会（2010）。

区定位可以用"文化生活与产业环境之整合创新平台"来形容，总面积约为0.97公顷。

台南创意文化园区被定位为"台南创意生活媒体中心"，旨在发展"文化生活与产业环境之整合创新平台"，以媒体中心作为创意启动器。该园区位于台南市，有多元的历史文化及丰沛的观光资源，园区面积虽不大，却位居枢纽，紧邻台南火车站，具有一定的发展潜力。

综观台南旧酒厂所处的地缘条件、历史氛围与人文素养、设计创意等资源，台南创意生活媒体中心将以生活创意（设计及时尚设计产业）、食玩和游乐创意（文化及观光特色产业）以及技艺创意（文学、影音及动漫产业）为三个创意生活方向，提供展示、推广、培育、销售的功能，以多媒体方式呈现创意生活，成为南台湾创意产业的整合创新平台，实现科技与创意相结合、提升视觉媒体创意人才水平、培育市场导向专业人才及提升国际地位的目标。

（1）经营管理计划

以推动民间参与投资、委托营运管理团队等为主，期望通过民间参与及优良团队进驻，促进创意文化园区的推展。

以台南园区场域作为发酵点，举办国际动漫展、竞赛及研讨会活动，作为台湾外动漫及数字产、经、学界交流与对话的平台，更进一步促成台湾以外动漫产业、资本、技术、教育等市场资源的合作，引发台湾动漫数字产业集聚效应，让动漫产业不仅能扎根台湾，更能放眼全世界。

（2）文创产业区域整合及集聚计划

以台南创意文化园区为主轴，结合文建会附属机关台湾文学馆以及台湾历史博物馆等馆舍园区既定发展目标及区位特色，联结台南境内以时尚、设计及数字内容产业为主的永康创意设计园区、萧垄文化园区等，纳入历史特色的总爷街文化园区、孔庙文化园区、安平港历史风貌园区及赤崁楼等，并结合本土文化观光资源，如海安路、台南运河等，以台南县市文化创意产业轴心概念串联并整合境内时尚、设计及数字产业，动漫、文学及影音产业，文化及观光产业以及历史风貌产业等相关资源。①

2009～2010年五大文化创意产业园区（华山、台中、花莲、嘉义、台南）共

---

① 引自"行政院"文化建设委员会（2010）。

计办理 2014 场活动，总计约有 234 万人次参与。表 5 是对五大创意园区 2009～2010 年主要活动的一个总结。

表 5　2009～2010 年台湾五大文化创意产业园区活动情况

园　区	2009 年成果	2010 年成果
华山园区	举办"汉字文化节"、"华山季节风"以及"台湾设计师周"等超过 381 场的活动，共吸引 423294 人次参与	举办"台北国际玩具创作大展"、"华山艺术生活节"及第三届"简单生活节"等 496 场活动，共吸引 661612 人次参与
花莲园区	举办"原声音乐节"文创展演活动，举办超过 200 场活动，吸引共计 64740 人次参观	举办"秋乐暖身音乐祭"及"原声音乐节"等计 483 场活动，共计吸引 263680 人次，引起极大反响
台中园区	举办园区揭牌开园活动暨安龙谢土民俗活动、"第七届台湾设计博览会"及"台中市 2009 小区文化季"等约 15 档活动，全年吸引 500000 人次参观	举办"创意生活节活动"、"2010 设计艺术季活动"等约 419 档活动，吸引约 400000 人次参观
嘉义园区	举办"涂鸦彩绘节"、"重新·从心——嘉义工艺创作展"等 6 档活动，吸引 12850 人次入园参观	举办"掌中传奇·风起云涌——云嘉南掌中戏联展"等 13 场活动，共计吸引 6736 人次入园参观
台南园区	举办"2009 国际动漫交流大展"活动，计吸引近 13000 人次入园参观	

资料来源：综合整理台湾 2009～2010 年中时电子报，联合新闻网。

五　台湾文化创意产业的区域合作

（一）与港澳的合作情形

从观光旅游、经贸到流行文化、艺文活动，台湾和香港始终保持密切的互动和往来。在台湾与大陆积极开始全方位交流之后，台港之间的合作开始出现微妙的变化，尤其在文化交流方面，双方都意识到必须有新的观念和做法，携手合作，才能开创出新的局面。

就文化交流而言，台湾和香港在电影、音乐、剧场艺文演出等领域，几乎都可以用"伙伴"关系来形容，双方的名字出现在对方作品里是相当普遍的现象，而"互补不足"则是彼此合作的最大原因。以表演艺术为例，香港在技术层面的表现最为出色。美术大师叶锦添就认为，两岸三地中，以香港的技术做得最到位，不仅快速抓住市场焦点，同时具有国际水平；台湾方面则在文化深度上占有优势。长期与香港剧场导演林奕华合作的音乐人陈建骐认为，台港文化互补性相当高，各有擅长，每次合作都是很好的相互学习机会。

这样的互补性合作模式，多年来为华语市场创造不少多元创新的展演节目，丰富了内容的观赏性。但长期下来，碍于票房压力，却也迫使大家只能顾及演出节目的好坏，对于更深入的制度面建立、人才培养疏于关注。

对台港两地的艺文环境有一定观察的香港"进念·二十面体"行政总裁胡恩威曾指出，除了演出节目之外，台湾和香港在文化制度上、艺术行政管理人才培养、文化研究的交流几乎没有进展。面对大环境越来越庸俗化，单纯停留在技术面的合作，已经不足以解决台港文化交流所遇到的瓶颈。他以云门舞集为例，云门舞集在香港的影响力绝对不仅是演出而已，如果能有更多教育上的合作，相信影响的层面会更深远。

台港文化交流的缺口，有很大一部分的原因来自于官方未介入。但随着两岸关系正常化，台湾和香港面对大陆的崛起，以及庞大的华文市场商机，双方都意识到彼此必须有更积极深入的合作，才能顺应未来的发展。

1. 财团法人台港经济文化合作策进会与港台经济文化合作协进会

2010年，台港分别成立了"台港经济文化合作策进会"（下称"策进会"）与"港台经济文化合作协进会"（下称"协进会"），积极推动经贸和文化交流。特别是在文化层面上，通过台港文化高峰论坛的举办和制度平台的建立，让专业文化人士与年轻创意人才进行互访和研究，期望在共同的文化与文字基础上，以全新的华人文化风貌走向国际。

台湾策进会文化委员会召集人徐莉玲说："希望未来能够有一个华人文化影响全球，这样的雄心要建构在一个很坚实的、两地的基础上……就最早接触国际的、混血的、多元的这个两地力量有没有结合是很重要的，我们很希望能谈到一些很落实的做法，使得将来我们这一辈搭的这个平台、搭的这个桥，使得下一代最终可以真的把华人文化精华,能够展现出新貌来。"[①]

台湾和香港的交流向来不乏热情,少的只是制度面的整合,策进会和协进会的成立是第一步,外界更期待双方能建立共识,付诸行动,以"新"的视野和作为为台港文化交流打下坚实的基础。由此,文化合作委员会于2011年5月举办第一届台港文化论坛。

针对文化艺术展演产业,策进会和协进会达成提供具体合作方案共识,如台北艺术节及香港艺术节相互提供资源,或交换优质节目,以及公开邀请双方表演艺术工作者互往交流,分享与交换创作经验。针对影视及数字内容产业,双方则同意进一步探讨未来合作面向,包括邀请台湾青年学子参加香港国际动漫研习营,鼓励香港年轻人来台参加文学营,带动台港独立制片的创投资与发行渠道,以及组织香港代表团参加金马奖期间举行的创投会等。

为了促进台港深层的文化社会交流,策进会已于2010年底公布实施"奖助台港文化讲座"、"奖助台港文化创意类学生交流"等两项办法。2011年首批计有长庚大学等8个学校及团体获得补助,设定办理青年实习活动计划目标至少100人次,并促成至少10场讲座及展演活动。

未来合作目标与计划包括:每年原则上互访各1次,每年轮流举办论坛1次,建立文化创意合作平台,共推青年交流,积极促成以台湾或香港文化创意为主题的讲座、展演、会展活动,以及加强双方文化创意宣传。同时促进台港文化创意经纪媒合机制,系统性培植双方文化创意新秀,协助双方知识产权/知识产权团体的合作以及打造华人创意品牌,共创文化创意产业链。

2. 台北国际书展与香港书展

台北国际书展和香港书展,是不受出版与书报审查制度限制的、目前世界上仅有的两个最大规模的华文书展。

(1) 台北国际书展

台北国际书展(Taipei International Book Exhibition,TIBE)是每年春季在台湾台北市举行的专业性出版品展览会,由台湾"行政院新闻局"主办,其前身为"台湾书展",于1987年12月15日在台湾图书馆首次举行,主要以增进国际

---

① 王宗铭:《台港文化合作论坛5/17登场陆委会:盼打造华人创意品牌》,NOWnews 今日新闻网,http://www.nownews.com/2011/05/12/11490 - 2711981.htm。

出版品的交流为主轴，1990年起，固定于台北世界贸易中心展出。截至2011年，该书展已成功举办十九届，并且展览规模大幅增加，未来也有移往台北南港展览馆进行展出的可能。

台北国际书展目前是台湾规模最大，亦是亚洲第一大、世界第四大的国际级图书专业展览，次于德国法兰克福、意大利波隆纳、美国BEA世界三大书展。1987年第一届台北国际书展就有香港地区的参展队伍，第二届大陆的和平书局亦前来参展。1996年第五届台北国际书展香港贸易局贸易部主任胡景邵来台湾拜访"行政院新闻局"，希望借由组团参展的方式，争取设置"香港主题馆"。

（2）香港书展

香港书展（Hong Kong Book Fair）由香港贸易发展局主办，是亚洲大型书展之一。香港书展自1990年起举办，每年7月在香港会议展览中心举行，是香港每年夏天的一项盛事，为出版界提供推广新书的平台，为读者提供接触新书及会见作者的机会。由于入场费便宜，每年香港书展都吸引大批市民和游客进场。不少书籍会选择在书展期间出版，并在书展内举行作者签名会，为新书宣传推销。书展每年都会与多家出版社、专业机构合作，确定一个独特主题，并围绕主题举办各项活动。①

由于香港的独特背景，两岸三地的出版商可同时参展，亦有部分来自东南亚和其他地区的出版商参展。1997年开始，书展举行"国际版权交易会"及"印刷服务展览会"。然而，随着书展的零售成分逐渐被注重，版权交易已甚少在书展中进行，而且书展也没有专为业界人士而设的参观时段。2010年，主办机构香港贸易发展局加强与内地和台湾旅行社的合作，将书展加入访港行程中，鼓励旅客前来采购书刊并参与文化活动。

2011年，台湾出版界组成百人参访团参与香港书展，设立了90个摊位，面积较2010年增加了8%，参展商数量增加了42%，共展示近两年台湾出版的1000多种、共13000多册图书。台湾图书出版事业协会理事长陈恩泉在会上宣布，借此港台交流机会，台湾出版界社团组织将研议成立"中华出版总会"，在

---

① 廖炳棋：《2004 国际书展 香港联合出版来台参展》，2004年1月21日《台湾立报》，http://www.lihpao.com/? action - viewnews - itemid - 68825。

两岸四地交流中扮演更积极的角色。目前,台版图书仍能拥有三四成的香港市场占有率,这也是台湾出版业每年踊跃参加香港书展的原因。

3. 香港报刊占领台湾市场

所谓"狗仔队",有人以"以窥探名人八卦隐私炒作新闻"来形容。港台影剧娱乐圈近年来从欧美移植"狗仔队"风潮,小报传媒记者24小时紧盯演艺名流生活,窥探八卦绯闻隐私,作为新闻报道素材,满足注重八卦品位的民众。近10年来,香港的这类报刊开始大肆入侵台湾媒体市场。

香港壹传媒出版有限公司台湾分公司于2000年12月正式成立。台湾《壹周刊》于2001年5月正式面世。《壹周刊》挟雄厚资金和计划战略,收编《明日报》媒体精英,并以"狗仔队"采访战术进驻台湾,攻占台湾媒体市场。财大气粗的《壹周刊》引起台湾当地几大报纸、周刊与月刊杂志业者的惊慌,于是港台双方展开新闻媒体攻防战,甚至引发发行渠道营销战。《中国时报》、《联合报》展开坚壁清野,封杀《壹周刊》发行渠道,迫使《壹周刊》重新开发发行渠道。《壹周刊》进驻台湾,创刊号一周内以1亿元广告预算,打出"狗仔队"形象广告,广告中被影射的名人变成热门新闻话题,20余万份《壹周刊》一上市便告罄,以营销策略与新闻战略攻占台湾媒体的滩头战。

从媒体多元竞争的角度,《壹周刊》的创刊带给台湾媒体巨大挑战——不仅是采访战,也包括媒体编排战、广告营销战,这是港式媒体与台湾媒体的总体战。《壹周刊》企图混合周月刊的形式议题,同时结合港式营销战略和"狗仔"新闻战术。《壹周刊》带给台湾媒体许多挑战刺激,给报纸、杂志带来竞争的压力,如"狗仔队"新闻战术运用,创刊号引发的新闻战,杂志内文撰写内容与图表运用,对台湾媒体都是新的刺激。

《苹果日报》为香港上市公司壹传媒在台湾发行的繁体中文报纸,以香港《苹果日报》为蓝本。2003年5月2日创刊当天,《苹果日报》的销量远超当时市面上其他台湾报纸,以全彩印刷和低价快速抢下大量台湾市场。[①]《苹果日报》的最大特色是着重图片及可视化图表,并采用一般报纸所没有的全彩印

---

① 当时大部分的主要报纸都为了与《苹果日报》竞争,由售价新台币15元降价至新台币10元,而《苹果日报》刚上市时以新台币5元促销,到下月调整至新台币10元。

刷，印纸量和周末版的《纽约时报》相似，目前为台湾最具影响力的报纸之一。

由于《苹果日报》由香港壹传媒管理，故带有非常浓厚的壹传媒风格，也就是以图片为主、文字为辅的报道方式，且常以大版面图片或照片置于头版，吸引读者。另外，《苹果日报》亦相当重视八卦新闻，常以头版或大篇幅报道，此一特色常引起台湾社会对该报纸的争议。统计数据显示，目前台湾报纸的占有率是：《苹果日报》和《自由时报》互争第一名，而《联合报》、《中国时报》在第三、四名之间竞争。

此外，2008年10月世新大学新闻传播学院进行的"媒体风云排行榜"结果显示，民众最常阅读的报纸是《苹果日报》，其在报道最详细、内容丰富多样、最优质等方面皆居领先地位，在对个人影响力最大的报纸调查中，《苹果日报》以18.5%居首位，对社会影响力最大的报纸也是《苹果日报》。

（二）两岸合作情形

1. 深圳文博会

中国（深圳）国际文化创意产业博览交易会（以下简称"文博会"）是中国唯一的国际化、综合性文化创意产业博览交易会，也是中国唯一获得UFI（国际展览联盟）认证的综合性文化创意产业博览交易会，同时被列入《台湾"十一五"时期文化发展规划纲要》重点扶持的展会之一，足见台湾对深圳文博会的重视。

深圳文博会从第五届（2009年）开始设立专门的台湾展馆，具有促进两岸文化交流的重要意义，颇受好评。台湾馆内参展商和参展企业从第五届的14家，到第六届（2010年）的62家，再到第七届（2011年）的81家，参展台商大幅度增加，前来参观的市民和专业观众也越来越多。文建会规划以台湾工艺研究所为主体参展深圳文博会，以强化台湾工艺时尚设计，以充分展示台湾文创精品的形象。

最新第七届（2011年）台湾馆的展区主要包括三方面内容：一是台湾的文创精品，重点展示台湾较为知名的工艺品。其中，台北"故宫博物院"联合9家公司展出博物馆衍生商品，巧妙地融合了中华文化，受到很多专业人士和普通消费者的青睐。二是针对"六一"儿童节设立益智童玩区，大多为DIY儿童用具,以增加现场互动性。此外,近年来广受欢迎的近景魔术也来到了文博会舞台。因春晚走红的刘谦等每天在现场表演1~3场,赢得了不少粉丝。

参观民众除了称赞作品的设计感强外,最多的赞美集中在展商超强的推销技巧和高端的服务品质。台湾馆组织方台北世贸中心服务业推广中心主任张正芳认为,前期备展时展商的筛选和推广也是第七届(2011年)台湾馆受欢迎的主要原因。在前期邀请台商参加文博会时,共有162家企业报名,经过多次商讨,最终挑出81家。首先,这些企业具备一定的出口能力;其次,其展品内容符合展示规划;另外,创新力也是评判的重要准则。[①]

台北世贸中心初步统计,2011年该馆的参展厂商共获得商机约1800万美元,多家厂商与当地业者已签订合作代理,如圣基创意股份有限公司与学之友教学仪器公司签订合作代理,前者设计发明"听不累新概念耳机"与深圳学之友公司的电子屏幕共同合作推广,估计在深圳每年将有1.6亿元人民币的市场规模。此外,2011年台湾馆再度获得文博会主办方颁发的优秀组织奖及优秀展示奖,还获得首度评定的五星等级。

2. 客家文化

广东省梅州是客家民系最终形成地和最大聚居地之一。在世界客属第十二届恳亲大会上,梅州被尊为"世界客都",成为维系全球客家人情感认同和文化根基的精神家园。据不完全统计,在台湾的客属同胞有500多万人,其中梅州籍台胞就达180万人左右,梅州是台湾客家籍同胞的祖籍地。

客家人有自己独特的语言、文化习惯和建筑风格,福建、广东一带客家人所居住的"客家土楼",已经列入世界文化遗产。广东客家博物馆位于广东梅州市区客家公园内,是收藏、研究、展示客家人文历史的综合性博物馆。广东客家博物馆构建了全球客家人寻根问祖和文化交流的平台。经台湾文博专家们考证,其是台湾唯一收藏、研究、展示、传承客家文化的专题博物馆,是中国唯一代表客家历史文物和民俗文物研究成果及研究方向的场所,是中华汉民族诸多民系中唯一的民系文化专题博物馆。馆刊《客家文博》被台湾认定为唯一的专题性挖掘、整理、研究客家历史文物及客家民俗文物的学术刊物。

广东客家博物馆总投资1.3亿元,占地163.2亩,建筑面积1.5万平方米,

[①] 《文博会大家为啥爱逛"台湾馆"?》,http://sz.bendibao.com/news/2011516/301122.htm。

由主馆和黄遵宪纪念馆、大学校长馆、将军馆3个分馆组成。值得一提的是，大学校长馆共展陈了228位梅州籍大学校长的生平事迹、学术成就及主要贡献，将军馆展陈1911～2007年的梅州籍将军达473位。据悉，开放后的广东客家博物馆将力求在三个方面发挥重要作用：一是传承和弘扬客家文化，成为客家文化的保存、展示、传播与研究中心；二是凝聚海内外客属乡贤，成为海内外客属畅叙乡谊的"亲情基地"；三是激活文化旅游经济，成为梅州文化旅游的新亮点、对外开放的新窗口。

第五届海峡两岸客家高峰论坛于2011年6月23日在广东省梅州市开幕，还举行"海峡两岸交流基地"的授牌仪式。梅州也成为广东第一个海峡两岸交流基地，促进了梅州及广东东部地区与台湾的交流与合作。

3. 流行音乐

台湾流行音乐在大陆占有一席之地，也时时刻刻影响着大陆年轻族群的生活。这股"台流"旋风不仅拉近两岸民众的距离，也让台湾的流行文化在大陆遍地开花。台湾地区的音乐融合了中、日、美等文化，既有社会开放，又有文化与反思，从20世纪90年代开始成为华语音乐中心。

台湾是从民歌开始走出自己的流行音乐之路。乐评人袁永兴指出，当大陆在"文革"时，台湾已经有"唱自己的歌"的诉求。1975年李双泽、1976年第一届金韵奖，这些从学生、知识分子发起的自发性运动，形成流行热潮，成为台湾创作力的源头。S. H. E幕后企宣、作词人施人诚说："台湾是中文保存的堡垒。"例如，李泰祥以诗补上流行音乐，高雅又流行，还可以在市场上大卖。联结后来的滚石唱片（三毛、齐豫）与飞碟唱片等，台湾音乐人创作了大量经典音乐，有许多歌曲至今在大陆都还流行。袁永兴分析，在这个时期，偶像与人文并存，李宗盛更将词曲质感往上拉。此外，台湾经纪公司不断创造新话题与新时尚，牢牢抓住年轻人的喜好，"造星能力超强"，因此大陆网友形容台湾是"产明星的地方"。[①]

台湾的流行文化也逐渐渗透到大陆社会各个层面。周杰伦许多歌词入选大学

---

① 任纹仪：《从邓丽君到周杰伦台湾歌曲征服大陆》，http：//www.epochtimes.com/b5/9/8/23/n2633370.htm；袁世佩：《唱出热血！华语歌坛中心在这里》，《联合报》，http：//udn.com/NEWS/NATIONAL/NATS1/6586151.shtml。

入学试题,其中《青花瓷》一曲五度入题;近年大陆选秀节目走红,不少都重金礼聘台湾音乐人担任评委,台湾的流行优势不但二次展现,连有些在台湾"相对落寞"的歌手艺人,顺势在大陆开展事业"第二春"。2011年大陆一些著名的选秀栏目,如"中国达人秀"、"快乐女声"、"中国音乐金钟奖",都有多位台湾音乐人的身影。

对于发展文化创意产业,一般认为两岸各有强项:台湾因多元文化和民主社会,具备较丰沛的创意元素及人才,而大陆的政策资源集中、内需市场广大,推展文化创意产业的动力及潜力十足。两岸文创产业虽有竞争之势,但也不无优缺互补的合作可能性。华人文化在世界有逐渐崛起之势,可能需更多地结合台湾的创意和大陆的市场,协助台湾业者拓展大陆的渠道据点,并共同提升双方创新的能力。然而,因文化创意产业涵盖层面相当广泛,不同产业有不同的生态、不同的发展阶段及不同产业属性的业者,也有不同的需求和目标市场。因此,在台湾当局引领台湾文创业者进入大陆市场时,应深入了解及评估各产业类别对于进入大陆市场的需求和各种可能途径,而非仅囿于参展一途。

两岸合作交流是不可避免的趋势,民间自发参与两岸的文创展会已蔚为风气,是市场自然发展状态。今后若是由台湾当局发起、带领业者赴大陆参展,除了要评量该展会属性邀请具代表性的业者参与,亦应制定参展主轴,并作为整合平台,以与民间团有所区隔,并呈现政策主题。[①] 台湾应针对深圳、上海、北京三大博览会的年度参展机会,应设立常设性的策展组织,以期能有效整合台湾文创产业力量,善用文博会平台,除能展现台湾文化外,更应借此深耕大陆市场,建立台湾品牌与发展通路,成功营造商机。

但目前大陆与台湾之间文化创意产业的合作还存在着一些制度上的障碍。"行政院"文化建设委员会第一处处长方芷絮曾于2009年提出,目前两岸文创交流面临的十大阻碍:

(1) 台湾文创作品被大陆定位为境外产品,未能适用与欧、美、日、韩等国相同的市场准入规定。

(2) 两岸合作的影视产品播出时段受限制,造成投资价值无法实现,阻碍

[①] 詹嘉慧:《第五届中国(深圳)国际文化产业博览交易会考察报告》,载于"行政院"文化建设委员会《2009年大陆文化创意产业交流考察计划报告》。

两岸进一步发展的合作意愿。

（3）台商所制出版品未能取得出版及批发通路经营权，造成进入市场困难。

（4）台湾所制作境外版作品，如游戏、数位学习等网络出版版号、刊号取得不易，不利于进入市场。

（5）增值电信业务不开放外资进入，台湾业者无法在大陆运作相关产业的完整商业模式，对两岸未来发展数位内容产业造成严重阻碍。

（6）台湾业者被视为外资，无法适用相关文化创意产业奖励措施。

（7）复杂烦琐的法令规范与行政作业，让以中小企业为主力的文化创意产业业者无法负荷。

（8）两岸专利商标优先问题，是目前两岸协商议题中最难突破的部分。

（9）打击假冒侵权的执法单位众多且行政职能重复，彼此缺乏协调配合，反成法律漏洞，成为滋生地方保护主义的温床。

（10）大陆审批商标及专利时限过于冗长，导致审查质量良莠不齐，因两岸文化差异衍生的用字遣词、基准释疑不同等问题，亦为台商极度关切。[①]

六 台湾文化创意产业 SWOT 分析

世界各国包含两岸都开始重视文创产业的发展，近年来制定了大量的政策，相关产业也面临城市之间的竞争，尤其在华人生活圈的城市，如新加坡、中国香港、上海、中国台北都致力于确立亚太地区文化创意产业的领先地位。

相较于大陆市场，台湾市场与资源相对匮乏，但也有许多优势。近 10 年来，台湾除了各种外来文化艺术的移入，本土化的过程也逐渐确立了地方性、多元化的文化创意优势，带来了台湾文化发展的充沛活力，使之成为华语生活圈的艺术生产基地。此外，台湾有邻近大陆新兴市场的优越地理位置，兼具全球华人地区文化、语言相通的特质。台湾文化创意产业 SWOT 分析如下：

（一）优势

1. 善于汲取优秀文化之精华，形成精致文化创意产品

台湾的地理位置介于欧亚大陆、日本与东南亚之间，是各国船只的停泊与货

---

① 方芷絮：《台湾文化创意产业的发展状况》，海峡两岸文化交流与合作座谈会，2009。

物转运站。17世纪上半叶，荷兰及西班牙分别在台湾西南部及西北部进行殖民统治。之后郑成功以"大明招讨大将军"的名义，率25000名将士及数百艘战舰进军台湾，迫使荷兰签约投降，台湾进入郑氏王朝时期。在此期间，汉人开始大量移入台湾。1683年，郑克塽（郑成功之孙）归顺清朝政府，台湾进入清治时期。1895年，由于甲午战败，台湾割让给日本，日本统治台湾达50年。以上几个重要的历史事件，造就了台湾文化的特殊性。

首先，台湾文化具有相当强烈的多元性。它不但融合过去海洋文化的特性，也深受日本、美国文化的影响。纵然台湾文化具有浓郁的地方特色，但它又是中华文化的一种自然延伸和发展。因此，建立在文化基础之上的文化创意产业便也具有了与大陆相似的性质，例如与佛教相关的各类文化创意产业、古汉语书籍等。在长期多元文化的熏焙、撞击、杂交之下，台湾文化容易吸收不同文化之精华，在汲取众长的同时形成独特的文化个性。

其次，从20世纪70年代开始台湾率先迈入"资本化"，同时也从先进国家引入"产业化"及"商业化"的概念。这些新思维，使得台湾逐步形成自有的精致文化，追求品位和内涵。台湾文创业者也试图从传统文化与建筑物中萃取素材，进行创作，艺奇、琉璃工坊、法蓝瓷都是这类经典的案例。除此之外，台湾文化创意产业也带有创新性、品牌性、思想性等文化创意产业的一般特征。

2. 自由创作环境，优秀人才辈出，民间创造力源源不绝

自1987年以来，媒体出版的开放，自由的创作环境，形成台湾文化万木争荣、百花争鸣的繁荣景象。1993年文建会主委申学庸提出"社区总体营造"的概念，其主要目标是"建立小区文化、凝聚小区共识、建构小区生命共同体的概念，来作为一类文化行政的新思维与政策"，并整合了"人、文、地、景、产"五大小区发展面向。

在强烈社区意识的凝聚之下，也形成了台湾特有的地方特色文化产业。台湾地方特色产业可分为自然景观、农产品及其加工品、工艺产品、文化艺品及节庆活动等类型。其他台湾众多的文化节庆活动，则是利用文化或艺术活动，进行小区营造和重建，进一步将文化升华成产业开发及地方发展的资产，借由该活动及相关产品销售来振兴地方经济，例如大甲妈祖绕境进香活动。

部分社区也利用当地原材料，利用当地气候、风土所生产、孕育的传统性工艺品，发展相关产业，如莺歌的陶瓷产业及三义的木雕产业。也有社区在制造过程中融入特有历史文化涵养，将因生活与工作需求而传承的产物发展为具有地方文化特质、文化及艺术的结合体。此类产业多属劳力密集兼特殊艺能形态，无法大量制造，具有保存或储藏价值，例如白米社区的木屐产业以及美浓的纸伞产业。

也有一些社区也凭借当地气候或土质优势发展出农畜产品，并进行相关农特产的加工，例如大甲的芋头产业、白河的莲花产业、屏东的椰子产业，以及新竹的贡丸产业。

另外，民间的创作活力也是台湾文化创意产业的重要支柱，其表现可呈现在庶民文化及庶民艺术两大部分。庶民文化指的是由历史或传统所沿革而来的民间文化，例如相传自宋朝侠盗宋江的内门宋江阵，取材自民间信仰的八家将阵头文化等。庶民艺术是由"素人艺术家"所创造的文化艺术，例如九份胡达华的钉画等，完全由民间艺人通过自身的努力创造出闻名遐迩的手工艺产品。

3. 民众素质高，接受新事物与新观念的可塑性强

1968年台湾当局将义务教育由六年延长为九年。此教育措施的实施，提高了台湾教育水平，奠定70年代台湾经济起飞时中级技术人才的人力资源基础，亦培养出一批容易接受新事物、新观念、可塑性强的文化创意产品消费者。方芷絮曾针对此种状况进行过表述，"培养基层民众的美学视野，是文化创意事业得以发展的基础。由文建会推动的'生活美学运动'即是一最佳例子。提升美感素养、创造美感城市、深耕美感环境是台湾生活美学运动的三大目标，不仅有效推广生活美学的理念，更提高民众参与艺术活动意愿。"[①] 此类素质优良的文化消费者亦奠定了台湾文化创意产业发展的产业基础。

（二）劣势

1. 产业化与非产业化的分际不够明确，与民间的需求和期待产生落差

文化创意产业一直存在"产业化与否"或"什么样的文化艺术活动该形成产业"这两大争论。台湾民间对于许多高端的文化艺术是认为不需要产业化，

---

① 方芷絮：《台湾文化创意产业的发展状况》，海峡两岸文化交流与合作座谈会，2009。

而应由台湾当局通过提升美学教育、生活质量等概念，给予此类文化消费者津贴或者补助。台湾文化艺术活动一味的私营及产业化亦让人质疑台湾当局在文化活动中扮演的角色。产业化与非产业化的分际不够明确，容易使民间对于文化创意产业的需求和期待产生很大的落差。

2. 台湾当局主管部门分散，缺乏整合平台

台湾自 2002 年将"文化创意产业发展计划"纳入地方发展重点开始，文化创意产业就主要由三个行政部门分管，产生"多头马车"的状况："经济部"主要统筹并负责设计产业，"新闻局"负责媒体产业，文建会则负责艺术产业扶植。为有效统筹与凝聚各部会共识，"行政院"亦曾于 2002 年 11 月 1 日成立"经济部文化创意产业推动小组"及办公室，负责跨部会整合协调机制，然而成效不彰，仍旧缺乏整合平台。2010 年，《文化创意产业发展法》的相关辩论中亦提及此项缺失，并将于 2012 年大选后成立"文化部"统管文化创意产业的这项共识。台湾文化创意产业的此项劣势，有望获得初步的改善。

3. 市场小、规模小，无法靠内需市场形成产业，国际市场的开发力弱

台湾因为先天环境上的劣势，市场规模小，无法仅靠内需市场形成产业。据 2009 年统计数据显示，资本额低于 500 万元的文创企业约占全体文创产业家数的 83.75%，营业额低于 500 万元的文创企业约占全体文创产业家数的 81.44%。营业额规模最大的产业是广告产业（1105.73 亿元），营业额规模最小的产业是文化展演设施产业（20.15 亿元）。家数最多的产业是广告产业（12443 家），家数最少的产业是文化展演设施产业（356 家）。每三家就有一家是创业不到 5 年的企业，而平均每家文创企业的营业收入为新台币 1060 万元。台湾 33% 的文创产业营业收入是由资本额 1 亿以上的企业所创造的，每十家中有七家是资本额 100 万元以下的企业，可见资源集中现象严重。全台湾将近每二十五家企业就有一家是从事文化创意产业，但是台湾市场规模小，拓展国际市场并建立品牌困难度高，文创产业的外销金额仅占全部销货收入的 8.5%，而外销收入最大的产业是设计产业（284.30 亿元）。

根据《六大新兴产业人才培训与发展趋势研发期末报告》[①]，目前台湾的文化创意产业大部分仍属于微型企业（员工人数 5 人以下），而且缺乏一个商业模

---

① 廖文志、张顺教：《六大新兴产业人才培训与发展趋势研发期末报告（文化创意产业）》。

式将文创产业整合、联结起来。现阶段这种单打独斗的模式，不利于台湾文化创意产业业者走向国际。文创业者认为，在台湾创意人才的培养方面，现在所应注重的不应再是量的部分，而是质上的提升。若从人力供给数量上来看，每年相关科系毕业生，加上别的科系转业投入文化创意产业的工作者，已提供文化创意产业充足的人力。但是在质量的提升上，教育体系主要以培养通才为主，这常使学生毕业无法立刻符合企业的需求，因而产生了"人力供给很多、但企业又找不到人才"的矛盾情况。

在创意人才的培养上，业者普遍认为，一个创意人才的养成（如音乐、艺术、设计、表演等专业），是需要一段很长的时间来培养的。而"创意"本身，更非靠短期的密集训练而产生，反而是一般教育体制（如各大专院校内的设计学系）或是中长期的教学方式较为适合。

值得一提的是，在"文字工作者"所占职务比例最大的出版产业中，目前大部分的业者均较不愿去雇用无经验的新进员工。造成这种现象的主要原因是出版业竞争越来越激烈，而出版精致化也使得要熟悉这产业所需的培训时间越来越长。在这种情况下，出版社宁愿以提供更高薪资的方式，去"挖角"其他出版社的人才。而台湾的整体环境对写作人才来说并不友善，除了少数几位有名作家外，能靠独立创作维生的人越来越少了。这可能是因为台湾市场不够大，无法建立一个足够支撑文化创作人才的环境。这对台湾文化创意产业是一个非常大的伤害。而出版业者也认为台湾人民在整体文学的素养上，也不如以往。因此建议"职训局"应开办如"国语及写字班"的训练课程，以提升人们的文学素养。

4. 资金来源不足，缺乏文化投资的鼓励措施

台湾文化创意产业从业人员多属创意发起人，普遍缺乏撰写营运计划书的经验与概念，因此不容易与资金提供者对于未来营运策略、经营规划及公司治理等事项进行充分沟通。在这种情况下，台湾文化创意产业创意工作者不但无法掌握市场的喜好与反应，又因需求不确定导致营业收入增长性受限，获利模式亦不易凸显。此外，台湾文化创意产业从业人员因缺乏营运资金，无法将产品线多样化，以分散单一失败作品的风险，例如以拍摄片集的方式，平衡单一失败影片的风险，亦使得企业获利来源不稳定，导致金融机构与投资者参与投、融资意愿偏低。

243

(三) 机遇

1. 台湾文化自由开放，有可能出现华人世界品牌并带动华人文创产业经济

台湾文化具有自由开放的特色，在现今华人地区独树一帜，具有成为华人世界品牌的潜质，处于带动华人文创产业经济的关键位置。台湾文创产业亦有不错的环境调整能力，主要归功于产业的创新以及市场的灵活反应。以出版产业为例，近年来，该产业面临巨大的经营压力（尤其是产业价值链与生态链的变化），然而，台湾出版业者不断致力于创新能力的提升，如数字出版产品的开发、异业结合的灵活经营策略等，继续维持一定的产业竞争力。

2. 本土化、多元化的艺术创意的优势，引领台湾成为华语生活圈的艺术生产基地

台湾独特的历史背景造就了台湾地方性、多元化的文化特性，台湾积极学习其他国家和地区良好的文化产业形式，并根据本土特点，制造出有自身特色的文化产品。就拿台湾的电视节目来说，在形式上借鉴日本及美国等发达国家电视节目的方式（如选秀节目"超级星光大道"就是借鉴了"美国偶像"的一些形式），致力于制造一种轻松、娱乐的电视氛围。而这样的艺术创意优势，成为台湾文化创意产业的机会，使台湾发展成华语生活圈艺术文化生产的"根据地"。

3. 两岸开放的大趋势，使台湾文创产业有开拓的空间

近年来，两岸呈现和平开放的繁荣景象，不论是法律上、民间实质交流上，都呈现巨大的进展。中央政府针对台湾文化产业发展制定了很多优惠政策，双方亦签署了多项涉及文化产业的合作协议，如近期大陆与台湾签署的两岸经济合作架构协议（即APEC）。两岸开放的大趋势，总体上还是有利于台湾文创产业在大陆这个庞大的市场上进一步发展的。

4. 民间人才充足，活跃度高

台湾每十家文化创意产业就有七家是资本额100万元以下的企业，全台湾将近每二十五家企业就有一家是从事文化创意产业，民间参与活跃。台湾虽然市场规模小，然而，私营文创企业自主性与参与度都非常高，形成台湾文创产业由下而上、向下扎根的产业氛围，这也是台湾文化创意产业结合民间力量、草根文化的亮点所在。

（四）威胁

1. 台湾文化创意产业健全度不足

台湾文化创意产业的内部结构有很多问题，将其放在国际市场与其他邻近地区相较，就会发现产业健全度不足所带来的缺陷，成为台湾文化创意产业的一项威胁。形成这项威胁的原因在于，台湾并没有很好地解决产业化问题，例如，市场规模不大、人才不足，市场化程度不高，导致许多优秀的文创产品没有走出台湾，这成为台湾文化创意产业长久经营的一项严峻的挑战。

2. 台湾文创产业进入大陆有优势，但仍有待时日

因历史因素，造成两岸文化差异，使得台湾文创产业在进入大陆时具有若干优势。台湾偶像剧及一些电视娱乐节目在大陆的普及度，尤其是在青少年人群中的普及度非常高，或唯美浪漫，或引人发笑的剧情及谈话内容使人产生轻松愉悦的心情，着实吸引了很大一批观众。在观看这些电视剧或节目的同时，这些观众也大多对台湾产生了一种好感。然而大陆对于台湾业者合作拍片、合资生产，甚至表演、主持等文化活动仍有不少法令的限制，若将来两岸能通过谈判开放彼此的法令限制，届时有望将台湾文化创意产业的此点威胁转化成机会。

3. 区域性竞争激烈

目前，台湾文化创意产业内部市场的竞争变得越来越激烈，非常严酷。虽然2002～2007年的台湾文化创意企业数量不断增长，而且在新兴的产业（如设计、创意生活等产业）及创业门槛低的产业（如出版、广告、表演艺术等产业）方面，企业数量也一直保持增长，但从2005年高峰之后，整体家数的发展开始呈现负增长，而且是连续2年减少。当初政策的推力曾经带动初期产业的增长，但接下来市场现实的考验将会成为核心的机制，影响产业创业的意愿，进行产业的淘汰，因而台湾内部文创企业之间的竞争十分激烈。除此之外，世界各国逐渐重视文创产业，除中国大陆外的亚洲国家如日本、泰国、印度等不断崛起，台湾地区文化地区创意产业在区域性市场亦形成激烈的竞争及威胁。其中大陆有广大的内需市场，易于进军世界市场，且大陆亦以文创为重点发展产业，两岸形成竞争压力。香港文化创意产业在英国殖民时代即开始发展，成果卓越，与台湾文化创意产业亦存在强力竞争的状态。

附 录

表1 部分国家和地区文化创意产业定义及比较

定义来源	定 义	比较说明
中国台湾	文化创意产业（Cultural Creative Industry）是指那些来自于个人创意与文化积累，通过知识产权的生成与运用，有潜力创造财富与就业机会并促进整体生活环境提升的行业。因此，文化创意产业的核心价值，在于文化创意的生成，而其发展关键在于具有国际竞争力的文化创造性与特殊性	
联合国教科文组织（UNESCO）	结合创作、生产与商业的内容，同时该内容在本质上具有无形资产与文化概念的特性，获得知识产权保护，并以产品或服务的形式来呈现。从内容来看，文化产业也可以被视为创意产业（Creative Industries）；在经济领域中，称之为未来性产业（Future Oriented Industries）；在科技领域中，称之为内容产业（Content Industries）	与联合国文化产业的定义相比，中国台湾与联合国在产业定义上相近的部分是皆重视产业内容的创意性与文化性，并通过知识产权保护与应用的机制。而其不同之处在于台湾强调在产业发展上，兼具经济性与提升整体环境；而联合国特别强调其定义同时为创意产业、未来性产业与内容产业相同的概念
英国、新西兰、中国香港	创意工业（Creative Industries）是指那些源自个人创意、技能和才干的活动，通过知识产权的生成与利用，具有潜力创造财富和就业机会	中国台湾与英国在产业定义上相近的部分为均重视个人创意、技能与才干等，知识产权保护与应用机制，并强调经济效益，皆重视经济与就业开创；但在产业内容的核心价值部分，台湾则强调如何具有文化积累
中国大陆	文化产业的界定，是以文化娱乐业、新闻出版、广播影视、音像、网络及计算机服务、旅游、教育等为文化产业的核心产业；而将传统的文学、戏剧、音乐、美术、摄影、舞蹈、电影电视创作、工业与建筑设计、艺术博览场馆、图书馆等视为处于产业化的进程中；另外，广告业与咨询业，则是视为文化产业与相关产业的成功结合①	中国台湾与大陆在产业定义上相近的部分是在产业定义的范畴，台湾对于传统文化强调了相关的保护作用，而大陆也正有此打算，以使经济发展与文化保存并重

① 参见中国网：http://big5.china.com.cn/ch-whcy/6.htm。
资料来源：台湾文化艺术基金会，《文化创意产业概况分析调查》。

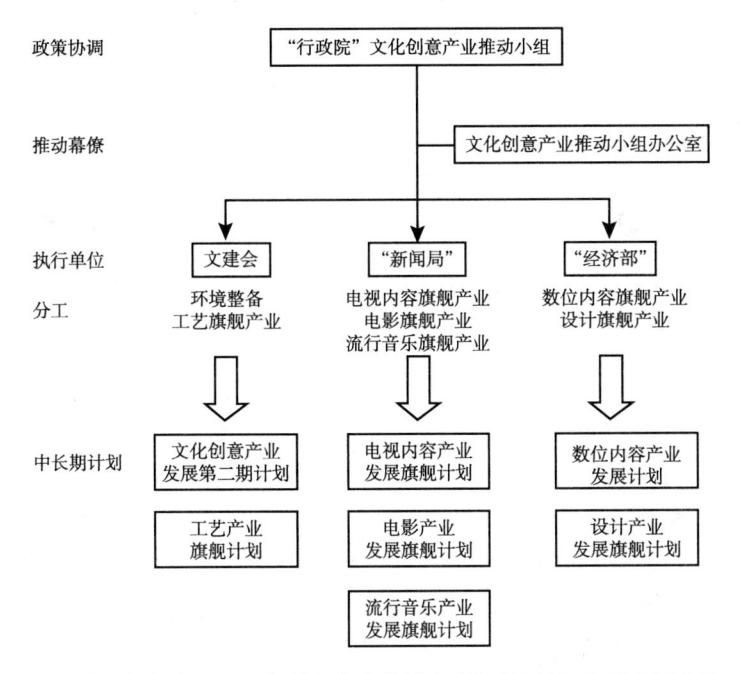

```
政策协调         "行政院"文化创意产业推动小组
                           │
推动幕僚                    ├──── 文化创意产业推动小组办公室
                           │
              ┌────────────┼────────────┐
执行单位      文建会        "新闻局"      "经济部"
分工        环境整备      电视内容旗舰产业  数位内容旗舰产业
            工艺旗舰产业  电影旗舰产业    设计旗舰产业
                          流行音乐旗舰产业
              ↓            ↓            ↓
中长期计划   文化创意产业   电视内容产业   数位内容产业
            发展第二期计划 发展旗舰计划   发展计划

            工艺产业      电影产业      设计产业
            旗舰计划      发展旗舰计划   发展旗舰计划

                          流行音乐产业
                          发展旗舰计划
```

图1 《创意台湾——文化创意产业发展方案》(2009) 执行组织架构

资料来源："行政院"：《创意台湾——文化创意产业发展方案》行动计划。

表2 子计划一：多元资金挹注

主要内容	2011年	2012年	2013年
辅导成立艺文产业创新育成中心	继续辅导大专院校及专业机构成立及推动文创产业创新育成中心		
补助县市当局，推动文创产业发展	补助县市当局提案，推动文创产业发展		
补助文化创意产业创新研发及市场拓展	1. 补助艺文产业业者创新研发及行销推广 2. 结合文创项目办公室，提供受补助业者相关咨询及辅导		
提供圆梦资金，协助文创团队公司化、产业化	提供创业圆梦资金，协助文创团队公司化、产业化并提供辅导		
建立文创融资与投资机制	1. 新增办理文创产业投资机制 2. 新增办理文创产业融资计划及办理利息差额补贴 3. 推动无形资产评价机制		

表3 子计划二：产业研发及辅导计划

主要内容	2011年	2012年	2013年
咨询辅导与制度建立	1. 成立文创产业项目办公室，提供相关辅导及咨询协助 2. 建立产业辅导团 3. 建立投资与融资机制并协助业者办理财务融通 4. 协助建立知识产权保护及流通机制		

续表

主要内容	2011 年	2012 年	2013 年
建立文创产业情报网	1. 建立文创产业情报网及资料库 2. 汇整文创情报网站信息 3. 办理文创研讨会 4. 营运与推广数位内容加值商品流通平台 5. 办理文创产业设计、时尚、创意生活等跨产业行销相关活动		
数位科技与文化创意产业整合发展——提供台北"故宫"科技与人文跨域文创环境计划	1. 结合计算机图学发展，进行跨域合作 2. 结合"民国100年"大展人潮，持续导入与先前不同的展场跨域新科技多媒体展示 3. 促进文创科技产学合作及转移 4. 持续制作主题式文创数位内容 5. 推动"第四媒体" 6. 推广与行销 7. 提供儿童扎根美学 8. 建置重要文物虚拟现实网页 9. 建置精选文物在线导览资源 10. 办理种子培育营 11. 强化简易信息聚合订阅服务功能	1. 累积国内华夏跨域创作龙头能量 2. 持续制作主题式文创数位内容 3. 推动"第四媒体" 4. 推广与行销 5. 提供华夏文物与科技跨域结合的文创讨论区 6. 制作完整的在线化观光服务资源 7. 进行馆际在线合作与交流 8. 提供客户端随选工具服务	1. 运用前期成果，开拓国内外展示机会 2. 整理与分享展场跨域多媒体成功范例 3. 持续制作主题式文创数位内容，并推动"第四媒体"推广与行销 4. 建置台北"故宫"文创成果网路展览馆 5. 举办一个分享实际技术与创作经验的网路论坛 6. 强化网站个人化与互动性服务 7. 强化多国语文服务平台功能

表 4 子计划三：市场流通及拓展

主要内容	2011 年	2012 年	2013 年
策办国际大展及大奖	1. 办理台北国际艺术博览会 2. 参与文创相关奖项或竞赛 3. 补助奖励业者出国参加文创相关展览及竞赛		
策办大型文创产业会展	1. 举办台湾国际文化创意产业展会 2. 协助业者参与大陆文创博览会 3. 文创产业相关论坛与活动		
协助业者开拓国际市场	1. 协助文创业者参与国内外重要会展活动 2. 整合政府资源行销台湾文创品牌 3. 协助业者拓展国际市场		

表5 子计划四：人才培育及媒合

主要内容	2011年	2012年	2013年
建置音乐创作与行销平台	1. 邀请国内外知名艺术家并委托创作 2. 由创作者提出创作计划，经评审团评估后为具有艺术价值的计划提供创作补助 3. 公开征求作品，并邀请专家学者所组成的评审团遴选优秀作品 4. 展演所征选的作品 5. 安排创作者与展演者实际演练的工作坊 6. 印制委托创作作品 7. 收录作品演出实况，并制作有声资料 8. 发行有声资料 9. 提供国内外交流团体与音乐家平面与有声资料 10. 邀请民间企业与主办单位观赏作品展演		
现代化典藏库房建造计划	1. 委托营建项目管理（PCM）技术服务 2. 隔震系统评估确认 3. 规划设计图说送"行政院"工程会经费审议 4. 建照申请 5. 上网公告招标施工厂商 6. 办理新旧工程界面的衔接处理 7. 典藏库主体建筑工程施作 8. 典藏空间与修复室设施功能与设备规划设计 9. RFID 环控与信息系统运用各项设备规划，作品与成品的电子芯片卷标安装等建置	1. 典藏库主体建筑工程施作完工 2. 防震与防水等工程施作完工 3. 电力、照明、消防、防闸、监控、空调、室内装修、地面景观及绿美化等工程施作完工 4. RFID 环控与信息系统运用各项设备购置，无线网路环境、光纤网路、重要出入门禁管控、摄录影监视系统建置，作品与成品的电子芯片卷标安装等建置 5. 防紫外线照明与照度自动控制设备、防虫害设备、温湿度测量记录设备，以及早型防火侦测系统、安全监视管控、警报系统设施、信息设备，以及设备隔震的评估与设施等	1. 办理工程施工验收作业 2. 设备试车作业 3. RFID 环控与信息系统运用各项设备，无线网路环境、光纤网路、各库房 RFID 环境、作品定位、盘点、温湿度侦测管控、藏品与人员出入各库房库门门禁管理、移动路径追踪、紧急通报系统，作品与成品的电子芯片卷标安装等建置安装完成 4. 太阳能光电系统建置

续表

主要内容	2011年	2012年	2013年
现代化典藏库房建造计划		6. 特藏室、一般典藏室、备用典藏室、准备室、修复工作室等空间的木箱体,及绝氧室、负压隔离室、特殊低温室、包装材料室、研究资料室、教育展示区等空间的设施施工与设备建置 7. 修复工作台、各式修复器材与分析检测仪器购置	5. 各典藏空间的移动式挂画柜与木质高架地板装置施作,修复室设施与修复器材的设备充实,摄影室、X光室等空间设施与设备建置,钢架与梧桐木制架柜、储存置物柜、自动挂画轨道建置施作,标准色温正片检测台、标准色温灯的顶灯及侧灯、标准色温看片箱、搬运作品机具等设备建置 6. 管控工作站信息系统运用管理系统与各项设备,以及研究与教育展示的相关信息应用设备充实建置等
数位艺术推展计划	办理国内外展览与国际交流各项活动,推动跨领域创作案,进行产学合作,数位艺术网站维运与建置,建立数位艺术创作鼓励与委托机制,举行数位艺术与跨领域人才座谈与交流,培育数位艺术相关专业人才等		
青年艺术家培植计划	办理青年艺术家作品购藏,国内外展览与国际交流各项活动,教育推广与宣传以及作品数位化,编辑出版,网站与数位影像资料库建置,作品维护,开发制作衍生产品等与辅导媒合产业		
艺术数位典藏加值与应用计划	办理数位内容应用研究规划,加值产品设计与制作,艺术生活美学推广活动,建置数位内容与应用推广信息网站,与媒体、行销网络连接规划等		
培养文创中介人才	1. 培养文创中介人才,办理文创产业专业人员训练 2. 建立文创人才培育的信息整合平台 3. 试行文创经纪机制	1. 培养文创中介人才,办理文创产业专业人员训练 2. 办理国际文创经纪工作坊 3. 邀请国外文创大师来台教学	1. 培养文创中介人才,办理文创产业专业人员训练 2. 邀请国外文创大师来台教学 3. 完备文创经纪机制

表6　子计划五：产业集聚效应计划

主要内容	2011年	2012年	2013年
五大园区管理发展	1. 继续推动相关行政管理及园区产业发展业务 2. 办理五大园区行销推广展演及文创产相关委托计划 3. 继续推动五大创意文化园区网站维运计划 4. 办理赴大陆交流考察计划		
华山创意文化园区	1. 华山委外案件（ROT案）的年度营运绩效评估及财务分析、法律咨询 2. 既有建物及设备整建与维护（包含设置华山电影艺术馆、红砖区历史建筑及艺文公园景观工程等案） 3. "台湾文化创意产业旗舰中心（BOT）案"规划相关营运及工程事宜 4. 持续办理ROT的营运管理作业 5. 华山艺创生活节 6. 根据园区整体规划及管用合一考量办理土地购置	1. 华山委外案件（ROT案）的年度营运绩效评估及财务分析、法律咨询 2. 既有建物及设备整建与维护 3. "台湾文化创意产业旗舰中心（BOT）案"兴建工程 4. 持续办理ROT的营运管理作业 5. "电影艺术馆委托营运管理（OT）案"进入正式营运阶段 6. 华山艺创生活节 7. 根据园区整体规划及管用合一考量办理土地购置	1. 华山各项委外案件（OT、ROT案）的年度营运绩效评估及财务分析、法律咨询 2. 既有建物及设备整建与维护 3. "台湾文化创意产业旗舰中心（BOT）案"继续兴建工程 4. 持续办理ROT、OT的营运管理作业 5. 华山艺创生活节
台中创意文化园区	1. S仓库群（建筑设计与艺术资源中心）修复与再利用工程 2. R04包装场（台中都市愿景馆）修复工程 3. 二期景观工程及全区排水、污水系统改善工程 4. 园区历史建筑及既有建物修复再利用工程 5. 办理文化创意产业研究发展、教育推广、主题展、建筑设计、艺术展演、竞赛、研讨会、民间参与投资、区域整合 6. 园区网站建置及维护、操作相关事宜 7. 文宣、行销与出版计划 8. 义工管理制度及义工培训 9. 办理创新设计产业研发及品牌塑造计划 10. 建置专属行销宣传品平台 11. 公共艺术	1. 园区历史建筑及既有建物修复再利用工程 2. 园区各项促参案的年度营运绩效评估、财务分析、法律咨询及履约管理机制建立 3. 数位建筑及创新设计教育推广及研究发展 4. 策办数位建筑、创新设计与艺术国际研讨会 5. 办理数位建筑、创新设计与艺术国际展览及竞赛活动 6. 义工管理制度及义工培训 7. 推动媒合跨领域共同创作案 8. 办理创新设计产业研发及品牌塑造计划 9. 建置专属文宣、行销与出版宣传品平台	1. 园区各项促参案的年度营运绩效评估、财务分析、法律咨询及履约管理机制建立 2. 数位建筑及创新设计教育推广及研究发展 3. 策办数位建筑、创新设计与艺术国际研讨会 4. 办理数位建筑、创新设计与艺术国际展览及竞赛活动 5. 义工管理制度及义工培训 6. 推动媒合跨领域共同创作案 7. 办理创新设计产业研发及品牌塑造计划 8. 推动中部文化圈整合行销推广计划 9. 建置专属文宣、行销与出版宣传品平台

续表

主要内容	2011年	2012年	2013年
花莲创意文化园区	1. 办理基础工程及空调系统建置工程 2. 花莲创意文化园区原料仓库、锅炉室、半制品调和室及澄清室、绍兴酒发酵工厂等历史建筑修复设计监造及修复工程案 3. 园区历史建筑、机电设备保养维修及扩充工作 4. 办理引入文化创意产业及营运模式规划——招商阶段 5. 推动东部文创空间设置推广工作 6. 办理文创观光推广计划 7. 观光体验串联交流计划 8. 策办园区季节年度活动计划 9. 推广东部地区整体文创产业形象	1. 办理引入文化创意产业及民间参与的试营运计划 2. 园区历史建筑、机电设备保养维修及扩充工作 3. 成立园区促参专责管理单位 4. 东部文创人文深度旅行推广计划 5. 行销东部地区整体文创产业 6. 办理文创观光推广计划 7. 设立东部手工艺创新中心 8. 园区修缮历程影片纪录出版计划	1. 办理引入文化创意产业及民间参与正式营运 2. 园区历史建筑、机电设备保养维修及扩充工作 3. 园区促参专责管理执行单位 4. 东部手工艺创新中心推动计划 5. 办理文创观光推广计划 6. 推广行销东部地区文创产业及观光产业 7. 东部文创旅游及观光体验计划 8. 园区文创推动成果出版计划 9. 东部文创博览会
嘉义创意文化园区	1. 第一、二期建筑整修与景观工程 2. 中间试验场历史建筑修复工程 3. 营运管理团队进驻及设备与空间设置计划 4. 促参案可行性评估、先期规划及招商计划 5. 传统艺术创新暨文创开发推广活动 6. 文创产业区域整合及集聚计划	1. 第二期建筑整修与景观工程 2. 中间试验场历史建筑修复工程 3. 营运管理团队进驻及设备与空间设置计划 4. 促参案可行性评估、先期规划及招商计划 5. 园区各项促参案的年度营运绩效评估及财务分析、法律咨询 6. 园区委外案件的年度财务营运情形查核 7. 传统艺术创新暨文创开发推广活动 8. 文创产业区域整合及集聚计划	
台南创意文化园区	1. 园区古迹及既有建物拆修与环境设备维护改善 2. 继续办理L形仓库修缮工程 3. 办理园区促进民间参与公共建设案 4. 台湾风格生活产业设计者银行建置计划	1. 园区促参案的年度营运绩效评估、财务分析、法律咨询及履约管理等 2. 台湾风格生活产业设计者银行计划 3. 台湾风格生活产业生活化产品行销推动计划	1. 园区促参案的年度营运绩效评估、财务分析、法律咨询及履约管理等 2. 台湾风格生活设计者银行的授权与国内外行销交流计划

续表

主要内容	2011 年	2012 年	2013 年
台南创意文化园区	5. 台湾风格生活区域资源与人才整合计划 6. 台湾（南）风格生活产品集聚活动与行销推广计划（可含数位媒体行销） 7. 园区古迹及既有建物相关设备维护	4. 台湾风格生活产业在地资源与人才的接轨世界计划 5. 台湾（南）风格生活产品体验活动与行销推广计划（可含数位媒体行销） 6. 园区古迹及既有建物相关设备维护	3. 台湾风格生活品牌化计划 4. 园区古迹及既有建物相关设备维护
打造台北"故宫博物院"成为全球文化创意产业应用重镇	1. 办理国内外大师设计培训工作营 2. 办理文创设计与创意人才的文化深度系统课程 3. 提升台北"故宫博物院"合作厂商文化素养并协助厂商使用本院典藏图像设计资料库 4. 协助厂商与跨领域设计师合作 5. 国内外宣传台北"故宫博物院"文创商品商业机制 6. 积极参与国际设计展、家用礼品展会 7. 开拓国际异业结盟商机 8. 荐送优秀人才赴国际工作坊等进修或交流 9. 辅导规划产业提升设计能力评选案，评选优良厂商 10. 邀请文化创意产业参与台北"故宫"品牌授权 11. 参与各项展览活动，展出优良文物衍生商品，与国内外厂商交流	1. 办理国际文创产经营专业工作营 2. 办理文创产跨界专题讲座系列 3. 办理文化创意产业国际研讨会 4. 提升台北"故宫博物院"合作厂商文化素养并协助厂商使用本院典藏图像设计资料库 5. 协助厂商结合文创设计全面提升产品美学 6. 扶植国内文化机构开发设计文创商品 7. 积极参与国际设计展、家用礼品展会 8. 荐送人才参与国际文创机构短期进修交流 9. 辅导规划产业提升设计能力评选案，评选优良厂商 10. 邀请文化创意产业参与台北"故宫"品牌授权 11. 参与各项展览活动，展出优良文物衍生商品，与国内外厂商交流 12. 参与国内外相关机构分享实际技术与经验，并促进国际合作与交流 13. 与国内外相关机构分享实际技术与经验，并促进国际合作与交流	1. 办理国际文创产经营专业工作营 2. 办理文创产跨界专题讲座系列 3. 办理文化创意产业国际研讨会 4. 提升台北"故宫博物院"合作厂商文化素养并协助厂商使用本院典藏图像设计资料库 5. 协助厂商结合文创产设计全面提升产品美学 6. 扶植国内文化机构开发设计文创商品 7. 积极参与国际设计展、家用礼品展会 8. 开拓国际异业结盟商机 9. 荐送人才参与国际文创机构短期进修交流 10. 辅导规划产业提升设计能力评选案，评选优良厂商 11. 邀请文化创意产业参与台北"故宫"品牌授权 12. 参与各项展览活动，展出优良文物衍生商品，与国内外厂商交流 13. 与国内外相关机构分享实际技术与经验，并促进国际合作与交流

表7 子计划六：工艺产业旗舰计划

主要内容	2011年	2012年	2013年
卓越发行动方案	1. "工艺创新育成中心"运作 2. 培育卓越工艺人才 3. 育成信息网络平台维运与资料充实		
产业跨业合作行动方案	1. 工艺时尚【yii】品牌产品媒合开发 2. 跨产业商品工艺化合作开发计划 3. 绿色生活用品研发计划		
"大品牌"形塑行动方案	1. 工艺品牌形象塑造计划 2. 工艺美学拓展台湾文化魅力计划 3. 辅导多元行销通路计划 4. 环岛型工艺文化产业联盟计划 5. 辅导参加国际商展计划		
工艺创新育成中心基地硬件设施整建计划	1. 设计监造及建筑程 2. 办理第四阶段设计竞图 3. 硬件建筑工程	1. 硬件建筑工程 2. 景观工程 3. 整修馆舍设备扩充	1. 办理公共艺术征选 2. 硬件建筑工程 3. 全面营运

资料来源："行政院"：《创意台湾——文化创意产业发展方案》行动计划。

表8 2010年"新闻局"补助辅导金电影情况

申请人	电影名称	制片	导演	编剧
南方天际影音娱乐事业有限公司	掌声	蔡信宏	陈以文	陈以文
快活映画股份有限公司	河豚	简丽芬	李启源	潘之敏 李启源
稻田电影工作室有限公司	酷马	黄黎明	王小棣	黄黎明 王小棣
热风社电影有限公司	为赛·使多力	何平	何平	赖惠君
威像电影有限公司	GF&BF	叶如芬	杨雅喆	杨雅喆
群星瑞智艺能有限公司	那些年，我们一起追的女孩	柴智屏	柯景腾（九把刀）	柯景腾（九把刀）
岛屿视觉创意文化事业有限公司	Tomorrow Comes Today	潘志远	陈敏郎	陈敏郎
三映电影文化事业有限公司	候鸟伊人	林志儒	李志薔	蔡银娟
想亮影艺制作有限公司	白天的星星	陈龙第	黄朝亮	黄淑筠 陈怡如
明艺国际媒体股份有限公司	爱的面包魂	陈鸿元	林君阳	高炳权

续表

申请人	电影名称	制片	导演	编剧
虎曦氏影业有限公司	鬼故事	陈希圣 张玉青	左世强	左世强
鼎立娱乐有限公司	花漾台北	郑海伯	王承洋 北村丰晴 江丰宏	简士耕
谷得电影有限公司	正面迎击	李亚	钟权	钟权
日安影视有限公司	绑票	王童	赖孟杰	林宇辰 赖孟杰
李鼎国际文化有限公司	到不了的地方	徐立功	李鼎	李鼎 赵伟杰 维果制作工作室
本地风光电影股份有限公司	失魂	曾少千	钟孟宏	钟孟宏
时光草莓电影有限公司	南方小羊牧场	李耀华	侯季然	侯季然
鸿荣影业有限公司	时间旅馆	林添贵	叶如芬	黄敬尧 徐彦萍
创虹整合营销有限公司	飞！企鹅	许庆源	彭恰恰	彭恰恰 周以文
木星文创股份有限公司	秋月	韩良露 林孝谦	朱全斌	朱全斌
长和有限公司	天涯知己	何蔚庭 胡至欣	何蔚庭 胡至欣	何蔚庭 黄瀚莹
兴阳电影有限公司	狗狗缠	唐在扬 黄志明	陈奕先	陈怡蓉 林其乐
兴阳电影有限公司	海峡	张家振 唐在扬 黄志明	王童	郭筝、林智洋
岗华影视传播有限公司	必杀技	陈玉勋	李岗	陈玉勋
光点影业股份有限公司	聂隐娘	侯孝贤	侯孝贤	钟阿城、朱天文
果子电影有限公司	赛德克巴莱	黄志明 陈亮才	魏德圣	魏德圣
原子映象有限公司	星空	刘蔚然 李雨珊	林书宇	林书宇

资料来源："行政院"新闻局（2011）。

表9 2010~2011年"新闻局"数位出版品补助情况

年份	申请人	活动名称
2010	木田工场有限公司	境游虚实明信片 Augmented Reality 运用计划
2010	格林文化事业股份有限公司	e-Picture Magazine 数字绘本杂志——中华文化智慧宝库发行计划
2010	硕亚数码科技有限公司	地理百科系列丛书数字内容建置计划
2010	天下杂志股份有限公司	用旅行珍藏台湾——发现自己心仪的319乡镇
2010	智慧藏学习科技股份有限公司	华台双语行动辞典——数据探勘与字辞典编辑整合行动应用计划
2010	城邦文化事业股份有限公司	Step by step 自然系图鉴 ONLINE 之鸟类数据库计划
2010	台语传播企业有限公司	《胡蝇大战蚊仔歌》台湾念歌仔数字出版计划
2010	上河文化股份有限公司	全民防灾救难地图信息网——一本活的地图电子书
2011	独立媒体有限公司	《破周报》数字出版整合阅读平台计划
2011	联合在线股份有限公司	Connect People, Connect Reading：社交网络电子书开发计划
2011	书虫股份有限公司	台湾生态与艺术的真情对话——ART ONLINE "蓝蝶"诗集数字出版计划
2011	格林文化事业股份有限公司	"Interactive Picture Book 互动游戏绘本"国际数字出版计划
2011	三立电视股份有限公司	"八面威风——家将传奇"多媒体影音互动电子书发行计划
2011	希伯仑股份有限公司	上班族数字英语教室——biz 互动英语行动学习版发行计划
2011	城邦文化事业股份有限公司	《好好拜拜——龙山寺的幸福巡礼》iPhone App 多国语言版
2011	泼墨数位出版营销有限公司	泼墨数位出版暨营销实务运作项目

资料来源："行政院"新闻局（2011）。

表10 台湾国际设计奖项得奖件数情况

国际奖项名称	2003年	2004年(TDC展)	2005年	2006年	2007年	2008年	2009年	2010年	合计
德国 iF（设计界奥斯卡）	5	14	37（1金）	72（3金）	56（1金）	99（2金）	66（1金）	105（5金）	454
德国 Reddot（设计奖）	0	2	20（1首奖）	37（2首奖）	45（1首奖）	66（5首奖）	71（3首奖）	101（3首奖）	342
美国 IDEA（工业设计奖）	0	1	5（1铜）	1（2银3铜）	4（1金）	5（1银3铜）	2	6（4银2铜）	24
日本 Good Design（产品设计奖）	11	36	38	38	28	31	21	48	251
合 计	16	53	100	148	133	201	160	260	1071

注：台湾设计产（作）品在国际获奖数自2003年累计至2010年（德国 iF, reddot, GD, IDEA）总数为1071项，金（首）奖28件。

资料来源："行政院"文化建设委员会（2010）。

台湾文化创意产业相关网站

1. 文建会（现更名为"文化部"）（http://www.cca.gov.tw/）

掌管文化创意产业中的视觉艺术产业、音乐及表演艺术产业、文化展演设施产业及工艺产业的主管机关。

2. "新闻局"（http://www.gio.gov.tw/）

掌管文化创意产业中的电影产业、广播电视产业、出版产业、流行音乐、文化内容产业的主管机关。

3. "经济部"（http://www.moea.gov.tw/）

掌管文化创意产业中的广告产业、产品设计产业、视觉传达设计产业、设计品牌时尚产业、数位内容产业及创意生活产业的主管机关。

4. "内政部"（http://www.moi.gov.tw/）

掌管文化创意产业中的建筑设计产业的主管机关。

5. 文建会·文化创意产业推动服务网（http://www.cci.org.tw/）

文化创意产业推动服务网的服务对象为对文化创意产业有兴趣的个人及相关业者；其成立宗旨是，为产业提供一个信息汇总、信息交流、跨业互动、专业咨询、跨界媒合的虚拟环境，以形成产业集聚，共创集体智慧与集聚效益。

6. 华山文化创意产业园区（http://www.huashan1914.com/）

华山日治时期称"桦山货运站"，是日治时期台北市都市计划所规划开发的地区。1940年，因台北火车站改建，与台北酒厂的铁路酒厂支线相连。至国民政府时期再将"桦山"改为"华山"，并沿用至今。

2002年起，文建会开始计划运用烟酒公卖局民营化后闲置的酒厂进行旧空间活化再利用。同时为解决华山长期艺术表演权与公民使用权之间的争议，文建会将其调整为创意文化园区，作为推动文化创意产业的特别用地。后来经过一年封园全面整修，在2005年底结合旧厂区及公园区的"华山创意文化园区"重新开放，供艺文界及附近小区居民使用至今。转型之后，文建会针对其周围环境景观进行改造，将园区规划为包含公园绿地、创意设计工坊及创意作品展示中心的创意文化园区，目的在于提升国内设计能力、国民生活美学，提供一个可让艺术家交流学习，进而推广、营销创意作品的空间。

7. 台中文化创意产业园区（http://tccip.boch.gov.tw/tccp/）

"行政院"文化建设委员会文化资产总管理处筹备处为创造台中文化创意产

业园区集聚效益，促进台湾艺术发展，鼓励各类以及跨界艺文创作、创意发想，并创造全民共有、共享的多元艺文空间。

8. 嘉义文化创意产业园区（http：//chiayi. cca. gov. tw/）

2002年，嘉义市政府将已有80多年历史的嘉义旧酒厂部分建筑物登记为历史建筑。目前所公布的嘉义旧酒厂历史建筑本体，包含了锅炉室、再制酒及包装工场、储酒室、再制酒及制曲工场、材料五金仓库、机器修理及木工场、中间试验工场（即原料仓库）等7栋各具不同外观和构造特色的日治时期建筑物，以及酒厂内众多老树等。2003年文建会正式接手，历经土地移拨、管理单位变更及都市计划变更等程序后，成立嘉义创意文化园区。

9. 花莲创意文化园区（http：//cic－hualien. cca. gov. tw/）

旧花莲酒厂原址，除配销所继续使用外，其余土地已闲置了10多年，目前由文建会规划为花莲创意文化园区。昔日的酿酒工厂，转型为酿制创意文化的芬芳场域。

以花东地区国际观光旅游起点为定位，创造花莲酒厂工业遗址再生契机，以带动园区周边环境再生，成为人与自然和谐共生、生活与体验的空间，呈现地方特色与形象认同。

10. 台南文化创意产业园区（http：//tainan. cca. gov. tw/）

日治时期专卖厅红砖建筑，门窗格局与原台南地方法院相仿。目前该建筑保存良好，原物仍在使用中。后方有日式庭园，并有"昌南土"石碑及石狮、石板，一并涵盖在范围内，被称为"原台湾总督府专卖局台南支局"。

以创意生活产业为核心，以台湾创意生活产业发展中心为执行定位，紧扣台南丰厚的历史文化资产与城市文明，以彰显其城市自明性与文化资本性格。

11. 台湾国际文化创意博览会（http：//www. iccie. tw/）

串联台湾文创产业及挖掘潜力新星的起点，以国家的高度筹划征选台湾文创精品且协助其赴国际参展，为台湾的中、小及微型文创业者整合上下游产业共同行销国际市场。

12. 创意生活网（http：//proj2. moeaidb. gov. tw/creativelife/）

为促使国内产业升级，提升竞争能力，"经济部"成立"中心卫星工厂推动小组"，并于1990年7月1日改组为"财团法人中卫发展中心"。该中心设有工、商两大产业经营部门，另有技术服务支持单位。其中"创意生活组"是服务产业的项目经营团队。

"创意生活组"在台湾服务产业辅导的发展过程中,扮演推手角色,传达新观念、新经营及高价值、高绩效的专业服务,提供城乡产业振兴,发展地方特色产业、创意生活产业及商业流通服务的全方位解决方案。具体项目有:

(1) 协助地方推动组织争取城乡发展相关计划及资源;

(2) 对商圈组织成立推动及发展的辅导;

(3) 提供商圈与创意经营的深度诊断及项目辅导;

(4) 建置特色主题经营的地方产业;

(5) 特色产品的设计开发辅导;

(6) 出版城乡经营、创意与特色经营的相关书籍;

(7) 扮演辅导服务平台角色,提供业界整合性服务;

(8) 执行城乡发展、地方产业及商业经营及创意生活的相关推动计划。

13. "中华民国"视觉艺术协会(http://www.avat-art.org/)

协会宗旨如下:

(1) 向视觉艺术工作者提供生活福利、专业资源信息、法律咨询等相关服务及保障;

(2) 开发、整合并监督视觉艺术环境现有资源;

(3) 建立艺术工作者与台湾当局间的咨询与沟通渠道,并促进双方建立良性互动关系;

(4) 增进台湾当局、民间企业及一般社会大众对艺术文化的认知,以改善台湾文化长期发展的条件。

该协会未来计划,协助、参与及监督当局文化创意产业政策发展、文化创意园区方向规划及闲置空间再利用的计划及执行,并随时提出建言。同时,该协会协助"公共艺术"的相关政策及执行,鼓励会员参与公共艺术甄选,监督当局文化政策。

14. 台湾创意设计中心(http://www.tdc.org.tw/)

创意设计是提升国家和地区竞争力的关键,当局为推动文化创意产业发展,于 2003 年成立台湾创意设计中心,并于 2004 年正式启动营运。

台湾创意设计中心定位为台湾创意设计发展的整合服务平台,其主要任务为提升设计人才原创能力,促进国际设计交流,加强产业市场竞争力并奠定企业发展自有品牌基础,提高产业附加价值,并借此向世界宣告"Designed in Taiwan"的时代已经来临。

图书在版编目(CIP)数据

粤港澳台文化创意产业发展报告.2011/丁未主编.—北京：社会科学文献出版社，2012.9
ISBN 978-7-5097-3653-1

Ⅰ.①粤… Ⅱ.①丁… Ⅲ.①文化产业-产业发展-研究报告-广东省-2011 ②文化产业-产业发展-研究报告-香港-2011 ③文化产业-产业发展-研究报告-台湾省-2011　Ⅳ.①G127

中国版本图书馆CIP数据核字（2012）第183863号

粤港澳台文化创意产业发展报告（2011）

主　　编／丁　未
副 主 编／邱琪瑄

出 版 人／谢寿光
出 版 者／社会科学文献出版社
地　　址／北京市西城区北三环中路甲29号院3号楼华龙大厦
邮政编码／100029

责任部门／皮书出版中心（010）59367127　　责任编辑／张静鸥　柳　杨　周映希
电子信箱／pishubu@ssap.cn　　　　　　　　责任校对／陈　磊
项目统筹／蔡继辉　郭　峰　　　　　　　　　责任印制／岳　阳
经　　销／社会科学文献出版社市场营销中心（010）59367081　59367089
读者服务／读者服务中心（010）59367028

印　　装／北京季蜂印刷有限公司
开　　本／787mm×1092mm　1/16　　　印　　张／17.25
版　　次／2012年9月第1版　　　　　　　字　　数／297千字
印　　次／2012年9月第1次印刷
书　　号／ISBN 978-7-5097-3653-1
定　　价／49.00元

本书如有破损、缺页、装订错误，请与本社读者服务中心联系更换

版权所有　翻印必究